G-TELP KOREA 공식 지정

해커스 지텔프 기출 보카

해커스 어학연구소

G-TELP KOREA 공식 지정

해커스 지텔프 기출 보카

개정 2판 6쇄 발행 2024년 4월 1일

개정 2판 1쇄 발행 2021년 8월 30일

지은이	해커스 어학연구소
펴낸곳	㈜해커스 어학연구소
펴낸이	해커스 어학연구소 출판팀

주소	서울특별시 서초구 강남대로61길 23 ㈜해커스 어학연구소
고객센터	02-537-5000
교재 관련 문의	publishing@hackers.com
동영상강의	HackersIngang.com

ISBN	978-89-6542-432-1 (13740)
Serial Number	02-06-01

최신 지텔프 출제 경향을 반영한
『해커스 지텔프 기출 보카』를 내면서

지텔프가 졸업, 공무원 시험, 취업 등 점차 많은 곳에서 활용되면서, 많은 학습자들이 지텔프 공부에 소중한 시간과 노력을 투자하고 있습니다. 해커스에서는 영어 교재 분야에서 항상 베스트셀러의 자리를 지키는 독보적인 노하우를 담아, 지텔프 학습자들이 단기간에 목표 점수를 획득하는 데 탄탄한 기반이 되어줄 『해커스 지텔프 기출 보카』 개정 2판을 출간하게 되었습니다.

지텔프 최신 출제 경향 반영!
지텔프 최신 출제 경향을 철저히 분석하여 자주 출제된 단어들을 오래 기억할 수 있도록 주제별로 묶어 20일 완성으로 구성하였습니다. 수록된 단어들은 물론, 예문과 Daily Test, 지텔프 출제 포인트에도 문법, 청취, 독해 전영역의 출제 경향을 반영하여 지텔프 시험에 효과적으로 대비할 수 있게 하였습니다.

독해 영역 어휘 문제 완벽 대비!
지텔프 독해 영역 28문제 중 고정적으로 8문제가 출제되는 어휘 문제에 대비할 수 있도록 각 단어의 정답이 되는 유의어들을 수록하였습니다. 영어 단어의 한글 뜻뿐만 아니라 그 뜻에 해당하는 유의어도 함께 학습할 수 있게 하였습니다.

높은 목표 점수 달성을 위한 다양한 학습자료!
학습자들이 교재를 더욱 효과적으로 활용할 수 있도록 해커스인강(HackersIngang.com)에서 본 교재의 단어암기 MP3를 제공하고 있으며, 해커스영어(Hackers.co.kr)에서는 단어시험지 자동생성기와 지텔프 단기 고득점 비법 강의도 추가로 제공하고 있습니다.

『해커스 지텔프 기출 보카』가 여러분의 지텔프 목표 점수 달성에 확실한 해결책이 되고, 영어 실력 향상은 물론 여러분의 꿈을 향한 길에 믿음직한 동반자가 되기를 소망합니다.

해커스 어학연구소

목차

책의 특징

01 지텔프 전영역 최신 기출 어휘 수록

최근 지텔프 시험에 출제되었던 기출 단어를 다수 포함한 지텔프 핵심 어휘를 20일 동안 학습할 수 있도록 구성하였습니다. 문법, 청취, 독해 세 영역에서 출제되는 핵심 단어뿐만 아니라 그에 해당하는 유의어, 파생어, 반의어까지 수록하여 전영역을 완벽하게 대비할 수 있습니다.

02 지텔프 출제 포인트 제공

지텔프 핵심 단어들의 최신 출제 경향을 파악할 수 있도록 '지텔프 출제 포인트'를 제공하였습니다. 특히, 지텔프 문법 영역에서 정답의 단서로 자주 출제되는 단어와 청취, 독해 영역에 출제되는 주요 구문을 제공하여 효과적으로 시험에 대비할 수 있습니다.

03 20일 단기 정복

지텔프 시험에 자주 출제되는 단어만 모아서 20일 만에 어휘 학습을 끝낼 수 있도록 구성하였습니다. 또한, 목표 점수에 따라 알아두어야 할 단어를 지텔프 핵심 단어와 지텔프 완성 단어로 구분하여 수록하였습니다. 추천 학습 플랜(p.12-13)대로 꾸준히 학습해 나가면 20일 후에는 부쩍 향상된 어휘 실력을 확인할 수 있을 것입니다.

04 주제별 구성으로 연상 학습

지텔프 기출 단어들을 지텔프 빈출 주제 20개로 나누어 수록하였습니다. 주제별 구성에 따른 연상 학습으로 단어를 자연스럽게 암기할 수 있을 뿐만 아니라 해당 단어의 문장 내 쓰임까지 동시에 파악할 수 있어 어휘 실력을 극대화할 수 있습니다.

05 실력 향상을 위한 Daily Test와 지텔프 완성 단어

그날그날 학습한 단어를 퀴즈로 풀어 보며 어휘 실력 향상을 확인할 수 있도록 매 DAY 마다 Daily Test를 수록하였습니다. 또한, 핵심 단어에 비해 빈출도는 낮지만 고득점 완성에 필수적인 단어를 지텔프 완성 단어에서 추가로 학습할 수 있습니다.

06 지텔프 무료 학습자료 제공

해커스인강(HackersIngang.com)에서 학습에 활용할 수 있는 해커스 지텔프 기출 보카 단어암기 MP3를 무료로 이용할 수 있습니다. 또한, 온라인 토론과 정보 공유의 장인 해커스영어(Hackers.co.kr)에서 단어시험지 자동생성기를 이용할 수 있으며 단기 고득점 강의를 수강할 수 있습니다.

책의 구성

지텔프 핵심 단어

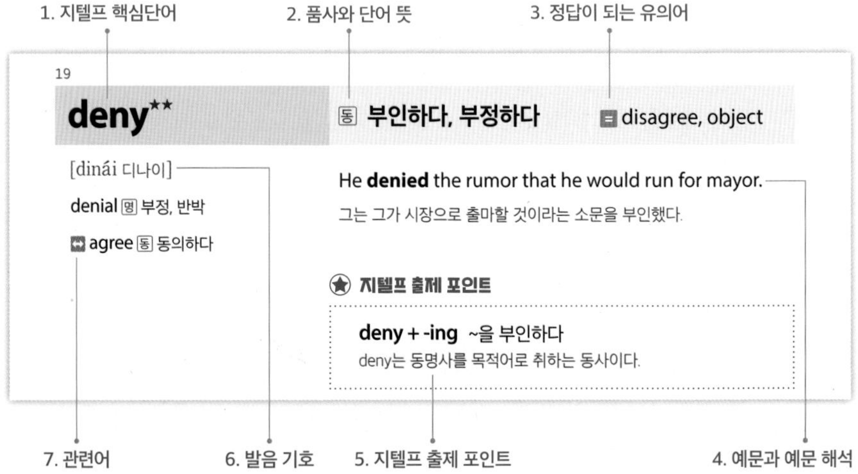

1. 지텔프 핵심단어
2. 품사와 단어 뜻
3. 정답이 되는 유의어
19
deny★★
동 부인하다, 부정하다
= disagree, object
[dinái 디나이]
denial 명 부정, 반박
↔ agree 동 동의하다
He **denied** the rumor that he would run for mayor.
그는 그가 시장으로 출마할 것이라는 소문을 부인했다.
지텔프 출제 포인트
deny + -ing ~을 부인하다
deny는 동명사를 목적어로 취하는 동사이다.
7. 관련어
6. 발음 기호
5. 지텔프 출제 포인트
4. 예문과 예문 해석

동 동사　명 명사　형 형용사　부 부사　전 전치사　숙 숙어　= 유의어　↔ 반의어

Daily Test & 지텔프 완성 단어

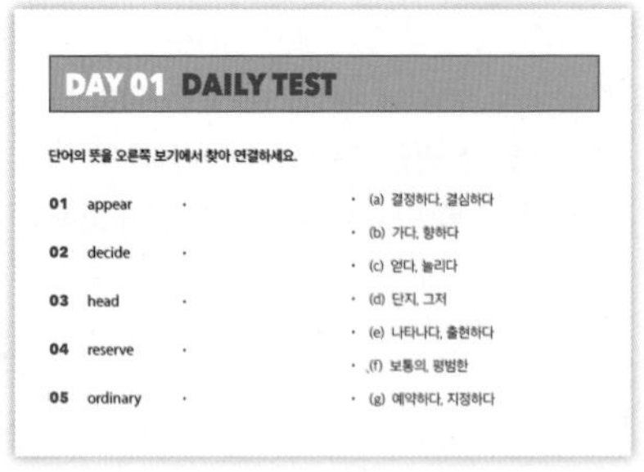

DAY 01 DAILY TEST

단어의 뜻을 오른쪽 보기에서 찾아 연결하세요.

01 appear ·
02 decide ·
03 head ·
04 reserve ·
05 ordinary ·

· (a) 결정하다, 결심하다
· (b) 가다, 향하다
· (c) 얻다, 놀리다
· (d) 단지, 그저
· (e) 나타나다, 출현하다
· (f) 보통의, 평범한
· (g) 예약하다, 지정하다

지텔프 완성 단어

□ lost	형 잃어버린 = missing
□ numerous	형 수많은 = many, abundant
□ tenant	명 세입자
□ distance	명 거리
□ flight	명 비행
□ anniversary	명 기념일
□ additional	형 부가적인, 추가의 = extra
□ amenity	명 (-ies) 생활 편의 시설
□ appliance	명 전기 제품, (가정용) 기기
□ complex	형 복잡한, 복합의
□ connection	명 연결, 접속
□ contrast	명 대조, 대비　동 대조를 이루다

1. 지텔프 핵심 단어
지텔프 문법, 청취, 독해 영역에 실제로 출제되는 단어들을 주제별로 출제율 순으로 배치하여 학습 효과를 극대화하였습니다.

2. 품사와 단어 뜻
지텔프에서 주로 쓰이는 품사와 뜻을 정리하였습니다.

3. 정답이 되는 유의어
지텔프 독해 영역의 28문제 중 고정적으로 8문제가 출제되는 어휘 문제에서 정답이 되는 유의어를 정리하였습니다. 지텔프 기출 단어를 암기하면서 독해 영역 어휘 문제까지 대비할 수 있습니다.

4. 예문과 예문 해석
지텔프에서 출제될 법한 예문과 정확한 해석을 수록하였습니다.

5. 지텔프 출제 포인트
지텔프에서 자주 출제되는 문법 문제의 단서와 주요 구문을 정리하였습니다.

6. 발음 기호와 한글 발음
정확한 발음을 학습할 수 있는 발음 기호와 함께 우리말로 가장 가까운 발음도 제공하여 지텔프 청취 영역도 동시에 대비할 수 있게 하였습니다. 품사별로 발음이 다른 경우에는 별도로 표시하였습니다.

7. 관련어
지텔프 핵심 단어 하단에 파생어, 반의어를 정리하여 추가 단어 학습도 가능하게 하였습니다.

8. Daily Test & 지텔프 완성 단어
매일 그날 학습한 지텔프 핵심 단어를 테스트하고, 핵심 단어에 이어서 고득점 완성에 필수적인 지텔프 완성 단어를 추가로 학습할 수 있습니다. 특히, 지텔프 완성 단어에는 체크박스를 제공하여 어려운 단어를 표시하며 학습할 수 있게 하였습니다.

G-TELP 소개

G-TELP란?

G-TELP란 General Tests of English Language Proficiency의 약자로 국제테스트 연구원(ITSC, International Testing Services Center)에서 주관하는 국제적 공인영어시험이며, 한국에서는 1986년에 지텔프 코리아가 설립되어 지텔프 시험을 운영 및 주관하고 있습니다. 현재 공무원, 군무원 등 각종 국가고시 영어대체시험, 기업체의 신입사원 및 인사·승진 평가시험, 대학교·대학원 졸업자격 영어대체시험 등으로 널리 활용되고 있습니다.

G-TELP Level 2 구성

한국에서는 G-TELP Level 2 정기 시험 점수가 활용되고 있으며, 아래와 같이 문법, 청취, 독해 및 어휘 세 가지 영역의 종합 영어 능력을 평가합니다.

영역	내용	문항 수	배점	시간
문법	시제, 가정법, 조동사, 준동사, 연결어, 관계사	26개	100점	영역별 시험 시간제한 규정 폐지됨
청취	PART 1 일상 대화	7개	100점	
	PART 2 발표	6개		
	PART 3 장단점 논의	6 or 7개		
	PART 4 설명	7 or 6개		
독해 및 어휘	PART 1 인물의 일대기	7개	100점	
	PART 2 잡지 기사	7개		
	PART 3 지식 백과	7개		
	PART 4 비즈니스 편지	7개		
		80문항	300점	약 90분

*각 영역 100점 만점으로 총 300점이며, 세 개 영역의 평균값이 공인성적으로 활용되고 있습니다.

G-TELP 특장점

절대평가	빠른 성적 확인	3영역 객관식 4지 선다형
상대평가가 아닌 절대평가이므로, 학습자가 공부한 만큼 목표 점수 달성 가능	응시일로부터 5일 이내의 빠른 성적 발표를 통해 단기간 영어 공인 점수 취득 가능	문법, 청취, 독해 및 어휘 3가지 영역의 4지선다형 객관식 문제로 보다 적은 학습 부담

학습 플랜

65점 목표 학습 플랜

- 하루에 DAY 한 개씩 지텔프 핵심 단어와 뜻을 암기합니다.
- 각 단어의 정답이 되는 유의어를 암기합니다.
- 예문을 보며 단어의 쓰임을 학습합니다.
- Daily Test를 풀어보며 그날의 학습 내용을 복습합니다.
- 지텔프 완성 단어와 뜻을 암기합니다.

	MON	TUE	WED	THU	FRI
WEEK 1	DAY 1 핵심 단어 & 완성 단어	DAY 2 핵심 단어 & 완성 단어	DAY 3 핵심 단어 & 완성 단어	DAY 4 핵심 단어 & 완성 단어	DAY 5 핵심 단어 & 완성 단어
WEEK 2	DAY 6 핵심 단어 & 완성 단어	DAY 7 핵심 단어 & 완성 단어	DAY 8 핵심 단어 & 완성 단어	DAY 9 핵심 단어 & 완성 단어	DAY 10 핵심 단어 & 완성 단어
WEEK 3	DAY 11 핵심 단어 & 완성 단어	DAY 12 핵심 단어 & 완성 단어	DAY 13 핵심 단어 & 완성 단어	DAY 14 핵심 단어 & 완성 단어	DAY 15 핵심 단어 & 완성 단어
WEEK 4	DAY 16 핵심 단어 & 완성 단어	DAY 17 핵심 단어 & 완성 단어	DAY 18 핵심 단어 & 완성 단어	DAY 19 핵심 단어 & 완성 단어	DAY 20 핵심 단어 & 완성 단어

32점 목표 학습 플랜

- 하루에 DAY 한 개씩 지텔프 핵심 단어와 뜻을 암기합니다.
- 각 단어의 정답이 되는 유의어를 암기합니다.
- 예문을 보며 단어의 쓰임을 학습합니다.
- Daily Test를 풀어보며 그날의 학습 내용을 복습합니다.

	MON	TUE	WED	THU	FRI
WEEK 1	DAY 1 핵심 단어	DAY 2 핵심 단어	DAY 3 핵심 단어	DAY 4 핵심 단어	DAY 5 핵심단어
WEEK 2	DAY 6 핵심 단어	DAY 7 핵심 단어	DAY 8 핵심 단어	DAY 9 핵심 단어	DAY 10 핵심 단어
WEEK 3	DAY 11 핵심 단어	DAY 12 핵심 단어	DAY 13 핵심 단어	DAY 14 핵심 단어	DAY 15 핵심 단어
WEEK 4	DAY 16 핵심 단어	DAY 17 핵심 단어	DAY 18 핵심 단어	DAY 19 핵심 단어	DAY 20 핵심 단어

* 지텔프 완성 단어를 암기하지 않아도 32점 목표 달성이 가능합니다.

단어 암기 Tip

- 매일 학습을 시작하기 전에 전날 암기했던 단어들을 복습하면 더욱 효과적입니다.
- 해커스인강(HackersIngang.com)에서 제공하는 단어암기 MP3를 활용하여 자투리 시간에도 단어를 학습할 수 있습니다.

무료 MP3 바로듣기

DAY 01 일상 생활

자, 호흡을 가다듬고 20일간의 신나는 보카 여행을 떠나볼까요?

▣ 정답이 되는 유의어

01

assume***

[əsúːm 어쑴]

assumption 명 가정

동 1. 추측하다, 간주하다 ▣ guess, believe, presume

동 2. (책임을) 지다, 맡다 ▣ shoulder, take

As Steve's wife didn't answer the phone, he **assumed** that she was out.

Steve의 아내가 전화를 받지 않아서, 그는 그녀가 외출했다고 추측했다.

02

original***

[ərídʒənl 어뤼지널]

originate 동 시작되다, 비롯하다
origin 명 근원, 시초

형 1. 원래의, 최초의 ▣ earliest, primary

형 2. 독창적인 ▣ innovative

The **original** author is unknown, but the book is still a bestseller.

원작자는 알려지지 않았지만, 그 책은 여전히 베스트셀러이다.

03

conclude***

[kənklúːd 컨클루-드]

conclusion 명 결론

동 1. 마치다, 끝내다 ▣ end

동 2. 결론을 내리다

The speaker **concluded** his speech with a positive message.

그 연설자는 긍정적인 메시지로 그의 연설을 마쳤다.

04
deliver★★★
[dilívər 딜리버]

동 1. 배달하다, 전하다 — send, forward

동 2. (연설을) 하다 — give, present

All packages are **delivered** by the next morning.
모든 소포들은 다음 날 아침까지 배달된다.

05
extend★★★
[iksténd 익스텐드]

extension 명 확장, 내선 번호
extensive 형 넓은, 광범위한

동 1. 연장하다, 늘리다 — prolong, lengthen

동 2. 확대하다, 확장하다 — expand, broaden

A switch for adjusting brightness **extends** from the back of the lamp.
밝기를 조절하기 위한 스위치는 램프 뒷면에서부터 연장된다.

06
practice★★★
[prǽktis 프랙티스]

practical 형 실용적인, 실제적인

명 1. 관행, 관례 — method, custom

명 2. 연습, 실행 — training, action

동 연습하다, 실행하다 — perform

The **practice** of giving chocolate on Valentine's Day began in the early 1900s.
밸런타인데이에 초콜릿을 주는 관행은 1900년대 초에 시작되었다.

지텔프 출제 포인트

practice + -ing ~을 연습하다
practice가 동사로 쓰이면 동명사를 목적어로 취한다.

★★★ = 출제율 최상 ★★ = 출제율 상 ★ = 출제율 중

07

refer (to)★★★

[rifə́ːr 리퍼]

reference 명 추천서, 언급, 참고

동 1. 참조하다 ■ see

동 2. 언급하다, 인용하다 ■ mention

You may **refer to** the attached file for additional details.

추가 세부 사항은 첨부된 파일을 참조하세요.

08

secure★★★

[sikjúr 씨큐어]

security 명 안전, 보장

동 1. 확보하다, 얻어 내다 ■ win, obtain

동 2. 안전하게 지키다

형 안전한 ■ safe, stable

The retailer **secured** financial support to expand his business.

그 소매상인은 그의 사업을 확장하기 위한 경제적 지원을 확보했다.

09

appear★★★

[əpír 어피어]

appearance 명 출현

동 1. 나타나다, 출현하다 ■ emerge

동 2. ~인 것 같다 ■ seem

My best friend suddenly **appeared** in the café.

나의 가장 친한 친구가 갑자기 카페에 나타났다.

10

unusual★★★

[ʌnjúːʒuəl 언유-쥬얼]

형 흔치 않은, 드문 ■ different, weird

Rain at this time of the year is **unusual**.

일 년 중 이 시기의 비는 흔치 않다.

11
close★★★

형 [klous 클로우스]
동 [klouz 클로우즈]

closely 부 가까이, 밀접하게

형 **1. 친밀한** = friendly

형 **2. 가까운** = near

동 **끝내다** = end

Paul and Andy were roommates, but they were never **close**.

Paul과 Andy는 룸메이트였지만, 전혀 친밀하지 않았다.

12
quantity★★★

[kwɑ́ːntəti 콴-터티]

quantitative 형 양적인

명 **양, 수량, 정도** = number, amount

She buys a large **quantity** of vegetables at the market every weekend.

그녀는 주말마다 시장에서 많은 양의 채소를 산다.

13
allow★★★

[əláu 얼라우]

allowance 명 허용치, 수당, 용돈
allowable 형 허용되는

동 **1. ~을 허락하다** = permit

동 **2. 가능하게 하다** = enable, facilitate

Some schools have uniforms while others **allow** students to choose their clothing.

어떤 학교는 교복이 있지만 다른 곳은 학생들이 자신의 옷을 고르는 것을 허락한다.

지텔프 출제 포인트

allow + -ing ~을 허락하다
allow + 목적어 + to -가 ~하도록 허락하다
allow는 동명사를 목적어로 취하고, to부정사를 목적격 보어로 취하는 동사이다.

★★★ = 출제율 최상 ★★ = 출제율 상 ★ = 출제율 중

14
urge***
[əːrdʒ 얼-쥐]

동 충고하다, 권고하다 ■ recommend

The man **urged** that his son be careful when driving.
그 남자는 아들에게 운전할 때 조심하라고 충고했다.

지텔프 출제 포인트

urge that + 주어 (+ should) + 동사원형
주장을 나타내는 동사 urge 뒤에 that절이 오면 that절에서는 should가 생략되어 동사원형을 쓴다.

15
act***
[ækt 액트]

동 1. 일하다, 행하다 ■ work, behave

동 2. 연기하다 ■ perform

명 행위, 행동

Our organization **acts** to improve civil rights in the community.
저희 기관은 사회의 시민권을 개선하기 위해 일합니다.

16
sparingly***
[spέəriŋli 스페링리]

부 1. 조금만, 드물게 ■ infrequently

부 2. 절약하여, 부족하여

I used to ride my bike often, but now I use it **sparingly**.
나는 자전거를 자주 타고는 했었는데, 이제는 그것을 조금만 탄다.

17

consume★★

[kənsúːm 컨쑴]

consumption 명 소모, 소비
consumer 명 소비자

동 1. 먹다, 섭취하다 ■ eat, take

동 2. 소비하다 ■ use, spend

If you **consume** too much junk food, you won't be healthy.

만약 당신이 불량 식품을 너무 많이 먹는다면, 당신은 건강하지 않게 될 것입니다.

18

decide★★

[disáid 디싸이드]

decision 명 결정, 판단

동 결정하다, 결심하다 ■ determine, resolve

We had to **decide** whether to stay or move.

우리는 머무를지 이동할지 결정해야 했다.

19

spend★★

[spend 스펜드]

spending 명 지출, 소비

동 ~을 쓰다, 소비하다 ■ expend, use

She **spent** her allowance on a new outfit from the mall.

그녀는 쇼핑몰에서 새 옷을 사는 데 그녀의 용돈을 썼다.

20

damage★★

[dǽmidʒ 대미쥐]

damaging 형 손해를 끼치는

동 피해를 입히다 ■ injure, harm, impair

명 피해, 손해 ■ harm

The fire destroyed some trees, but fortunately it did not **damage** any homes.

화재가 몇몇 나무를 훼손했지만, 다행히 어느 가구에도 피해를 입히지 않았다.

★★★ = 출제율 최상 ★★ = 출제율 상 ★ = 출제율 중

21

abroad★★

부 해외에서, 외국으로 ▣ overseas

[əbrɔ́:d] 어브뤄-드

I heard the university's students can study **abroad** if their grades qualify.

나는 그 대학교의 학생들은 만약 그들의 성적이 자격이 된다면 해외에서 공부할 수 있다고 들었다.

22

accommodate★★

동 1. 협조하다, 도와주다 ▣ help, assist

동 2. 수용하다 ▣ contain

[əkɑ́:mədèit 어카-머데잇]

accommodation 명 숙소, 합의

Some people **accommodated** the volunteers with gifts of free food.

어떤 사람들은 자원 봉사자들에게 무료 음식 기증으로 협조했다.

23

achieve★★

동 달성하다, 성취하다 ▣ reach, accomplish

[ətʃí:v 어취-브]

achievement 명 달성, 성취

The corporation **achieved** its sales goals for the year.

그 기업은 그들의 금년도 매출 목표를 달성했다.

24

argue★★

동 1. 논의하다, 논쟁하다 ▣ dispute, debate

동 2. 주장하다

[ɑ́:rgju: 알-규]

argument 명 논쟁, 주장

During the class, students **argued** both sides of the issue.

수업 중에, 학생들은 그 사안의 양 측 입장을 논의했다.

25
casual★★
[kǽʒuəl 캐주얼]

형 1. 격식을 차리지 않는 ▤ informal, relaxed

형 2. 우연의, 뜻하지 않은 ▤ accidental

I didn't want to dress up, so I went to a **casual** restaurant.

나는 차려입고 싶지 않아서, 격식을 차리지 않는 식당에 갔다.

26
consequently★★
[kɑ́:nsəkwentli 칸-써퀜-리]

consequence 명 결과

부 그 결과, 따라서 ▤ as a result

Dave broke the window and **consequently** was scolded by his parents.

Dave는 창문을 깼고 그 결과 부모님께 혼났다.

27
contact★★
[kɑ́:ntækt 컨-택트]

동 ~와 연락하다 ▤ reach

명 1. 연락 ▤ communication

명 2. 접촉, (무엇에) 닿음 ▤ connection

Contact the supplier to request express delivery.

특급 배달을 요청하시려면 공급업체와 연락하세요.

28
immediately★★
[imí:diətli 이미-디엇리]

immediate 형 즉각적인

부 즉시, 곧 ▤ instantly, promptly

A cocktail reception was held **immediately** after the ceremony.

칵테일 파티는 식이 끝나고 나서 즉시 개최되었다.

★★★ = 출제율 최상 ★★ = 출제율 상 ★ = 출제율 중

29

forward★★

[fɔ́:rwərd 포-워드]

동	(물건·정보를) 보내다	■ send, deliver
형	앞의	■ front
부	앞으로	■ ahead

Please **forward** your e-mail to the accounting manager.

귀하의 이메일을 회계부장에게 보내십시오.

30

gain★★

[gein 게인]

동	얻다, 늘리다	■ obtain, acquire, win
명	1. 증가	■ growth
명	2. 이득	■ growth

The speaker gave us some tips on how to **gain** wealth.

연설자는 부를 얻는 방법에 대한 몇 가지 조언을 해주었다.

31

head★★

[hed 헤드]

동	1. 가다, 향하다	
동	2. 이끌다, 책임지다	■ lead, manage
명	(조직의) 장	■ chief

The motorcyclists **headed** west toward the mountains.

오토바이 운전자들은 산을 향해 서쪽으로 갔다.

32
local★★

[lóukl 로우컬]

locally 부 지역적으로, 가까이에

형 **지역의, 현지의** ▣ regional

명 **주민, 현지인**

The tournament will be held at the **local** high school.

그 시합은 지역 고등학교에서 열릴 것이다.

33
merely★★

[mírli 미얼리]

mere 형 겨우 ~의

부 **단지, 그저** ▣ simply, only, just

The man **merely** wanted to buy water, but the store was closed.

그 남자는 단지 물을 사고 싶었지만, 상점이 닫혀있었다.

34
pour★★

[pɔːr 포-어]

동 **마구 쏟아지다, ~을 붓다**

During the strong storm, rain **poured** down from the sky.

강한 태풍 중에, 하늘에서 비가 마구 쏟아졌다.

35
appreciate★★

[əpríːʃieit 어프뤼-시에잇]

동 **1. 감사하다, 고마워하다** ▣ thank

동 **2. 이해하다, 감상하다** ▣ understand, realize

Although I **appreciate** your opinion, I certainly do not agree with it.

의견에 감사드리지만, 저는 확실히 그것에 동의할 수 없습니다.

★★★ = 출제율 최상 ★★ = 출제율 상 ★ = 출제율 중

36
visit★★

[vízit 뷔짓]

visitor 명 방문자, 관광객

동 **방문하다, 찾아가다**

명 **방문**

Participants in the tour will **visit** the most famous museums in Paris.

투어 참가자들은 파리에서 가장 유명한 박물관을 방문할 것이다.

37
accident★

[ǽksidənt 액씨던트]

accidentally 부 우연히

명 **사고, 재해, 우연** 🅴 calamity

A car **accident** occurred on the highway.

자동차 사고가 고속도로에서 발생했다.

38
case★

[keis 케이스]

명 **상황, 경우, 사례** 🅴 situation, circumstance

I met with a lawyer to discuss my **case**.

저는 저의 상황을 논의하기 위해 변호사와 만났습니다.

지텔프 출제 포인트

in case of ~에 대비하여, ~의 경우에는

39
flaunt★

[flɔːnt 플런-트]

동 **과시하다, 자랑하다** 🅴 expose, boast

The new neighbors like to **flaunt** their wealth by driving around in expensive cars.

새 이웃들은 비싼 차를 몰고 돌아다니며 부를 과시하는 것을 좋아한다.

40
reserve★

[rizə́ːrv 뤼저-브]

reservation 명 예약, 의구심
reserved 형 내성적인

동 **1. 예약하다, 지정하다** — = book

동 **2. 보존하다, 확보하다** — = hold, maintain

The secretary will **reserve** hotel rooms for anyone going to the convention.
비서가 대회에 참석하는 모든 사람들을 위해 호텔 방을 예약할 것이다.

41
alike★

[əláik 얼라이크]

형 **비슷한** — = similar, akin, comparable

Though the twins look **alike**, their personalities are very different.
그 쌍둥이는 비슷하게 생겼지만, 그들의 성격은 매우 다르다.

지텔프 출제 포인트

A and B alike A와 B 모두 마찬가지로

42
compare★

[kəmpέər 컴페어]

comparison 명 비교
comparable 형 필적하는, 비길 만한

동 **비교하다, 비유하다** — = contrast

The instructor **compared** the two art styles.
그 강사는 두 예술 양식을 비교했다.

43
attempt★

[ətémpt 어템트]

동 **시도하다** — = try, seek, endeavor

명 **시도, 노력** — = effort

The athlete will **attempt** to set a new Olympic record.
그 선수는 올림픽 신기록을 세우려고 시도할 것이다.

★★★ = 출제율 최상 ★★ = 출제율 상 ★ = 출제율 중

44

deem* 동 생각하다, 여기다 ■ consider

[diːm 디-임]

Chuck's friends **deem** him to be the friendliest boy in the neighborhood.

Chuck의 친구들은 그가 동네에서 가장 다정한 소년이라고 생각한다.

45

emerge* 동 1. 나오다, 나타나다 ■ appear, rise

동 2. 드러나다, 알려지다

[imə́ːrdʒ 이멀-쥐]

emergence 명 출현, 발생

The train disappeared into the tunnel and **emerged** a few seconds later.

기차가 터널로 들어갔고 몇 초 이후에 나왔다.

46

finish* 동 끝내다, 완료하다 ■ complete, end

[fíniʃ 피니쉬]

Try to **finish** your research paper early so you can proofread it thoroughly.

철저히 교정볼 수 있도록 연구 논문을 빨리 끝내기 위해 노력하세요.

47

regret* 동 후회하다 ■ rue

명 후회, 유감

[rigrét 뤼그렛]

He **regrets** some of the things he said.

그는 그가 말한 것들 일부를 후회한다.

48
ordinary★

[ɔ́:rdneri 오-더네뤼]

형 **보통의, 평범한**

= conventional, common

In many cultures, it is **ordinary** to shake hands when you meet someone.

여러 문화권에서, 누군가를 만나면 악수를 하는 것이 보통이다.

49
unfortunately★

[ʌnfɔ́:rtʃənətli 언포-츄넛리]

unfortunate 형 불행한

부 **불행하게도**

= unluckily, sadly

Unfortunately, the earthquake caused tremendous damage throughout the city.

불행하게도, 지진은 도시 전체에 어마어마한 피해를 야기했다.

50
correspond★

[kɔ̀:rəspɑ́:nd 커-뤼스판-드]

correspondence 명 서신, 관련성

동 **일치하다, 부합하다**

= match

His facial expressions didn't **correspond** with the mood.

그의 표정은 기분과 일치하지 않았다.

★★★ = 출제율 최상 ★★ = 출제율 상 ★ = 출제율 중

DAY 01 DAILY TEST

단어의 뜻을 오른쪽 보기에서 찾아 연결하세요.

01 appear •
02 decide •
03 head •
04 reserve •
05 ordinary •

• (a) 결정하다, 결심하다
• (b) 가다, 향하다
• (c) 얻다, 늘리다
• (d) 단지, 그저
• (e) 나타나다, 출현하다
• (f) 보통의, 평범한
• (g) 예약하다, 지정하다

문장의 문맥에서 밑줄 친 단어의 유의어를 고르세요.

06 The bus driver should **assume** responsibility for the accident.

(a) shoulder (b) attempt (c) consider (d) guess

07 Chemicals are added to **extend** the life of fruits and vegetables.

(a) develop (b) continue (c) prolong (d) spread

08 Jim and I became **close** after working together several months.

(a) sealed (b) similar (c) friendly (d) finished

09 The hiker's knee was **damaged** when he fell.

(a) injured (b) gone (c) limited (d) mistaken

10 Everyone must arrive on time, but in his **case** they made an exception.

(a) conclusion (b) situation (c) decision (d) suggestion

정답 및 해석 p.336

지텔프 완성 단어

□ **lost**	형 잃어버린 = missing
□ **numerous**	형 수많은 = many, abundant
□ **tenant**	명 세입자
□ **distance**	명 거리
□ **flight**	명 비행
□ **anniversary**	명 기념일
□ **additional**	형 부가적인, 추가의 = extra
□ **amenity**	명 (-ies) 생활 편의 시설
□ **appliance**	명 전기 제품, (가정용) 기기
□ **complex**	형 복잡한, 복합의
□ **connection**	명 연결, 접속
□ **contrast**	명 대조, 대비 = difference 동 대조를 이루다
□ **peel**	동 껍질을 벗기다
□ **rather**	부 오히려 = instead
□ **relative**	형 상대적인, 관련 있는
□ **weird**	형 이상한, 기이한
□ **agitated**	형 불안해하는, 동요된 = stressed
□ **desire**	동 바라다, 원하다 = crave, aspire 명 욕구, 갈망
□ **coincidence**	명 우연의 일치 = accident, happening
□ **gratitude**	명 감사, 고마움 = appreciation
□ **direction**	명 방향, 지시
□ **lapse**	명 실수, 과실 = mistake
□ **slight**	형 약간의, 조금의 = small, tiny, minor
□ **station**	명 역, 정거장 = post, stop, terminal
□ **attitude**	명 태도, 자세 = opinion
□ **urban**	형 도시의 = civic
□ **except**	전 제외하고, ~ 외에도 = apart from, but for
□ **mess**	명 엉망진창, 혼잡
□ **plenty**	형 풍부한, 많은 명 풍부함, 많음 = abundance, wealth
□ **vanish**	동 사라지다, 소멸하다 = disappear, fade, dissipate

DAY 02 인물

시작이 반이라는데 벌써 DAY 02예요. 이대로 끝까지 가볼까요!

= 정답이 되는 유의어

01

adopt***

[ədɑ́:pt 어답-트]

adoption 명 채택, 입양

동 1. 받아들이다, 채택하다 = accept, choose, embrace

동 2. 입양하다 = foster, raise

They **adopted** the customs of their new country.

그들은 새 국가의 관습을 받아들였다.

02

recognize***

[rékəgnaiz 뤠커그나이즈]

recognition 명 인식
recognizable 형 알아볼 수 있는

동 1. 인정하다 = acknowledge, accept

동 2. 확인하다, 인식하다 = identify, realize

Albert Einstein was **recognized** for his achievements by winning the Nobel Prize.

알버트 아인슈타인은 노벨상을 수상하는 것으로 그의 업적을 인정받았다.

03

exclusively***

[iksklú:sivli 익스클루-씨블리]

exclude 동 배제하다
exclusive 형 독점적인

부 오로지, 독점적으로 = solely, only

Throughout the writer's career, she **exclusively** wrote short stories.

작가 생활 내내, 그녀는 오로지 단편 소설들만 썼다.

04
characteristic★★★

명 **특징, 특성** = trait, feature

[kæ̀rəktərístik 캐뤅터뤼스틱]

형 **독특한, 특유의** = typical, distinctive

characterize 동 특징짓다

One of the **characteristics** of the Dalai Lama is his effective speaking ability.

달라이 라마의 특징 중 하나는 그의 효과적인 연설 능력이다.

05
inclination★★★

명 **1. 성향, 경향** = tendency, trend

[ìnklinéiʃn 인클리네이션]

명 **2. 기호** = liking, preference

incline 동 ~로 마음이 기울다
명 경사, 기울기

The Palace of Versailles is a good example Louis XIV's **inclination** for luxury.

베르사유 궁전은 루이 14세의 사치스러운 성향의 좋은 예시다.

06
previous★★★

형 **이전의, 앞의** = earlier, former, prior

[prìːviəs 프뤼비-어스]

previously 부 이전에

Her **previous** post was sales manager.

그녀의 이전 직책은 영업부장이었다.

07
credibly★★★

부 **확실히** = faithfully

[krédəbli 크뤠더블리]

credible 형 믿을 수 있는

Critics praised the director for **credibly** portraying the true story in the movie.

비평가들은 영화에서 실화를 확실히 묘사한 것으로 그 감독을 칭찬했다.

★★★ = 출제율 최상 ★★ = 출제율 상 ★ = 출제율 중

08

garner★★★

[gáːrnər 가-너]

동 **얻다, 모으다** 🟰 collect, win

To **garner** support from voters, George Bush promised not to raise taxes.

유권자들의 지지를 얻기 위해, 조지 부시는 세금을 인상하지 않겠다고 약속했다.

09

right★★★

[rait 롸잇]

명 **권리**

형 **바른, 옳은** 🟰 proper

Susan B. Anthony is famous for promoting women's **right** to vote.

수잔 B. 앤서니는 여성의 투표권을 증진한 것으로 유명하다.

10

consider★★★

[kənsídər 컨씨더]

consideration 명 숙고, 고려

동 **여기다, 고려하다** 🟰 regard, think

Mozart is **considered** to be one of the greatest composers of all time.

모차르트는 역대 가장 위대한 작곡가 중 한 명으로 여겨진다.

지텔프 출제 포인트

consider + -ing ~을 고려하다

consider는 동명사를 목적어로 취하는 동사이다.

11

impress★★★

[imprés 임프뤠쓰]

impression 명 인상, 느낌

동 **깊은 인상을 주다** 🟰 move, inspire, amaze

The student's speech **impressed** the teacher.

그 학생의 연설은 선생님에게 깊은 인상을 주었다.

12
encourage***

[inkə́:ridʒ 인커-뤼쥐]

encouragement 명 격려

동 **1. 장려하다, 촉진하다** = promote, boost

동 **2. 격려하다** = cheer up, hearten

Darwin's father **encouraged** him to enter medical school, but he studied nature instead.

다윈의 아버지는 그가 의대에 입학하도록 장려했지만, 그는 대신 자연을 공부했다.

지텔프 출제 포인트

encourage + 목적어 + to -가 ~하도록 장려하다

encourage는 to부정사를 목적격 보어로 취하는 동사이다.

13
famous***

[féiməs 풰이머스]

↔ infamous 형 악명 높은

형 **유명한, 저명한** = prominent, renowned

Many **famous** writers have kept diaries to help them recall the past.

많은 유명 작가들은 자신들이 과거를 상기하는 것에 도움을 줄 일기를 썼다.

14
determine***

[ditə́:rmin 디터-민]

determination 명 결정, 결심

determined 형 단호한, 확정된

동 **1. 알아내다, 측정하다** = figure out, calculate

동 **2. 결심하다, 결정하다** = decide, resolve

He **determined** that the business would be unsuccessful.

그는 그 사업이 성공적이지 않을 것임을 알아냈다.

★★★ = 출제율 최상 ★★ = 출제율 상 ★ = 출제율 중

15
pursue**

[pərsúː 펄-쑤]

pursuit 명 추구, 취미, 오락

동 1. 추구하다, 좇다 ▣ seek, quest, follow

동 2. 실행하다, 수행하다 ▣ practice, conduct, perform, proceed

Amy's desire to help people led her to **pursue** a career in social work.

다른 사람들을 돕고자 하는 Amy의 소망은 그녀가 사회 복지 분야에서의 경력을 추구하도록 이끌었다.

16
recommend**

[rèkəménd 뤠커멘드]

recommendation 명 추천

동 권고하다, 추천하다 ▣ advise, suggest

The doctor **recommended** that Phillip get enough rest.

의사는 Phillip에게 충분한 휴식을 취하라고 권고했다.

지텔프 출제 포인트

recommend + -ing ~을 권고하다, 추천하다
recommend는 동명사를 목적어로 취하는 동사이다.

recommend that + 주어 (+ should) + 동사원형
제안을 나타내는 동사 recommend 뒤에 that절이 오면 that절에서는 should가 생략되어 동사원형을 쓴다.

17
attract**

[ətrǽkt 어트랙트]

attraction 명 매력, 명소
attractive 형 매력적인

동 끌어들이다, 끌다 ▣ appeal, allure, draw

Italy's promotion of the arts **attracted** many artists, including Claude Monet.

이탈리아의 예술 진흥은 클로드 모네를 포함한 많은 예술가를 끌어들였다.

18
earn★★
[ə:rn 어-언]
earnings 명 소득, 수익

동 **받다, 얻다, 벌다**
= receive, gain, acquire

He **earned** recognition as a loyal and hardworking employee.
그는 충실하고 근면한 직원으로 인정을 받았다.

19
important★★
[impɔ́:rtnt 임포-턴트]
↔ trivial 형 사소한, 하찮은

형 **중요한**
= significant, critical

Charlotte Bronte's time in Brussels was the most **important** experience in her life.
샬럿 브론테가 브뤼셀에서 보낸 시간은 그녀의 인생에서 가장 중요한 경험이었다.

지텔프 출제 포인트

important that + 주어 (+ should) + 동사원형
주장을 나타내는 형용사 important 뒤에 that절이 오면 that절에서는 should가 생략되어 동사원형을 쓴다.

20
motivate★★
[móutiveit 모티베이트]
motivation 명 자극, 유도, 동기부여

동 **동기를 부여하다, 자극하다**
= inspire, stimulate, prompt

Inventing the light bulb **motivated** Edison to build an electrical power station.
전구를 발명한 것은 에디슨에게 전력발전소를 건설할 동기를 부여했다.

21
ability★★
[əbíləti 어빌리티]
able 형 ~할 수 있는

명 **능력, 재능**
= capacity, talent

Buddha was known for his **ability** to respond to evil with goodness.
부처는 악에 선으로 대응하는 능력으로 알려졌다.

★★★ = 출제율 최상 ★★ = 출제율 상 ★ = 출제율 중

22

unique★★

[juníːk 유니-크]

uniqueness 명 독특성, 유일함
uniquely 부 독특하게

형 1. 독특한, 별난 ■ distinct, special, distinguished

형 2. 유일한

Miles Davis changed jazz music by adding his own **unique** style.

마일스 데이비스는 그만의 독특한 스타일을 더해 재즈 음악을 바꾸었다.

23

acclaim★★

[əkléim 어클레임]

acclaimed 형 호평을 받은

동 격찬하다 ■ praise, compliment

명 호평, 찬사 ■ praise, honor

Critics **acclaimed** the actress for her superb performance in the hit Broadway play.

비평가들은 인기 브로드웨이 연극에서 그녀의 눈부신 연기에 대해 그 여배우를 격찬했다.

24

intently★★

[inténtli 인텐틀리]

intent 형 열중하는

부 열심히, 집중하여 ■ attentively, seriously

After years of **intently** pursuing a polio vaccine, Jonas Salk finally succeeded.

수년간 열심히 소아마비 백신을 연구한 후, 조너스 소크는 마침내 성공했다.

25

demanding★★

[dimǽndiŋ 디멘딩]

demand 동 요구하다

형 요구가 많은, 힘든 ■ exhausting, tough, challenging

Although Ms. Jenkins is a **demanding** supervisor, she has a reputation for being fair.

비록 Ms. Jenkins는 요구가 많은 감독관이지만, 그녀는 공정하다는 평판을 가지고 있다.

26
deliberate★★

형 [dilíbərət 딜리버럿]
동 [dilíbərèit 딜리버뤠잇]

deliberately 부 신중하게, 고의로

형 **1. 계획적인, 의도적인** = intentional, designed

형 **2. 신중한** = careful, cautious

동 **숙고하다, 심의하다**

She makes **deliberate** sales strategies based on careful research.

그녀는 철저한 조사를 바탕으로 계획적인 판매 전략을 수립한다.

27
discourage★★

[diskə́:ridʒ 디스커-리쥐]

↔ stimulate 동 자극하다, 격려하다

동 **단념시키다, 좌절시키다** = depress, deter

Pessimistic people are easily **discouraged** by minor problems.

비관적인 사람들은 작은 문제에도 쉽게 단념한다.

지텔프 출제 포인트

discourage + -ing ~하는 것을 단념시키다
discourage는 동명사를 목적어로 취하는 동사이다.

28
generous★★

[dʒénərəs 제너뤄스]

generosity 명 관용, 너그러움
generously 부 관대하게

형 **1. 너그러운, 관대한** = tolerant

형 **2. 많은, 풍부한** = plentiful, ample

Andrew Carnegie was a very wealthy and **generous** man who supported charity.

앤드루 카네기는 자선 단체를 지원하는 매우 부유하고 너그러운 사람이었다.

★★★ = 출제율 최상 ★★ = 출제율 상 ★ = 출제율 중

29

intense★★

[inténs 인텐스]

intensify 동 강화하다
intensive 형 격렬한, 집중적인

형 격렬한, 강렬한 | ■ extreme, acute

Edmund Hillary completed the **intense** task of climbing Mt. Everest.

에드먼드 힐러리는 에베레스트 산을 등반하는 격렬한 일을 해냈다.

30

interrupt★★

[ìntərʌ́pt 인터럽트]

interruption 명 방해

동 저지하다, 방해하다 | ■ disturb, discontinue

Nancy wanted to be in the movie, but her pregnancy **interrupted** her plan.

Nancy는 영화에 참여하고 싶었지만, 임신이 그녀의 계획을 저지했다.

31

introduce★★

[ìntrədú:s 인트뤄듀-쓰]

introduction 명 소개, 도입
introductory 형 소개의

동 1. 소개하다, 도입하다 | ■ launch, present

동 2. 시작하다, 전하다 | ■ initiate, begin, start

At a conference in 2007, Steve Jobs **introduced** the first iPhone.

2007년 컨퍼런스에서, 스티브 잡스가 첫 아이폰을 소개했다.

32

represent★★

[rèprizént 뤠프리젠트]

representative 명 대표자
형 대표하는
representation 명 표현, 묘사

동 1. 나타내다, 상징하다 | ■ express, symbolize

동 2. 대변하다 | ■ speak for

The artist's work **represents** his views on society.

그 예술가의 작품은 사회에 대한 그의 관점을 나타낸다.

33
strive★★

[straiv 스트롸이브]

strife 명 투쟁

동 노력하다, 애쓰다 유 struggle, endeavor

With her book *Silent Spring*, Rachel Carson **strived** to educate people about pollution.

그녀의 저서 「침묵의 봄」으로, 레이첼 카슨은 사람들에게 오염에 관해 교육하기 위해 노력했다.

34
unfavorable★★

[ʌnféivərəbl 언풰이붜러블]

형 1. 부정적인, 비판적인 유 critical

형 2. 불리한 유 adverse, disadvantageous

His speech received an **unfavorable** reaction from most European leaders.

그의 연설은 대부분의 유럽 지도자들로부터 부정적인 반응을 얻었다.

35
shoulder★

[ʃóuldər 쇼울더]

동 떠맡다, 짊어지다 유 bear, pay

As a teenager, Mariel Hemingway **shouldered** the responsibility of caring for her mother.

10대 때, 마리엘 헤밍웨이는 어머니를 돌보는 책임을 떠맡았다.

36
common★

[kɑ́ːmən 카-먼]

commonly 부 흔히, 보통

반 special 형 특별한

형 1. 흔한, 보통의 유 usual, typical

형 2. 공통의 유 mutual

That Napoleon was very short is a **common** misconception.

나폴레옹이 키가 매우 작았다는 것은 흔한 오해이다.

★★★ = 출제율 최상 ★★ = 출제율 상 ★ = 출제율 중

37
distinguish*

동 구별하다 ■ differentiate, discern

[distíŋgwiʃ 디스팅귀시]

distinct 형 다른, 별개의, 뚜렷한

We can **distinguish** many periods in Picasso's life as an artist.

우리는 화가로서의 피카소의 인생을 많은 시기로 구별할 수 있다.

38
fulfill*

동 1. 달성하다, 이행하다 ■ perform, do

동 2. (요건 등을) 만족시키다 ■ satisfy, please

[fulfíl 풀퓔]

fulfillment 명 성취, 달성, 실현, 이행

Usain Bolt **fulfilled** his dream of winning eight Olympic gold medals.

우사인 볼트는 여덟 개의 올림픽 금메달을 따는 그의 꿈을 달성했다.

39
disability*

명 (신체적·정신적) 장애

[dìsəbíləti 디서빌러티]

disabled 형 장애를 가진

He struggled for years to overcome his **disability** and finally succeeded.

그는 자신의 장애를 극복하기 위해 수년간 분투했고 마침내 성공했다.

40
passionate*

형 열정적인, 열망하는 ■ enthusiastic, eager

[pǽʃənət 패셔넛]

passion 명 열정

Pavarotti's **passionate** voice made him famous as an opera singer.

파바로티의 열정적인 목소리는 그를 오페라 가수로 유명하게 만들었다.

41
doubt*

[daut 다웃]

doubtful 형 의심스러운, 확신이 없는

명 **의심, 의혹** — suspicion, distrust, reservation

동 **의심하다, 의문을 갖다** — question

He needs to throw off his **doubts** about himself and be more confident.

그는 자신에 대한 의심을 떨쳐 버리고 더 자신감을 가질 필요가 있다.

42
influence*

[ínfluəns 인플루언스]

influential 형 영향력 있는

동 **영향을 미치다** — affect, impact, inspire

명 **영향(력), 작용** — effect, impact

Oprah Winfrey's book club **influences** book sales across the country.

오프라 윈프리의 독서회는 전국의 책 판매량에 영향을 미친다.

43
withstand*

[wiðstǽnd 윗스탠드]

동 **견디다, 이겨내다** — endure, resist

Bill's mother doesn't think he is capable of **withstanding** hardship for long.

Bill의 어머니는 그가 오랫동안 고난을 견딜 수 있다고 생각하지 않는다.

44
consistent*

[kənsístənt 컨씨스턴트]

consistency 명 일관성
consistently 부 일관하여, 지속적으로

형 **일관된, 모순이 없는** — constant, steady

A person's actions should be **consistent** with his ethical beliefs.

사람의 행동은 자신의 윤리관과 일관되어야 한다.

★★★ = 출제율 최상 ★★ = 출제율 상 ★ = 출제율 중

45
contribute★

[kəntríbjuːt 컨트뤼뷰-트]

contribution 명 기부, 공헌
contributor 명 기부자, 기고자

동 **1. 기여하다, 공헌하다** ■ conduce, serve

동 **2. 기부하다** ■ donate, endow

Various factors **contributed** to Elon Musk's success.

다양한 요소들이 일론 머스크의 성공에 기여했다.

46
critical★

[krítikl 크뤼티컬]

criticize 동 비판하다
critic 명 비평가

형 **1. 중요한, 결정적인** ■ important, crucial

형 **2. 비판적인**

형 **3. 위기의, 위험한** ■ dangerous, risky

Meeting his birth mother was a **critical** moment in his life.

그의 친모를 만나는 것은 그의 인생에 중요한 순간이었다.

47
devote★

[divóut 디보우트]

devotion 명 헌신
devoted 형 헌신적인

동 **바치다, 쏟다** ■ dedicate, commit

The nun **devoted** her life to caring for the poor.

그 수녀는 가난한 사람들을 돌보는 데 자신의 일생을 바쳤다.

48
competent★

[kάmpitənt 컴피턴트]

competence 명 능력, 적성
competently 부 유능하게

형 **1. 유능한** ■ capable, skilled

형 **2. 충분한** ■ sufficient, adequate

He is the most **competent** player on the Lakers.

그는 레이커스 팀에서 가장 유능한 선수이다.

49
honor★

[ɑ́nər 어너]

honorable 형 고결한, 정직한

명 **경의, 명예, 영광** = glory, respect, privilege

동 **명예를 주다, 존경하다** = commemorate, praise

In America, there are many statues in **honor** of George Washington.

미국에는 조지 워싱턴에 경의를 표하는 많은 동상이 있다.

50
humble★

[hʌ́mbl 험블]

humbly 부 겸손하게

↔ lavish 형 사치스러운

형 **1. 겸손한** = modest

형 **2. 초라한, 수수한** = simple, poor

Even though the musician is very famous, he is quite a **humble** person.

그 음악가는 매우 유명하지만, 그는 꽤 겸손한 사람이다.

★★★ = 출제율 최상 ★★ = 출제율 상 ★ = 출제율 중

DAY 02 DAILY TEST

단어의 뜻을 오른쪽 보기에서 찾아 연결하세요.

01 garner •		• (a) 권고하다, 추천하다
		• (b) 얻다, 모으다
02 right •		• (c) 경의, 명예, 영광
03 recommend •		• (d) 권리
		• (e) 중요한, 결정적인
04 interrupt •		• (f) 요구가 많은, 힘든
05 critical •		• (g) 저지하다, 방해하다

문장의 문맥에서 밑줄 친 단어의 유의어를 고르세요.

06 Her cheerfulness is her best **characteristic**.

(a) mood (b) tone (c) uniqueness (d) trait

07 His **previous** job was an engineer before he became a teacher.

(a) earlier (b) obvious (c) remaining (d) exhibitory

08 She was **motivated** to become a model after participating in a fashion show.

(a) enhanced (b) excelled (c) prompted (d) promised

09 The actor received great **acclaim** from the audience.

(a) guidance (b) trust (c) praise (d) generosity

10 He was heavily **influenced** by his parents and friends.

(a) claimed (b) reduced (c) bonded (d) affected

정답 및 해석 p.337

지텔프 완성 단어

□ **author**	명 작가, 저자 동 쓰다, 저술하다 = draft, write
□ **leading**	형 가장 중요한, 선두적인 = best, major
□ **attorney**	명 변호사 = lawyer
□ **entrepreneur**	명 사업가, 기업가
□ **envious**	형 부러운 = jealous
□ **expert**	명 전문가 = authority 형 전문적인 = skilled, proficient
□ **flexible**	형 유연한 = elastic 적응성 있는 = adjustable, adaptable, changeable
□ **orphan**	명 고아 동 고아로 만들다
□ **tease**	동 괴롭히다, 놀리다, 희롱하다 = bother, mock
□ **fond**	형 좋아하는 = affectionate
□ **impulsive**	형 충동적인 = spontaneous, impetuous
□ **perplexed**	형 당혹스러운 = puzzled, bewildered
□ **strict**	형 엄격한, 엄한 = severe, stubborn
□ **tend**	동 ~하는 경향이 있다, ~하기 쉽다 = incline, be likely
□ **typically**	부 보통 = usually, normally
□ **accomplish**	동 성취하다, 이루다, 완수하다 = achieve, attain
□ **well-known**	형 유명한, 잘 알려진 = iconic
□ **counterpart**	명 상대방, 대응물 = complement 동등한 것 = equivalent, equal
□ **dedicate**	동 (노력·시간을) 바치다, 전념하다 = devote, commit
□ **wholeheartedly**	부 진심으로 = sincerely
□ **worldwide**	형 세계적인 = global, international
□ **arrogant**	형 거만한, 건방진 = haughty, imperious
□ **aspect**	명 관점, 국면, 양상 = feature
□ **celebrity**	명 유명 인사 = notable 명성 = fame, renown
□ **effort**	명 노력 = attempt, endeavor
□ **embarrass**	동 난처하게 하다, 당황하게 하다 = shame, confuse
□ **keen**	형 열망하는 = eager, enthusiastic, strong 날카로운, 예민한 = sharp, acute
□ **own**	형 자기 자신의 = personal 동 소유하다 = possess
□ **select**	동 선택하다, 선발하다 = choose, pick, opt 형 엄선된, 고급의 = chosen
□ **impact**	명 영향, 충격 = effect, influence 동 영향을 주다 = influence

무료 MP3 바로듣기

DAY 03 역사

작심삼일은 금물! 처음 결심 그대로 열심히 단어 공부를 해보아요.

■ 정답이 되는 유의어

01

execute***

[éksikjuːt 엑씨큐-트]

execution 명 실행, 처형
executive 명 경영진
형 실행의, 행정의

동 1. 수행하다, 실행하다 ■ perform, carry out

동 2. 처형하다 ■ kill, put to death

Christopher Columbus **executed** the royal family's orders.

크리스토퍼 콜럼버스는 왕실의 명령을 수행했다.

02

capture***

[kǽptʃər 캡쳐]

동 1. 붙잡다, 체포하다 ■ trap, arrest

동 2. 표현하다 ■ describe

명 포획, 체포

African people were **captured** in local wars and sold into slavery.

아프리카인들은 내전에서 포로로 붙잡혀 노예로 팔렸다.

03

civilization***

[sìvələzéiʃn 씨벌러제이션]

civilize 동 문명화하다

명 문명

The earliest **civilizations** formed in the Middle East.

가장 초창기 문명들은 중동에서 형성되었다.

04
issue★★★
[íʃuː 이슈]

명 **쟁점, 문제** = topic, matter, problem

동 **1. 발행하다, 발표하다** = publish, release

동 **2. 발부하다, 지급하다** = distribute

There are many perspectives on the **issue** of the Vietnam War.
베트남 전쟁이라는 쟁점에 관해서 다양한 관점들이 있다.

05
coalition★★★
[kòuəlíʃn 코얼리션]

명 **동맹, 연합** = alliance

During war, countries often form **coalitions** to help each other out.
전쟁 중에, 국가들은 서로를 돕기 위해 종종 동맹을 맺는다.

06
segregate★★★
[ségrigeit 쎄그리게이트]

동 **분리하다, 차별하다** = separate, differentiate

American students were **segregated** based on race until 1954.
미국 학생들은 1954년까지 인종에 따라 분리되었다.

07
defy★★★
[difái 디퐈이]

defiance 명 도전, 반항
defiant 형 반항적인

동 **1. 거역하다, 반항하다** = resist, disobey, challenge

동 **2. 무시하다, 얕보다** = disregard, ignore

Because the people **defied** the king's orders, they were put in prison.
사람들은 왕의 명령을 거역했기 때문에, 감옥에 갇혔다.

★★★ = 출제율 최상 ★★ = 출제율 상 ★ = 출제율 중

08

approach***

[əpróutʃ 어프로우취]

동 **근접하다, 다가가다** ■ move toward, reach

명 **접근, 방법** ■ access

By 1800, the population of London had **approached** one million.

1800년 즈음에, 런던의 인구는 백만 명에 근접했다.

09

cause***

[kɔːz 커-즈]

동 **야기하다, 일으키다** ■ provoke, trigger

명 **원인, 목적, 이유** ■ reason, purpose, culprit

A failed potato harvest **caused** a major famine in Ireland.

감자 흉작은 아일랜드에 심각한 기근을 야기했다.

지텔프 출제 포인트

cause + 목적어 + to -가 ~하도록 야기하다
cause는 to부정사를 목적격 보어로 취하는 동사이다.

10

suffer***

[sʌ́fər 써퍼]

동 **고통받다, 시달리다** ■ undergo, experience

In 1918, millions of people died from the flu and countless others **suffered**.

1918년에, 수백만 명의 사람들이 독감으로 죽었고 그 외 수많은 이들이 고통받았다.

11
involve***

[invá:lv 인봘-브]

동 **포함하다, 관련시키다** 유 include, entail

Winston Churchill wanted to **involve** other world leaders in the decision-making process.

윈스턴 처칠은 타국 지도자들을 의사 결정 과정에 포함시키고 싶어했다.

지텔프 출제 포인트

involve + -ing ~을 포함하다

involve는 동명사를 목적어로 취하는 동사이다.

12
wane**

[wein 웨인]

동 **줄어들다, 시들해지다** 유 decline, fade

The TV show's popularity **waned** after its host was replaced.

그 텔레비전 쇼의 인기는 진행자가 교체된 이후 줄어들었다.

13
collide**

[kəláid 컬라이드]

collision 명 충돌

동 **충돌하다** 유 smash, clash

After the Titanic **collided** with the iceberg, the ship sank.

타이타닉호가 빙하와 충돌한 후, 그 배는 침몰했다.

14
compel**

[kəmpél 컴펠]

동 **강요하다** 유 force, obligate

Slaves were **compelled** to work tedious jobs all day long.

노예들은 하루 종일 지루한 일을 하도록 강요받았다.

★★★ = 출제율 최상 ★★ = 출제율 상 ★ = 출제율 중

15
constitute**

[ká:nstətu:t 컨-스터투-트]

constitution 명 구성, 헌법

동 1. 구성하다 = form, compose

동 2. 제정하다, 설립하다 = establish, found

Several different ethnic groups **constitute** the population of Malaysia.

몇몇의 다양한 소수 민족들이 말레이시아 인구를 구성한다.

16
invasion**

[invéiʒn 인베이션]

invade 동 침략하다

명 1. 침공, 침입 = attack, assault

명 2. (권리 등의) 침해 = infringement, violation

Ten thousand troops took part in the **invasion**.

만 명의 군대가 그 침공에 참여했다.

17
eventually**

[ivéntʃuəli 이벤츄얼리]

부 마침내, 결국 = finally, ultimately

The U.S. **eventually** recognized the Filipinos' desire for independence.

미국은 마침내 독립을 향한 필리핀인들의 열망을 인식했다.

18
exist**

[igzíst 익지스트]

existence 명 존재
existing 형 기존의, 현행의

동 존재하다, 생존하다

Although slavery was abolished, some slaves still **existed** for years.

비록 노예 제도는 폐지되었지만, 몇 년 동안 몇몇 노예는 여전히 존재했다.

19

former**

[fɔ́ːrmər 포-머]

형 **전의, 과거의**

= previous, earlier

A **former** farmer, President Jefferson understood the value of hard work.

전 농부였던 제퍼슨 대통령은 노동의 가치를 이해했다.

20

hinder**

[híndər 힌더]

hindrance 명 방해, 저해

동 **방해하다, 저해하다**

= interfere, block, obstruct

Vienna's narrow streets and tunnels **hindered** the Ottomans' attack on the city.

비엔나의 좁은 거리와 터널은 오스만인들의 도시 공격을 방해했다.

21

intact**

[intǽkt 인택트]

형 **손상되지 않은, 온전한**

= undamaged, flawless

Amazingly, the archaeologists found the ancient Greek vases **intact**.

놀랍게도, 고고학자들은 손상되지 않은 고대 그리스 화병들을 발견했다.

22

moment**

[móumənt 모우먼트]

명 **순간, 잠깐, 잠시**

= instant

The **moment** he became major, he started implementing his agenda.

그는 시장이 된 순간부터, 그의 계획을 시행하기 시작했다.

지텔프 출제 포인트

at the moment 바로 지금
바로 지금 하고 있는 행동을 나타내어 현재진행시제와 함께 쓰이는 시간 표현이다.

★★★ = 출제율 최상 ★★ = 출제율 상 ★ = 출제율 중

23
period★★
[píriəd 피리어드]

명 1. 기간, 시기 = term

명 2. 단계, 주기, 과정 = phase

The Great Depression was known as the longest and worst **period** of unemployment in American history.

대공황은 미국 역사에 있어서 가장 긴 최악의 실업 기간으로 알려져 있다.

24
ruin★★
[rú:in 루-인]

동 파괴하다 = devastate, destroy

명 유적, 폐허

In 1906, a fire **ruined** approximately 80 percent of the city of San Francisco.

1906년에, 화재가 샌프란시스코 도시의 약 80퍼센트를 파괴했다.

25
status★★
[stéitəs 스테이터스]

명 1. 지위, 신분 = position, prestige

명 2. (진행 과정상의) 상황 = progress

Before his death, Napoleon lost both his **status** and his freedom.

그의 죽음 전에, 나폴레옹은 그의 지위와 자유를 모두 잃었다.

26
victim★★
[víktim 뷕팀]

명 희생자, 피해자 = casualty, sufferer

Native Americans were **victims** of the Europeans' desire to extend their empire.

미국 원주민들은 제국을 확장하려는 유럽인들의 욕망에 의한 희생자였다.

27
momentous★★

[mouméntəs 모우멘터스]

형 **중요한, 중대한** ■ significant, important

One of Cro-Magnon's truly **momentous** discoveries was how to make a fire.

크로마뇽인의 정말 중요한 발견 중 하나는 불을 만드는 방법이었다.

28
actually★★

[ǽktʃuəli 액츄얼리]

부 **실제로** ■ literally, really

The two countries made an agreement to end the war, but they did not **actually** sign a peace treaty.

두 나라는 전쟁을 끝내기로 합의를 했지만, 실제로 평화 조약에 서명을 하지는 않았다.

29
crush★★

[krʌʃ 크러쉬]

동 **1. 진압하다, 억압하다** ■ conquer, defeat

동 **2. 눌러 부수다, 뭉개다** ■ compress, squash

Sparta's soldiers were capable of **crushing** their enemies in battle.

스파르타 병사들은 전투에서 적을 진압할 수 있었다.

30
derive★★

[diráiv 디라이브]

derived 형 유래된, 파생된

동 **1. 얻다, 끌어내다** ■ elicit, acquire

동 **2. ~에서 비롯되다** ■ originate, stem

Early traders **derived** large profits from the spice trade.

초기 상인들은 향신료 무역으로 큰 이익을 얻었다.

★★★ = 출제율 최상 ★★ = 출제율 상 ★ = 출제율 중

31
reinforce**

[rì:infɔ́:rs 뤼-인포-스]

동 강화하다, 보강하다 ■ strengthen, support

They needed extra troops to **reinforce** the army.
그들은 군대를 강화하기 위해 추가 부대가 필요했다.

32
commemorate*

[kəmémərèit 커메머뤠잇]

commemoration 명 기념, 축하

동 기념하다 ■ celebrate, memorialize

To **commemorate** the victory, Napoleon awarded everyone in his army a medal.
승리를 기념하기 위해, 나폴레옹은 그의 군대의 모든 병사들에게 메달을 수여했다.

33
circumstance*

[sə́:rkəmstæ̀ns 썰-컴스탠스]

명 상황, 환경 ■ condition, situation

A variety of economic and natural **circumstances** led to the Great Depression.
다양한 경제적 상황과 자연적 상황이 대공황으로 이어졌다.

34
contemporary*

[kəntémpərèri 컨템퍼뤠리]

형 1. 현대의 ■ modern, current, present

형 2. 동시대의 ■ concurrent, simultaneous

명 동년배, 동기생 ■ peer, fellow

Ptolemy's ideas about the solar system were not compatible with **contemporary** thought.
태양계에 관한 프톨레마이오스의 생각은 현대 사상과는 맞지 않았다.

35
disprove★

[disprúːv 디스프룹-브]

동 **틀렸음을 입증하다** ■ invalidate, negate

Photographs from the accident were used to **disprove** the driver's claims.

사고 사진은 운전자의 주장이 틀렸음을 입증하는 데 사용되었다.

36
descendant★

[diséndənt 디센던트]

descend 동 내려오다

명 **후손, 자손**

American **descendants** with both European and Native American ancestry were called mestizos.

유럽인과 미국 원주민 조상을 모두 가진 미국 후손들은 메스티조라고 불렸다.

37
empire★

[émpaiər 엠파이어]

명 **제국**

The 19th century was the golden age of the British **Empire**.

19세기는 대영제국의 전성기였다.

38
escape★

[iskéip 이스케이프]

동 **도망치다, 탈출하다** ■ flee, evade

명 **탈출, 도피** ■ flight, freedom

The Pilgrims came to America to **escape** religious persecution.

필그림들은 종교적인 박해로부터 도망치기 위해 미국에 왔다.

★★★ = 출제율 최상 ★★ = 출제율 상 ★ = 출제율 중

39
evacuate★

[ivǽkjueit 이봬큐에잇]

evacuation 명 대피, 철수

동 **1. 대피시키다** ≡ withdraw, expel

동 **2. (장소·집을) 비우다** ≡ remove, empty

Tragically, most residents of Pompei were unable to **evacuate** before the volcano erupted.

비극적이게도, 대부분의 폼페이 주민들은 화산이 폭발하기 전에 대피할 수 없었다.

40
territory★

[térətɔ:ri 테뤄토-뤼]

명 **영토, 영역** ≡ area, land

The Mongol Empire controlled vast **territory** across Asia and the Middle East.

몽골 제국은 아시아와 중동을 가로지르는 광대한 영토를 지배했다.

41
prominent★

[prɑ́:minənt 프롸-미넌트]

형 **1. 유명한, 저명한** ≡ famous, renowned

형 **2. 현저한, 두드러진** ≡ outstanding, noticeable

Bismarck is one of the most **prominent** figures in German history.

비스마르크는 독일 역사에서 가장 유명한 인물 중 하나이다.

42
rule★

[ru:l 룰]

동 **지배하다, 통치하다**

명 **통치, 규칙** ≡ guideline

The Spartans were a strong military force that **ruled** Ancient Greece.

스파르타인들은 고대 그리스를 지배했던 강력한 군사 세력이었다.

43
protest*

[prətést 프뤄테스트]

동 1. 항의하다, 시위하다 — demonstrate, complain

동 2. 주장하다, 단언하다 — assert, insist

명 시위, 항의 — demonstration, disapproval

Mexico **protested** the admission of Texas into the United States.

멕시코는 텍사스가 미국으로 편입되는 것에 항의했다.

44
crucial*

[krúːʃl 크루-셜]

crucially 부 결정적으로

형 결정적인, 중요한 — important, vital

Public opinion was the **crucial** factor in deciding to enter the war.

전쟁에 참가할지 정하는 데 있어서 여론은 결정적인 요소였다.

지텔프 출제 포인트

crucial that + 주어 (+ should) + 동사원형

주장을 나타내는 형용사 crucial 뒤에 that절이 오면 that절에서는 should가 생략되어 동사원형을 쓴다.

45
conquer*

[kάːŋkər 컹-커]

conquest 명 정복
conqueror 명 정복자

동 1. 정복하다, 이기다 — defeat, vanquish

동 2. (곤란 등을) 극복하다 — overcome, surmount

Emperors used to try to **conquer** foreign lands.

황제들은 이국 땅을 정복하려고 애쓰곤 했다.

★★★ = 출제율 최상　★★ = 출제율 상　★ = 출제율 중

46
occur★

동 **발생하다, 일어나다** — 유 happen, pass

[əkə́ːr 어커어]

occurrence 명 발생, 나타남

A breakthrough in medicinal history **occurred** in 1928 when penicillin was discovered.

1928년에 페니실린이 개발되면서 의학 역사에 돌파구가 발생했다.

지텔프 출제 포인트

occur to 생각이 떠오르다

47
subordinate★

형 **종속의, 하급의, 하위의** — 유 inferior, lower

명 **하급자, 종속물** — 유 assistant, aide

동 **경시하다** — 유 downplay, undervalue

형 명 [səbɔ́ːrdinət 써보-디넛]
동 [səbɔ́ːrdineit 써보-디네잇]

In the 1800s, many British people viewed Ireland as a **subordinate** territory.

1800년대에, 많은 영국인들은 아일랜드를 종속 영토로 보았다.

48
combat★

명 **전투** — 유 battle

동 **싸우다, 투쟁하다** — 유 fight, resist

[kάːmbæt 컴-뱃]

combative 형 전투적인

More than 100 soldiers have died in **combat**.

100명이 넘는 군인들이 전투에서 사망했다.

49

monument★

[mɑ́:njumənt 마-뉴먼트]

명 **기념물** ⊟ memorial

Since 1886, the Statue of Liberty has been an international **monument** to freedom.

1886년 이래로, 자유의 여신상은 자유의 국제적인 기념물이 되었다.

50

convict★

동 [kənvíkt 컨빅트]
명 [kánvikt 칸빅트]

동 **유죄를 선고하다** ⊟ sentence, condemn

명 **죄인, 기결수** ⊟ prisoner, criminal

Napoleon was **convicted** and sent to the island of St. Helena.

나폴레옹은 유죄를 선고받고 세인트헬레나 섬으로 보내졌다.

★★★ = 출제율 최상 ★★ = 출제율 상 ★ = 출제율 중

DAY 03 DAILY TEST

단어의 뜻을 오른쪽 보기에서 찾아 연결하세요.

01 approach •
02 involve •
03 status •
04 reinforce •
05 circumstance •

• (a) 상황, 환경
• (b) 포함하다, 관련시키다
• (c) 강화하다, 보강하다
• (d) 지위, 신분
• (e) 기념하다
• (f) 근접하다, 다가가다
• (g) 지배하다, 통치하다

문장의 문맥에서 밑줄 친 단어의 유의어를 고르세요.

06 Two hundred workers had to work for five days to **execute** the plan.

(a) suffer (b) perform (c) defeat (d) indicate

07 Many American schools were **segregated** until the 1950s.

(a) convicted (b) derived (c) ruined (d) differentiated

08 She donated a little money to a good **cause**.

(a) access (b) purpose (c) occurrence (d) victim

09 The moon landing was a **momentous** occasion for all humans.

(a) negative (b) holy (c) important (d) previous

10 The California Gold Rush **occurred** in United States between 1848 and 1855.

(a) happened (b) resisted (c) conquered (d) interpreted

정답 및 해석 p.338

지텔프 완성 단어

□ **congress**	명 의회, 국회 = parliament
□ **consecutive**	형 연속적인 = successive
□ **divide**	동 나누다, 가르다 = separate, break up
□ **sacred**	형 신성한 = holy, divine
□ **suffrage**	명 투표권, 참정권
□ **influx**	명 유입 = arrival, flow
□ **emperor**	명 황제
□ **overseas**	형 해외의 부 해외로 = abroad
□ **parole**	동 가석방하다 = release
□ **quarrel**	명 다툼, 싸움 동 다투다
□ **sinister**	형 사악한, 해로운, 불길한
□ **slavery**	명 노예제도, 노예
□ **taint**	동 더럽히다, 오점을 남기다 = degrade
□ **casualty**	명 사상자, 피해자 = victim, fatality
□ **catastrophe**	명 참사, 재앙 = disaster
□ **criminal**	형 범죄의 명 범인, 범죄자 = convict
□ **interpret**	동 해석하다 = decipher, understand
□ **senate**	명 상원
□ **surrender**	동 항복하다, 넘겨주다 = yield 명 항복, 양도, 포기
□ **tragic**	형 비극적인 = heartbreaking
□ **attack**	명 공격, 습격 = assault 동 공격하다, 습격하다 = assail, ambush
□ **corrupt**	형 부패한, 타락한 = dishonest 동 타락시키다, 오염시키다
□ **emphasize**	동 강조하다, 역설하다 = highlight
□ **imperial**	형 제국의, 황제의 = regal, royal
□ **insult**	동 모욕하다 = abuse, offend 명 모욕
□ **liberal**	형 자유주의의, 진보적인 = progressive, radical
□ **mean**	동 의미하다 = signify, indicate 형 못된, 사나운
□ **reconcile**	동 화해시키다, 조정하다 = resolve, reunite
□ **voyage**	명 항해, 긴 여행 = journey 동 항해하다
□ **yield**	동 산출하다 = produce 양보하다, 내주다 = surrender, submit

무료 MP3 바로듣기

DAY 04 사회

벌써 20%에요! 이 기세를 몰아서 계속 달려가볼까요?

ㅁ 정답이 되는 유의어

01
cover★★★

[kʌ́vər 커버]

coverage 명 범위, 보도

동 **1. 다루다, 포함하다** ㅁ involve, include

동 **2. (일정 거리를) 이동하다** ㅁ travel

동 **3. 덮다, 가리다**

This article **covers** the basics of criminal law.

이 기사는 기본 형법을 다룬다.

02
retain★★★

[ritéin 뤼테인]

retention 명 유지, 보수

동 **유지하다, 보유하다** ㅁ hold, maintain, preserve, keep

The cafeteria **retains** customers by offering inexpensive, flavorful food.

그 식당은 저렴하면서도 맛있는 음식을 제공함으로써 고객을 유지한다.

03
staple★★★

[stéipl 스테이플]

형 **주된, 주요한, 기본적인** ㅁ basic, principle

명 **중요 상품, 기본 식료품**

Rice is the **staple** food of most Asian countries.

쌀은 아시아국들의 주된 식량이다.

04
diminish★★★

[dimíniʃ 디미니쉬]

동 감소하다, 줄다 　 = reduce, decrease

Newspaper circulation has **diminished** since the Internet became available.

신문 판매 부수는 인터넷을 이용할 수 있게 된 이후로 감소했다.

05
conceal★★★

[kənsíːl 컨씨-일]

concealment 명 숨김, 은폐

↔ disclose 동 공개하다, 드러내다

동 숨기다, 감추다 　 = hide, cover

The judge said that the lawyers **concealed** evidence from the court.

판사는 변호사가 배심원들에게 증거를 숨겼다고 말했다.

06
entice★★★

[intáis 인타이스]

동 유혹하다, 꾀다 　 = lure, attract

Television ads **entice** viewers to buy certain products and brands.

텔레비전 광고들은 시청자들이 특정 제품이나 브랜드를 사도록 유혹한다.

07
chase★★★

[tʃeis 췌이스]

동 1. 뒤쫓다, 추격하다 　 = track, follow

동 2. 추구하다 　 = seek, pursue

Police officers **chased** the two bank robbers for more than an hour.

경찰관들은 두 은행 강도들을 한 시간 넘게 뒤쫓았다.

지텔프 출제 포인트

chase away 쫓아내다 = drive away

★★★ = 출제율 최상 　 ★★ = 출제율 상 　 ★ = 출제율 중

08

abolish★★★

동 **폐지하다, 무효로 하다** ■ abrogate, eliminate

[əbɑ́:liʃ 어발-리쉬]

abolition 명 폐지

The government **abolished** an outdated law.

정부는 구식의 법을 폐지했다.

09

juvenile★★★

명 **청소년** ■ youth, teenager

[dʒú:vənl 쥬-브닐]

형 **청소년의, 어린** ■ young, immature

Sociologists are analyzing the rising crime rate among **juveniles**.

사회학자들은 청소년들 사이에서 증가하고 있는 범죄율을 분석하고 있다.

10

merit★★★

명 **장점, 가치, 훌륭함** ■ advantage, value, profit

[mérit 메륏]

meritorious 형 칭찬할 만한

↔ fault 명 단점, 결점

The convenience of the new subway system is its greatest **merit**.

새로운 지하철 시스템의 편리성이 그것의 가장 큰 장점이다.

★ **지텔프 출제 포인트**

merited 가치 있는 = deserved

11

reveal★★★

동 **밝히다, 드러내다** ■ disclose, expose

[riví:l 뤼뷔-일]

revelation 명 폭로

↔ conceal 동 감추다

The companies **revealed** their plan to set up a joint venture.

그 회사들은 합작 사업을 시작하려는 계획을 밝혔다.

12
authority★★★

[əθɔ́:rəti 어써-뤄티]

authorize 동 권한을 부여하다, 허가하다
authorization 명 허가

명 **1. 권위, 권한** — power, control

명 **2. 당국** — government, administration

People in **authority** must promote what is best for the citizens.

권위를 가진 사람들은 시민들에게 최선인 것을 추진해야 한다.

13
suspect★★★

[səspékt 써스펙트]

suspicion 명 의심
suspicious 형 의심스러운

동 **1. 의심하다** — distrust, doubt

동 **2. 추측하다, 짐작하다** — believe, assume

명 **용의자**

Police **suspect** that several perpetrators were involved in last night's break-in at the museum.

경찰은 몇몇 범인들이 지난밤의 박물관 침입 사건에 연루되었다고 의심한다.

14
spot★★★

[spɑ:t 스팟]

동 **발견하다, 찾다** — detect, recognize

명 **지점, 장소** — location, point

Officials **spotted** many people trying to cross the border illegally.

공무원들은 불법으로 국경을 넘으려고 시도하고 있는 많은 사람들을 발견했다.

★★★ = 출제율 최상 ★★ = 출제율 상 ★ = 출제율 중

15
skeptical**

[sképtikəl 스켑티컬]

skeptic 명 회의론자

형 **회의적인, 의심 많은** = doubtful

Some people are **skeptical** of the president's ability as a leader.

몇몇 사람들은 대통령의 지도자로서의 능력에 대해 회의적이다.

16
bill**

[bil 빌]

동 **~에게 청구서를 보내다** = charge

명 **고지서, 청구서, 계산서** = check

Residents will be **billed** separately for gas and electricity charges.

거주자들은 가스와 전기 요금에 대한 청구서를 따로 받을 것이다.

17
class**

[klæs 클래스]

classify 동 분류하다
classification 명 분류

명 **1. 계층, 계급** = league, background

명 **2. 종류, 분류** = category, kind

These days, our society seems divided according to **class** more than ever.

요즘, 우리 사회는 어느 때보다 계층에 따라 나뉘는 것처럼 보인다.

18
focus**

[fóukəs 포우커스]

동 **집중하다, 집중시키다** = concentrate

명 **초점, 주목** = center

An increasing number of online articles **focus** on trivial issues.

점점 더 많은 온라인 기사는 사소한 문제에 집중한다.

19
deny★★

[dinái 디나이]

denial 명 부정, 반박

⇔ agree 동 동의하다

동 **부인하다, 부정하다** ▤ disagree, object

He **denied** the rumor that he would run for mayor.

그는 그가 시장으로 출마할 것이라는 소문을 부인했다.

지텔프 출제 포인트

deny + -ing ~을 부인하다

deny는 동명사를 목적어로 취하는 동사이다.

20
describe★★

[diskráib 디스크라이브]

description 명 설명, 해설

동 **설명하다, 묘사하다** ▤ explain, portray

In the interview, the architect **described** his plan for the new public library.

인터뷰에서, 건축가는 새로운 공공도서관에 대한 그의 계획을 설명했다.

지텔프 출제 포인트

describe as ~으로 묘사하다

21
force★★

[fɔːrs 포-스]

forced 형 강제적인
forcibly 부 강제로, 강력히

동 **강요하다** ▤ push, oblige

명 **세력, 힘** ▤ power, strength

Most states **force** companies to apply the federal minimum wage law.

대부분의 주는 기업체들에 연방 정부의 최저임금법을 적용할 것을 강요한다.

★★★ = 출제율 최상 ★★ = 출제율 상 ★ = 출제율 중

22

link**

[liŋk 링크]

linkage 명 연결

동 **관련짓다, 연결하다** ■ connect, relate

명 **관계, 유대** ■ connection

Investigators had nothing to **link** the suspect to the crime.

수사관들은 그 용의자를 범죄와 관련지을 것이 아무것도 없었다.

23

pedestrian**

[pədéstriən 퍼데스트뤼언]

명 **보행자** ■ walker

Pedestrians filled the streets during last weekend's protest.

보행자들이 지난 주말 시위 동안 거리를 가득 채웠다.

24

reason**

[ríːzn 뤼-즌]

reasonable 형 합리적인

명 **이유, 근거** ■ cause

동 **추론하다** ■ infer, deduce

Reporters asked about the **reason** for the bridge's collapse.

기자들은 다리가 붕괴된 이유에 대해 질문했다.

25

retire**

[ritáiər 뤼타이어]

retirement 명 은퇴, 퇴직

동 **은퇴하다, 퇴직하다** ■ resign, withdraw

Many people tend to **retire** after the age of 60.

많은 사람들은 60세 이후에 은퇴하는 경향이 있다.

26

senior★★

[síːniər 씨-니어]

형 **고령의, 손위의, 상급의** = superior, higher

명 **연장자, 상급자** = elder, superior

It is our responsibility to care for our **senior** citizens.

고령 시민들을 돌보는 것은 우리의 책임이다.

27

several★★

[sévrəl 쎄버럴]

형 **몇몇의, 여러 개의**

Several people volunteered to adopt the stray dog.

몇몇 사람들이 그 길 잃은 개를 입양하는 것에 자청했다.

28

rebel★★

[ribél 뤼벨]

rebellion 명 반란

동 **반란을 일으키다, 저항하다** = resist, defy

The people **rebelled** against their country's dictatorial power.

국민들은 나라의 독재 권력에 맞서 반란을 일으켰다.

29

separate★★

동 [sépəreit 쎄퍼뤠잇]

형 [séprət 쎄프럿]

separation 명 분리, 구분

↔ blend 동 섞다

동 **분리하다, 떼어놓다** = divide, detach, disconnect

형 **서로 다른, 분리된** = different, divided

The U.S. Constitution **separates** the church from the state.

미국 헌법은 교회를 국가로부터 분리한다.

★★★ = 출제율 최상 ★★ = 출제율 상 ★ = 출제율 중

30
judge★★

[dʒʌdʒ 저쥐]

judgment 명 판단, 평가

동 **평가하다, 판단하다** ■ adjudicate, evaluate

명 **판사, 심사위원** ■ magistrate

Educators **judged** the new rules as unfair and unrealistic.

교육자들은 새로운 법안이 불공평하고 현실성이 없다고 평가했다.

31
testament★★

[téstəmənt 테스터먼트]

명 **(존재·사실의) 증거** ■ proof

The organization's social work is a **testament** to its commitment to helping others.

그 단체의 사회 복지 활동은 다른 사람들을 돕겠다는 공약에 대한 증거이다.

32
anonymous★★

[ənɑ́:niməs 어나-니머스]

↔ named 형 지명된, 유명한

형 **익명의, 신원 불명의** ■ unknown, nameless

The charity received $6,000 from an **anonymous** donor.

그 자선 단체는 익명의 기부자로부터 6천 달러를 받았다.

33
diverse★★

[daivə́:rs 다이버-스]

diversify 동 다양화하다
diversity 명 다양성, 차이

형 **1. 다양한** ■ various

형 **2. 다른** ■ different

A **diverse** selection of tours is available for London.

런던에서는 다양한 관광 상품을 이용할 수 있다.

34
evade★★

[ivéid 이붸이드]

evasion 명 회피, 모면
evasive 형 회피적인

동 피하다, 모면하다 〓 avoid, elude

The governor **evaded** answering the question by changing the subject.
그 주지사는 주제를 전환함으로써 질문에 답변하는 것을 피했다.

35
generally★★

[dʒénrəli 제너럴리]

general 형 일반적인, 보편적인

부 1. 일반적으로, 대체로 〓 commonly, mainly

부 2. 개괄적으로

It is **generally** assumed that humans are social beings.
인간은 일반적으로 사회적 존재로 간주된다.

36
moral★

[mɔ́:rəl 모-럴]

morality 명 도덕성

형 도덕적인 〓 ethical

명 교훈 〓 lesson, message

Arguments against capital punishment are often based on **moral** principles.
사형 제도에 대한 반대 주장은 보통 도덕적인 원칙에 기반한다.

37
security★

[səkjúrəti 씨큐러티]

secure 형 안전한
securely 부 안전하게

명 보안, 안전 〓 safety, protection

Security is a priority during next week's sensitive negotiation meetings.
다음 주의 민감한 협상 회담 동안은 보안이 중요하다.

★★★ = 출제율 최상 ★★ = 출제율 상 ★ = 출제율 중

38

view*

[vju: 뷰우]

동 ~이라고 여기다, 보다	■ regard
명 1. 견해, 의견	■ opinion, idea
명 2. 경치, 전망	■ scenery, landscape

Some **view** the financial crisis as an opportunity to make money.

어떤 사람들은 금융 위기를 돈을 벌 수 있는 기회라고 여긴다.

39

domestic*

[dəméstik 더메스틱]

domestically 부 국내에서

형 국내의, 국산의	■ national, internal

Slow sales in the **domestic** market forced companies to expand overseas.

국내 시장에서의 부진한 매출은 기업들이 해외로 사업을 확장하게 했다.

40

solely*

[sóulli 쏠리]

sole 형 하나뿐인

부 전적으로, 오직	■ exclusively, only

The president's focus was **solely** on foreign investment.

대통령의 주안점은 전적으로 해외 투자에만 있었다.

41

bully*

[búli 불리]

명 괴롭히는 사람, 깡패	
동 못살게 굴다, 괴롭히다	■ intimidate, threaten

School leaders should do more to protect students from **bullies**.

학교 지도자들은 학생들을 괴롭히는 사람들에게서 지키기 위해 더 노력해야 한다.

42

cautious★

형 **신중한, 조심스러운** ■ careful

[kɔ́:ʃəs 커-셔스]

caution 동 경고하다, 주의를 주다
명 주의, 조심

Analysts are **cautious** about recommending the troubled company's stocks.

분석가들은 문제가 많은 회사의 주식을 추천하는 것에 대해 신중하다.

43

decision★

명 **결정, 판단** ■ conclusion

[disíʒn 디씨젼]

decide 동 결정하다

Residents are excited about the resort's **decision** to open a public beach.

주민들은 그 해수욕장을 개장하기로 한 리조트의 결정에 들떠 있다.

지텔프 출제 포인트

make a decision 결정을 하다

44

government★

명 **정부, 통치** ■ authority, regime

[gʌ́vərnmənt 거번먼트]

govern 동 다스리다, 통치하다
governor 명 통치자

The **government** created a law to prevent religious discrimination.

정부는 종교적 차별을 방지하기 위한 법을 제정했다.

45

indicate★

동 **1. 나타내다, 보여주다** ■ show, express

동 **2. 암시하다** ■ suggest, imply

[índikeit 인디케잇]

indication 명 암시, 조심
indicative 형 나타내는

The presence of a celebrity at a campaign **indicates** his support of the candidate.

유명 인사의 선거 운동 참석은 그 후보자에 대한 그의 지지를 나타낸다.

★★★ = 출제율 최상 ★★ = 출제율 상 ★ = 출제율 중

46
guilty*
[gílti 길티]

guilt 명 죄책감, 유죄

↔ innocent 형 결백한

형 **유죄의, 죄책감이 드는** ▣ culpable, criminal, responsible

The Rosenbergs were found **guilty** of giving information to the Soviets.

로젠버그 부부가 소련 연방에 정보를 준 것으로 유죄라는 것이 밝혀졌다.

47
intrigue*
동 [intríːg 인트뤼-그]
명 [íntriːg 인트뤼-그]

intriguing 형 아주 흥미로운

동 **흥미를 끌다** ▣ interest, fascinate, attract

명 **음모, 계략** ▣ scheme, plot

The castle's splendid exterior **intrigued** visitors.

그 성의 훌륭한 외관은 관광객들의 흥미를 끌었다.

48
investigate*
[invéstigeit 인붸스티게잇]

investigation 명 조사, 수사
investigative 형 조사의, 연구의

동 **조사하다, 수사하다** ▣ inspect, examine

Authorities are **investigating** the cause of the plane crash.

당국은 비행기 사고의 원인을 조사하고 있다.

49
commit*
[kəmít 커밋]

commitment 명 약속, 전념, 헌신
committed 형 전념하는, 헌신적인

동 **1. (죄·과실을) 저지르다**

동 **2. 전념하다, 헌신하다** ▣ dedicate, devote

The boy **committed** his first theft at the age of 12.

그 소년은 12살에 도둑질을 처음 저질렀다.

50

leave★

[li:v 리-브]

↔ abide 동 머물다, 살다

명 **휴가** ■ absence, holiday

동 **1. 떠나다** ■ depart

동 **2. 남기다**

Voters want the government to create paid maternity **leave** for all mothers.

유권자들은 정부가 모든 산모들을 위한 유급 출산 휴가를 만들기를 원한다.

★★★ = 출제율 최상 ★★ = 출제율 상 ★ = 출제율 중

DAY 04 DAILY TEST

단어의 뜻을 오른쪽 보기에서 찾아 연결하세요.

01 retain •

02 conceal •

03 suspect •

04 merit •

05 guilty •

• (a) 저지르다
• (b) 유지하다, 보유하다
• (c) 유죄의, 죄책감이 드는
• (d) ~이라고 여기다, 보다
• (e) 의심하다
• (f) 장점, 가치, 훌륭함
• (g) 숨기다, 감추다

문장의 문맥에서 밑줄 친 단어의 유의어를 고르세요.

06 Demand for portable media players has **diminished** due to smartphones.
(a) reduced (b) denied (c) increased (d) viewed

07 Potatoes and grains are **staple** foods of Western diets.
(a) official (b) different (c) basic (d) potential

08 The mother was **skeptical** of her son's excuse.
(a) supportive (b) reliable (c) caring (d) doubtful

09 The politician's speech covered a **diverse** set of topics.
(a) various (b) alike (c) contrary (d) cautious

10 Some students tend to choose a major based **solely** on its income potential.
(a) incompletely (b) exclusively (c) possibly (d) simultaneously

정답 및 해석 p.339

지텔프 완성 단어

□ **allegation**	명 혐의, 주장 = claim, charge
□ **assert**	동 단언하다, 주장하다 = claim, guarantee
□ **majority**	명 대부분, 대다수 = bulk
□ **enforce**	동 시행하다, 집행하다 = execute, carry out
□ **haunt**	동 (~에) 자주 드나들다 = frequent 계속 떠오르다, 괴롭히다
□ **holistically**	부 전체론적으로, 총체적으로 = broadly
□ **simultaneously**	부 동시에 = concurrently
□ **upsurge**	명 급증, 고조 = rise
□ **co-founder**	명 공동 설립자
□ **diplomat**	명 외교관
□ **ethical**	형 윤리적인, 도덕상의 = moral
□ **governor**	명 주지사, 통치자
□ **harass**	동 괴롭히다, 박해하다 = tease, annoy
□ **jam**	동 (쑤셔) 넣다 = press, stuff 명 혼잡, 정체
□ **justify**	동 정당화하다 = prove, excuse
□ **possible**	형 가능한, 있음직한 = potential
□ **rise**	동 오르다, 상승하다 = grow, increase 명 급증 = surge
□ **sociologist**	명 사회학자
□ **witness**	명 목격자, 증인 = observer 동 목격하다, 입증하다 = observe, notice
□ **afflict**	동 괴롭히다 = distress
□ **arrest**	동 체포하다 = apprehend, capture
□ **confess**	동 고백하다, 자백하다 = admit
□ **contrary**	형 반대의 = reversed
□ **excuse**	동 용서하다 = forgive 명 변명, 핑계 = reason, explanation
□ **interfere**	동 간섭하다, 개입하다 = intervene, meddle
□ **suppose**	동 짐작하다, 추측하다 = presume, assume
□ **conservative**	형 보수적인 = traditional
□ **embrace**	동 받아들이다, 포용하다 = accept, adopt
□ **leap**	동 뛰어오르다, 도약하다 = jump 명 뛰어오름, 도약
□ **theft**	명 절도

무료 MP3 바로듣기

DAY 05 경제

교재의 4분의 1이 끝나가네요. 아자아자!

■ 정답이 되는 유의어

01

identify***

동 확인하다, 알아보다 ■ recognize, know

[aidéntifai 아이덴티파이]

identification 명 신원 확인

We **identified** several factors that contributed to the Great Depression.

우리는 대공황의 원인이 된 몇 가지 요인들을 확인했다.

★ 지텔프 출제 포인트

identify with ~와 동일시하다

02

decline***

명 감소, 쇠퇴

[dikláin 디클라인]

동 1. 감소하다 ■ decrease, reduce, wane

동 2. 거절하다 ■ refuse, reject

The recent **decline** in exports means that the economy will suffer.

최근 수출의 감소는 경제가 어려울 것을 뜻한다.

03

accumulate***

동 모으다, 축적하다 ■ gather, collect

[əkjúːmjəleit 어큐-뮬레잇]

Trump **accumulated** much of his wealth in real estate.

트럼프는 재산의 상당량을 부동산을 통해 모았다.

04
reach★★★

[riːtʃ 뤼-치]

reachable 형 도달 가능한

동 **1. 도달하다, 이르다** ■ approach

동 **2. 연락하다** ■ contact

명 **미치는 거리, 범위** ■ range, span

Yesterday, the stock market **reached** its highest point in two years.

어제, 증시는 2년 만에 최고치에 도달했다.

05
account★★★

[əkáunt 어카운트]

accounting 명 회계
accountant 명 회계사

명 **계좌, 예금**

동 **1. 간주하다** ■ count

동 **2. 설명하다, 밝히다** ■ explain

More than $100 must be put in the **account** to keep it active.

계좌가 유효하도록 유지하기 위해서는 100달러 이상이 계좌에 입금되어 있어야 한다.

06
structure★★★

[strʌ́ktʃər 스트럭처]

structural 형 구조상의, 구조적인

명 **구조, 조직** ■ system, frame, form

동 **조직화하다** ■ organize

The industrial **structure** in Italy is made up of mostly small and medium-sized businesses.

이탈리아의 산업 구조는 대부분 작거나 중간 규모의 사업체들로 구성되어 있다.

★★★ = 출제율 최상 ★★ = 출제율 상 ★ = 출제율 중

07
reduce***
[동] 줄이다, 감소시키다
[=] diminish, decline, decrease

[ridúːs 뤼듀-스]

reduction [명] 감소
reductive [형] 감소하는

Management started buying used gears in an effort to **reduce** costs.

경영진은 비용을 줄이고자 하는 노력의 일환으로 중고 장비를 구매하기 시작했다.

08
unstable***
[형] 불안정한
[=] unreliable

[ʌnstéibl 언스테이블]

stability [명] 안정(성)

[↔] stable [형] 안정적인

Ministers are working to repair the country's **unstable** economy.

장관들은 국가의 불안정한 경제를 복구하기 위해 노력하고 있다.

09
recover***
[동] 회복하다, 되찾다
[=] restore, recuperate, regain, reclaim

[rikʌ́vər 뤼커버]

recovery [명] 회복, 복구

As investors became more confident, the stock market **recovered** its momentum.

투자자들의 자신감이 높아지면서, 증시는 탄력을 회복했다.

10
financial***
[형] 재정상의, 금전상의
[=] monetary, pecuniary

[fainǽnʃl 퐈이낸셜]

finance [동] 자금을 조달하다
[명] 재정

A consultant's **financial** advice is helpful for major projects.

컨설턴트의 재정 상담은 주요 프로젝트에 도움이 된다.

11
surpass***
[동] 넘어서다, 능가하다
[=] exceed, outdo, outperformed

[sərpǽs 써패스]

surpassingly [부] 뛰어나게, 멋지게

Profits for the last fiscal year **surpassed** $300 million.

지난 회계 연도의 수익이 3억 달러를 넘어섰다.

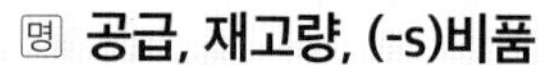

12
supply★★★
[səplái 써플라이]
supplier 명 공급자

명 **공급, 재고량, (-s)비품** ■ stock

동 **공급하다** ■ provide, furnish

The diagram in the handout shows **supply** and demand in the electricity industry.
유인물에 있는 도표는 전력 산업의 공급과 수요를 보여준다.

13
asset★★★
[ǽset 애셋]

명 **1. (-s)재산, 자산** ■ fortune, property

명 **2. 귀중한 것, 강점** ■ benefit

The philanthropist left all his **assets** to a charity.
그 자선가는 그의 모든 재산을 자선 단체에 남겼다.

14
backlash★★★
[bǽklæʃ 백래시]

명 **반발, 저항**

Raising taxes caused a **backlash**, which was entirely predictable.
세금 인상은 반발을 일으켰고, 이는 전적으로 예견된 일이었다.

15
trade★★★
[treid 트뤠이드]

동 **거래하다, 무역하다** ■ exchange, transact, deal

명 **거래, 무역** ■ commerce

The two countries finally reached an agreement to **trade** agricultural goods.
두 나라는 마침내 농산품을 거래하기로 합의했다.

★★★ = 출제율 최상 ★★ = 출제율 상 ★ = 출제율 중

16

abundant★★★

형 풍부한, 많은

= plentiful, ample, sufficient

[əbʌ́ndənt 어번던트]

abound 동 풍부하다
abundance 명 풍부, 다량

Much of the country's wealth comes from its **abundant** natural resources.

그 국가 재산의 대부분은 그곳의 풍부한 천연자원에서 나온다.

17

expense★★★

명 비용, 지출

= charge, cost

[ikspéns 익스펜스]

expend 동 지출하다
expensive 형 비싼

The company raised product prices because of an increase in production **expenses**.

그 기업은 생산 비용의 증가로 인해 제품의 가격을 올렸다.

18

commission★★

명 1. 수수료 = payment, charge, fee

명 2. 위임, 의뢰 = delegation, request

명 3. 위원회 = committee

[kəmíʃn 커미션]

commit 동 저지르다, 위탁하다

The auto dealership employees get a **commission** for every car they sell.

자동차 대리점 직원들은 그들이 파는 모든 차에 대해 수수료를 받는다.

19

budget★★

명 예산, 비용

동 예산을 세우다

[bʌ́dʒit 버쥣]

The community center was given an annual operations **budget** of $120,000.

지역 문화 회관에 12만 달러의 연간 운영 예산이 주어졌다.

20
crisis★★
[kráisis 크라이시스]

명 위기 ■ emergency

Several manufacturers closed down during the economic **crisis**.
여러 제조 회사들이 경제 위기 동안에 문을 닫았다.

21
capital★★
[kǽpitl 캐피털]

capitalism 명 자본주의

명 1. 자본(금) ■ fund

명 2. 수도

The country is raising the **capital** to finance rural development.
그 나라는 농촌 개발 자금을 조달하기 위해 자본금을 모으고 있다.

22
remain★★
[riméin 뤼메인]

remainder 명 나머지
remaining 형 남아 있는

동 계속 ~이다, 머무르다 ■ stay

The cost of living will **remain** stable over the next decade.
생활비는 향후 10년 동안 계속 안정적인 상태일 것이다.

23
estate★★
[istéit 이스테잇]

명 사유지, 재산 ■ property

Bill Gates's **estate** near Seattle is worth approximately $150 million.
시애틀 근처의 빌 게이츠의 사유지는 약 1억 5천만 달러의 가치가 있다.

지텔프 출제 포인트

real estate 부동산, (매매 대상의) 집

★★★ = 출제율 최상 ★★ = 출제율 상 ★ = 출제율 중

24
inaccurate★★

형 부정확한, 틀린

[inǽkjərət 인애큐럿]

Brian's prediction about gas prices might be **inaccurate**.

유가에 대한 Brian의 예측은 부정확할 수 있다.

25
income★★

명 소득, 수입 ▣ revenue, earnings

[ínkʌm 인컴]

Clients need regular **income** to qualify for credit cards.

고객들이 신용 카드를 발급받을 자격을 얻으려면 정기적인 소득이 필요하다.

26
intentionally★★

부 의도적으로, 고의로 ▣ deliberately

[inténʃənli 인텐셔널리]

The accountant **intentionally** lied to his clients, causing them to lose money.

그 회계사는 의도적으로 고객들에게 거짓말을 해, 그들이 돈을 잃게 만들었다.

27
risk★★

명 위험 (요소) ▣ danger

동 위태롭게 하다

[risk 뤼스크]

risky 형 위험한

He took a **risk** in order to make a bigger profit.

그는 더 큰 수익을 내기 위해 위험을 감수했다.

지텔프 출제 포인트

risk + -ing ~의 위험을 무릅쓰다
risk가 동사로 쓰이면 동명사를 목적어로 취한다.

28
invest★★

[invést 인붸스트]

investment 명 투자, 투자금

동 투자하다

The company **invests** millions of dollars in research.

그 회사는 연구에 수백만 달러를 투자한다.

29
loan★★

[loun 론]

명 대출, 대여

동 빌려주다

Luke will apply for a **loan** to buy a car.

Luke는 차를 사기 위해 대출을 신청할 것이다.

30
measure★★

[méʒər 메저]

measurement 명 측정
measurable 형 측정할 수 있는

동 측정하다 ■ calculate, estimate, assess

명 측정, 척도

Consumer surveys help companies **measure** demand for their products.

소비자 조사는 회사들이 자사 제품에 대한 수요를 측정하는 것을 돕는다.

31
import★★

[impɔ́ːrt 임포-트]

동 1. 수입하다, 들여오다 ■ bring in, transport

동 2. 내포하다, 의미하다 ■ imply, indicate

명 수입, 수입품

Most of the country's cars are **imported** from Asia.

그 나라의 자동차 대부분은 아시아에서 수입된다.

★★★ = 출제율 최상 ★★ = 출제율 상 ★ = 출제율 중

32

threat★★

[θret 쓰뤳]

threaten 동 위협하다

명 **위협, 협박** = menace, blackmail

A high interest rate is a major **threat** to the real estate industry.

높은 금리는 부동산 업계에 큰 위협이다.

33

crash★★

[kræʃ 크래시]

명 **추락, 충돌 (사고)** = collision

동 **충돌하다, 추락하다** = smash, collide

An airplane **crash** often involves significant indirect costs, such as payments for lawsuits.

비행기 추락 사고는 종종 소송 비용과 같은 상당한 간접 비용을 수반한다.

34

estimate★★

동 [éstimeit 에스티메잇]
명 [éstimət 에스티멋]

estimation 명 견적, 평가

동 **추정하다, 평가하다** = assess, calculate, guess

명 **견적, 추정**

John tried to **estimate** the cost of the repairs.

John은 수리 비용을 추정하려고 애썼다.

35

retail★★

[ríːteil 뤼-테일]

retailer 명 소매 상인

↔ wholesale 명 도매

명 **소매**

동 **소매하다** = sell

The **retail** price of each product is much higher than the production cost.

각각의 제품 소매가는 원가보다 훨씬 높다.

36
revenue★

[révənu: 뤠비뉴]

↔ expenditure 명 지출, 경비

명 **수익**

Revenue increased by more than 40 percent.

수익이 40퍼센트 이상 증가했다.

37
cap★

[kæp 캡]

명 **(액수의) 한도**

동 **(액수의) 한도를 정하다** = limit

The president put a **cap** on the transportation budget.

대통령은 교통 예산에 한도를 두었다.

38
borrow★

[bá:rou 바-뤄우]

동 **빌리다, 차용하다** = rent

Peter forgot that he **borrowed** $1,000 from Jane.

Peter는 자신이 Jane에게 1,000달러를 빌렸다는 것을 잊어버렸다.

39
transact★

[trænzǽkt 트랜잭트]

transaction 명 거래, 매매

동 **거래하다** = trade, deal

Few merchants still **transact** business using cash only.

아직도 오직 현금으로만 거래하는 상인은 거의 없다.

40
property★

[prá:pərti 프롸-퍼티]

명 **1. 부동산, 재산** = estate, asset

명 **2. 고유의 성질, 특성**

A wealthy couple purchased the **property**.

한 부유한 부부가 그 부동산을 구매했다.

★★★ = 출제율 최상 ★★ = 출제율 상 ★ = 출제율 중

41
deposit*

[dipά:zit 디파-짓]

↔ withdraw 동 (예금을) 인출하다

동 **입금하다, 예금하다** = entrust, bank

명 **보증금, 예금** = security

Steve **deposited** his paycheck at the bank.

Steve는 자신의 급료를 은행에 입금했다

42
analyze**

[ǽnəlaiz 애널라이즈]

analysis 명 분석 연구, 분석
analyst 명 분석가

동 **분석하다, 검토하다** = examine, inspect

Researchers were asked to **analyze** the sales records.

연구원들은 매출 자료를 분석하라고 요청받았다.

43
external*

[ikstə́:rnl 익스터-널]

형 **외부의, 밖의**

External events, such as overseas wars, can influence local economies.

해외 전쟁과 같은 외부 사건들은 지역 경제에 영향을 미칠 수 있다.

44
immense*

[iméns 이멘스]

immensity 명 엄청남, 방대함

형 **막대한, 거대한** = enormous, massive

The charity was grateful for the man's **immense** donation at the fundraiser.

그 자선 단체는 모금 행사에서 그 남자의 막대한 기부를 고맙게 여겼다.

45
statistical*

[stətístikəl 스터티스티컬]

statistics 명 통계

형 **통계적인**

Analysts use complex **statistical** information to determine the strength of the economy.

분석가들은 경제의 강점을 결정하기 위해 복잡한 통계 정보를 사용한다.

46
wealthy★
[wélθi 웰씨]
wealth 명 부, 재산

형 **부유한, 재산이 많은** ■ affluent

The number of people who are extremely **wealthy** continues to increase.
극히 부유한 사람들의 수는 계속해서 증가한다.

47
incident★
[ínsidənt 인씨던트]

명 **사건, 사고** ■ event

An **incident** like a hurricane can cause millions of dollars of damage.
허리케인 같은 사건은 수백만 달러의 피해를 입힐 수 있다.

48
offset★
[ɔ́:fset 오-프셋]

동 **상쇄하다, 벌충하다** ■ balance, counteract

The company's losses will be **offset** by the sales of their new product.
그 회사의 손실은 그들의 새 제품의 판매로 상쇄될 것이다.

49
quota★
[kwóutə 쿠오터]

명 **할당(량), 쿼터**

He was given a promotion as a reward for exceeding his sales **quota**.
판매 할당량을 초과한 것에 대한 포상으로 그는 승진하게 되었다.

50
impose★
[impóuz 임포우즈]
imposition 명 부과, 부담

동 **1. 부과하다** ■ charge, levy

동 **2. 강요하다** ■ enforce, command

The government **imposes** tax on every imported goods.
정부는 모든 수입품에 세금을 부과한다.

★★★ = 출제율 최상 ★★ = 출제율 상 ★ = 출제율 중

DAY 05 DAILY TEST

단어의 뜻을 오른쪽 보기에서 찾아 연결하세요.

01 identify •

02 reduce •

03 unstable •

04 accumulate •

05 risk •

• (a) 불안정한

• (b) 위협, 협박

• (c) 줄이다, 감소시키다

• (d) 넘어서다, 능가하다

• (e) 확인하다, 알아보다

• (f) 모으다, 축적하다

• (g) 위험

문장의 문맥에서 밑줄 친 단어의 유의어를 고르세요.

06 The stock market will **remain** stable for the next couple weeks.

(a) vary (b) stay (c) store (d) progress

07 We will **supply** customers with new saving accounts.

(a) obey (b) ask (c) submit (d) provide

08 **Abundant** oil resources were discovered while drilling beneath the ocean.

(a) scarce (b) secure (c) plentiful (d) accurate

09 Stockholders carefully **analyze** economic data to determine whether to buy or sell.

(a) examine (b) control (c) realize (d) combine

10 The government **imposed** heavy import taxes on soy products.

(a) relied (b) levied (c) exported (d) relieved

정답 및 해석 p.340

지텔프 완성 단어

□ **sluggish**	형 느릿느릿 움직이는, 부진한 = slow
□ **enormous**	형 거대한, 막대한 = huge, immense, tremendous, vast
□ **inflate**	동 팽창하다 = expand, swell, exaggerate
□ **patent**	명 특허, 특허권 = copyright, license 형 특허의
□ **retard**	동 지체시키다, 방해하다 = hinder, hamper, impede
□ **rural**	형 시골의 = country, rustic
□ **billion**	명 10억 형 10억의
□ **niche**	형 꼭 맞는, 들어 맞는 = specialized 명 (시장의) 틈새
□ **transition**	명 변환, 전환, 변천 = change
□ **flat**	형 평평한, 일률적인 = even 명 아파트 = apartment
□ **illegal**	형 불법적인
□ **inadequate**	형 불충분한 = insufficient, deficient
□ **rapidly**	부 급속히 = quickly, promptly
□ **bankrupt**	형 파산한, 지불 능력이 없는 = insolvent, broke 명 파산자
□ **bid**	동 값을 매기다 = propose, offer 명 호가
□ **calculate**	동 계산하다, 추정하다 = figure, estimate
□ **confront**	동 직면하다, 맞서다 = face, encounter
□ **fraud**	명 사기, 가짜 = deceit
□ **indifferent**	형 무관심한, 냉담한 = unconcerned 평범한 = mediocre, normal
□ **possess**	동 소유하다, 지니다 = own, occupy
□ **relieve**	동 완화하다, 안심시키다 = alleviate, ease
□ **debt**	명 빚, 부채
□ **invoice**	명 송장, 청구서 = bill
□ **bribe**	명 뇌물 동 매수하다, 뇌물을 주다
□ **cheat**	동 사기 치다, 속이다 = deceive 명 사기
□ **cost**	동 비용이 들다 명 값, 비용
□ **poverty**	명 가난, 빈곤 = scarcity
□ **profit**	명 수익, 이익 = benefit, revenue 동 이익을 얻다 = gain
□ **reform**	동 개혁하다, 개선하다 = improve
□ **split**	동 나누다, 쪼개다 = divide, separate 명 분열

무료 MP3 바로듣기

DAY 06 과학

단어가 잘 외워지지 않을 땐 심호흡을 후~!

▣ 정답이 되는 유의어

01

observe***

[əbzə́ːrv 업저-브]

observation 명 관찰
observance 명 준수

동 **1. 관찰하다, 주시하다** ▣ watch, view

동 **2. ~을 보고 알다** ▣ perceive

The Voyager spacecraft allows us to **observe** distant planets up close.

우주선 보이저호는 멀리 있는 행성들을 바로 가까이에서 관찰할 수 있게 해준다.

02

preserve***

[prizə́ːrv 프뤼저-브]

preservative 명 방부제
preserved 형 보존된

동 **1. 보존하다, 유지하다** ▣ maintain

동 **2. 보호하다, 지키다** ▣ protect

The research showed that lemon juice **preserves** the color of the fruit.

연구는 레몬 과즙이 과일의 색을 보존한다는 것을 보여주었다.

03

certain***

[sə́ːrtn 써-튼]

certainty 명 확실성

형 **1. 확신하는, 확실한** ▣ confident, sure, guaranteed

형 **2. 특정한** ▣ specific, particular

Nobody is **certain** of exactly what caused the dinosaurs to go extinct.

정확히 무엇이 공룡을 멸종시켰는지는 아무도 확신하지 못한다.

04
confirm★★★

[kənfə́ːrm 컨풔-엄]

confirmation 명 확인, 확증
confirmative 형 확인의

동 1. 확인하다 = certify, verify, prove

동 2. 강화하다, 굳히다 = reinforce

Multiple studies have **confirmed** the connection between smoking and cancer.

다수의 연구가 흡연과 암 사이의 연관성을 확인했다.

05
detect★★★

[ditékt 디텍트]

detective 명 탐정, 형사

동 탐지하다, 발견하다 = notice, locate, discover

Giant telescopes are used to **detect** light from distant galaxies.

멀리 떨어져 있는 은하로부터의 빛을 탐지하는 데 거대 망원경이 사용된다.

06
disrupt★★★

[disrʌ́pt 디스뤕트]

disruption 명 분열, 혼란, 중단

동 지장을 주다, 방해하다 = interrupt, unsettle

Scientists fear that global warming could **disrupt** the ocean currents.

과학자들은 지구 온난화가 해류에 지장을 줄 수 있다고 우려한다.

07
expose★★★

[ikspóuz 익스포우즈]

exposure 명 노출

↔ shield 동 보호하다

동 1. 드러내다, 노출시키다 = uncover, reveal

동 2. (비밀 등을) 폭로하다 = disclose

The massive earthquake **exposed** a large underground cave.

그 대지진은 대규모의 지하 동굴을 드러냈다.

★★★ = 출제율 최상 ★★ = 출제율 상 ★ = 출제율 중

08

induce***

[indúːs 인듀-스]

inducement 명 유인(책), 장려

동 1. 야기하다, 유발하다 ■ cause, encourage

동 2. 설득하다 ■ persuade, convince

Development of better telescopes **induced** more careful study of the planets.

더 우수한 망원경의 개발은 행성에 대한 보다 세심한 연구를 야기했다.

09

conclusion***

[kənklúːʒn 컨클루-젼]

conclude 동 결론짓다, 끝내다

conclusive 형 결정적인

명 결과, 결론 ■ result, end

The study suggests that pollution of the river caused a deadly **conclusion** for the fish.

연구는 그 강의 오염이 물고기에게 치명적인 결과를 가져왔다고 시사한다.

10

manifest***

[mǽnifest 매니페스트]

manifestation 명 표명, 징후

동 나타내다, 명백히 하다 ■ exhibit, show

형 명백한, 분명한 ■ obvious, evident

Heart disease **manifests** itself with a variety of symptoms.

심장 질환은 다양한 증상들로 나타난다.

11

standardize***

[stǽndərdaiz 스탠더다이즈]

standard 명 기준, 표준

동 표준화하다 ■ regulate

Standardizing units of measurement was an important step forward.

측정 단위를 표준화한 것은 중요한 진전이었다.

12
balloon★★★
[bəlúːn 벌루-운]

동 **증가하다, 부풀다** ■ grow, expand

Soon after the rats arrived on the island, their population **ballooned**.

쥐들이 섬에 온 직후, 그들의 개체수는 증가했다.

13
dim★★★
[dim 딤]

dimly 부 희미하게

형 **흐릿한, 희미한** ■ faint, weak

동 **흐리게 하다** ■ weaken

Because many stars are so far away, they appear **dim** in the night sky.

많은 별들은 매우 멀리 있기 때문에, 밤하늘에서 흐릿하게 보인다.

14
speculate★★★
[spékjuleit 스페큘레잇]

speculation 명 추측

동 **1. 추측하다, 짐작하다** ■ guess

동 **2. 깊이 생각하다** ■ consider

Galileo correctly **speculated** that the planets move around the Sun.

갈릴레오는 행성들이 태양 주위를 돈다는 것을 정확하게 추측했다.

15
untoward★★★
[ʌntɔ́ːrd 언토워-드]

↔ fortunate 형 운 좋은

형 **뜻밖의, 불리한** ■ unpleasant, nasty

The drug produces **untoward** reactions that were not discovered in laboratory tests.

그 약은 실험실 검사에서는 발견되지 않았던 뜻밖의 반응을 초래한다.

★★★ = 출제율 최상 ★★ = 출제율 상 ★ = 출제율 중

16

evidence***

명 증거, 물증	■ proof

[évidəns 에뷔던스]

evident 형 분명한, 명백한
evidently 부 분명히

Material **evidence** should be presented to support the theory on planetary formation.

행성의 형성에 대한 이론을 뒷받침하기 위해서는 물적 증거가 제시되어야 한다.

17

mass***

명 1. 다량, 대규모, 덩어리	■ bulk
명 2. 집단	■ accumulation
형 대중적인, 대량의	■ public

[mæs 매스]

massive 형 다량의, 거대한

Occasionally, a **mass** of seashells will pile up on the beach.

때때로, 다량의 조개들이 해변에 쌓일 것이다.

18

prove***

동 입증하다, 증명하다	■ verify, confirm, demonstrate

[pruːv 프루-브]

proof 명 증거, 증명

Scientists agree that it is impossible to **prove** a theory if it cannot be tested.

과학자들은 어떤 이론을 시험할 수 없다면 그것을 입증하는 것은 불가능하다고 동의한다.

19

disease**

명 병, 질병	■ illness, disorder

[dizíːz 디지-즈]

Recent studies suggest that heart **disease** is usually preventable.

최근의 연구들은 심장병이 보통 예방이 가능하다는 것을 시사한다.

20

generate★★

[dʒénəreit 제너뤠잇]

generation 명 세대, 발생
generative 형 발생의

동 1. 발생시키다, 생성하다 ■ produce, create

동 2. 야기하다 ■ cause, spawn

Fossil fuels have been used to **generate** electricity for more than a century.

화석 연료는 전기를 발생시키기 위해 100년 넘게 사용되어 왔다.

21

explode★★

[ikspló́ud 익스플로우드]

동 폭발하다, 터지다 ■ erupt, burst

In time, the massive star will **explode**.

결국, 그 거대한 별은 폭발할 것이다.

22

explore★★

[ikspl5ɔ́:r 익스플로-어]

exploration 명 탐험, 답사

동 1. 탐구하다, 조사하다 ■ investigate

동 2. 탐험하다, 답사하다 ■ tour, travel

They put a scientific research team together to **explore** the canyon.

그들은 그 협곡을 탐구하기 위한 과학 연구팀을 꾸렸다.

23

immune★★

[imjú:n 이뮤-운]

immunity 명 면역력

형 면역력을 지닌, 면역의

Biologists discovered a type of frog that is **immune** to the illness.

생물학자들은 병에 면역력을 지닌 개구리 종을 발견했다.

★★★ = 출제율 최상 ★★ = 출제율 상 ★ = 출제율 중

24
invent★★

[invént 인벤트]

invention 명 발명, 발명품
inventor 명 발명가

동 **발명하다, 고안하다** ■ create, devise

People continuously **invent** new ways to communicate with one another.

사람들은 서로와 연락할 새로운 방법을 계속해서 발명한다.

25
scan★★

[skæn 스캔]

동 **1. 자세히 조사하다** ■ examine

동 **2. 훑어보다** ■ skim, glance

Researchers **scanned** the forest for the rare plant, but never found it.

연구원들은 그 희귀 식물을 찾기 위해 숲을 자세히 조사했지만, 찾지 못했다.

26
side effect★★

명 **부작용**

It was proven that the treatment has unexpected **side effects**.

그 치료법에는 예상치 못한 부작용이 있다는 것이 증명되었다.

27
source★★

[sɔːrs 쏘-스]

명 **1. 원천, 근원, 기원** ■ origin

명 **2. (자료의) 출처** ■ reference

Glaciers are the primary **sources** of fresh water in spring and summer.

빙하는 봄과 여름에 신선한 물을 제공하는 주요 원천이다.

28
span★★

[spæn 스팬]

명 **기간** ▤ duration, period

동 **걸치다, 걸리다, 놓이다**

The ice age ended around 11,000 years ago after a 2.5-million-year **span**.

빙하기는 250만 년의 기간 뒤 약 11,000년 전에 끝났다.

29
sustain★★

[səstéin 써스테인]

sustainable 형 유지할 수 있는, 지탱할 수 있는

동 **1. (생명을) 유지하다** ▤ maintain, continue

동 **2. 떠받치다, 지탱하다** ▤ support, bear

동 **3. (피해 등을) 입다** ▤ suffer

Only one planet is able to **sustain** human life in our solar system.

우리 태양계에서 오직 한 행성만이 인간의 생명을 유지할 수 있다.

30
riddle★★

[rídl 뤼들]

명 **수수께끼, 불가사의** ▤ puzzle

Why the earth's magnetic field reverses itself is still a **riddle** for scientists.

지구 자기장이 왜 저절로 역전되는지는 아직도 과학자들에게 수수께끼다.

31
aviation★★

[èiviéiʃn 에뷔에이션]

명 **항공, 비행**

A revolutionary event in **aviation** was the invention of the jet engine.

항공 분야에서 혁명적인 사건은 제트 엔진의 발명이었다.

★★★ = 출제율 최상 ★★ = 출제율 상 ★ = 출제율 중

32
description★★

[diskrípʃn 디스크륍션]

describe 동 설명하다

명 설명, 해설 ■ account

Darwin's **description** of the Galapagos Islands finches shed light on how evolution works.

갈라파고스 제도의 방울새류에 대한 다윈의 설명은 진화가 어떻게 일어나는지 밝혔다.

33
solid★★

[sá:lid 쌀-리드]

solidarity 명 연대, 결속

형 1. 단단한, 고체의 ■ hard

형 2. 확고한 ■ firm

명 고체

The trees look very **solid**, but in fact they are hollow.

그 나무들은 매우 단단해 보이지만, 사실상 텅 비어 있다.

34
inject★★

[indʒékt 인쵁트]

injection 명 주입, 주사

동 1. 주입하다, 주사하다

동 2. (새로운 것을) 도입하다 ■ introduce

Scientists can now successfully **inject** genes from one organism into another organism.

과학자들은 이제 한 유기체의 유전자를 다른 유기체에 성공적으로 주입할 수 있다.

35
logic★★

[lá:dʒik 라-쥑]

logical 형 논리적인

명 논리, 이치, 타당성 ■ reason

Logic and math are the two most important tools of science.

논리와 수학은 과학의 가장 중요한 두 가지 수단이다.

36

particle★★

[pá:rtikl 파-티클]

명 1. 입자, 조각 ■ atom, piece

명 2. 극소량

Clay soils consist of tiny **particles**, so water does not easily pass through.

식토는 아주 작은 입자들로 이루어져 있어서, 물이 쉽게 통과하지 못한다.

37

fuel★★

[fjú:əl 퓨-얼]

동 1. 연료를 공급하다 ■ feed, supply

동 2. 자극하다 ■ encourage

명 연료

Coal **fueled** the engines used in the steamships of the 19th century.

석탄은 19세기의 증기선에 사용된 엔진에 연료를 공급했다.

38

switch★★

[switʃ 스위치]

동 바꾸다, 전환하다 ■ change, shift, reverse

명 전환

NASA regularly **switches** its exploration strategy as new technology becomes available.

NASA는 새로운 기술이 활용 가능해짐에 따라 그들의 탐사 전략을 정기적으로 바꾼다.

★★★ = 출제율 최상 ★★ = 출제율 상 ★ = 출제율 중

39

hazardous*

[hǽzərdəs 해저더스]

hazard 명 위험, 모험
동 위험을 무릅쓰고 하다

형 위험한	= dangerous, harmful

The study found that the first day of life is **hazardous** for young sea turtles.

연구는 태어난 첫 날이 어린 바다 거북에게 위험하다는 것을 알아냈다.

40

remedy*

[rémədi 뤠머디]

명 1. 치료법, 치료(약)	= cure, treatment
명 2. 해결책	= solution
동 개선하다, 바로잡다	= recover, refresh

A walk in the park is a good **remedy** for stress.

공원 산책은 스트레스에 좋은 치료법이다.

41

atmosphere*

[ǽtməsfir 앳머스피어]

atmospheric 형 대기의, 분위기 있는

명 1. 대기	= air
명 2. 분위기, 환경	= mood, feeling

Earth's **atmosphere** is made up primarily of nitrogen and oxygen.

지구의 대기는 주로 질소와 산소로 이루어져 있다.

42

cognitive*

[kɑ́:gnətiv 카-그너티브]

cognition 명 인지, 지각

형 인지의, 인식의	= mental

The brain injury reduced the man's **cognitive** ability.

뇌 손상은 그 남자의 인지 능력을 저하시켰다.

43

chemical★

[kémikl 케미컬]

chemistry 명 화학
chemist 명 화학자

명 **화학 물질, 화학 제품**

형 **화학의, 화학적인**

Protective gear is needed when working with dangerous **chemicals**.

위험한 화학 물질을 가지고 작업할 때는 보호 장비가 필요하다.

44

extract★

동 [ikstrǽkt 익스트랙트]
명 [ékstrækt 엑스트랙트]

extraction 명 추출

동 **추출하다, 끌어내다** ▣ draw, derive

명 **추출물** ▣ essence, concentrate

Scientists **extracted** oil from the sea using specialized drilling techniques.

과학자들은 특수화된 굴착 기술을 이용하여 바다에서 석유를 추출했다.

45

figure★

[fígjər 퓌겨]

명 **1. 수치, 합계** ▣ number, amount

명 **2. 인물** ▣ character

동 **~이라고 판단하다**

There are currently more than 16,000 endangered species, and this **figure** is rising.

현재 멸종 위기종이 16,000여 종에 달하고 있으며, 이 수치는 점점 증가하고 있다.

★★★ = 출제율 최상 ★★ = 출제율 상 ★ = 출제율 중

46
exploit*

[iksplɔ́it 익스플로잇]

exploitation 명 개발, 착취

동 1. 활용하다, 이용하다 ■ utilize, use

동 2. 개발하다 ■ develop

Astronomers **exploit** new technology to learn more about the stars.

천문학자들은 항성에 대해 더 알기 위해 새로운 기술을 활용한다.

47
combine*

[kəmbáin 컴바인]

combination 명 결합(물)
combined 형 결합한, 합친

동 결합하다, 연합하다 ■ unite, mix, blend

Combining iron with nickel to make steel prevents it from rusting.

철과 니켈을 결합하여 강철을 만드는 것은 그것이 녹스는 것을 방지한다.

지텔프 출제 포인트

combine A with B A와 B를 결합하다

48
manipulate*

[mənípjuleit 매니퓰레잇]

manipulation 명 조작

동 1. 다루다, 조종하다 ■ handle, control

동 2. 조작하다, 속이다 ■ change

Astronauts **manipulate** devices that are used to grab floating objects in space.

우주 비행사들은 우주에서 떠다니는 물체들을 붙잡는 데 사용되는 장비들을 다룬다.

49
modest*

[má:dist 마-디스트]

modestly 부 적당히, 겸손하게

형 **1. 약간의, 보통의** = moderate

형 **2. 겸손한, 신중한** = humble

The researcher argued that even a **modest** drop in greenhouse gases could have a favorable effect.

그 연구원은 온실가스 배출량의 약간의 감소만으로도 좋은 영향을 미칠 수 있다고 주장했다.

50
experiment*

[ikspérimənt 익스페리먼트]

experimental 형 실험적인

명 **실험, 실험 장치** = test, trial

동 **실험하다**

The results of the **experiment** are intriguing.

그 실험의 결과들은 아주 흥미롭다.

★★★ = 출제율 최상 ★★ = 출제율 상 ★ = 출제율 중

DAY 06 DAILY TEST

단어의 뜻을 오른쪽 보기에서 찾아 연결하세요.

01 certain •		• (a) 나타내다, 명백히 하다
		• (b) 결과, 결론
02 manifest •		• (c) 지장을 주다, 방해하다
03 conclusion •		• (d) 폭발하다, 터지다
		• (e) 확신하는, 확실한
04 riddle •		• (f) 원천, 근원, 기원
05 disrupt •		• (g) 수수께끼, 불가사의

문장의 문맥에서 밑줄 친 단어의 유의어를 고르세요.

06 Astronomers **detected** a distant planet when they looked into the telescope.
(a) utilized (b) ignored (c) noticed (d) changed

07 The doctor gave her medicine to **induce** sleep.
(a) cause (b) notify (c) consider (d) assume

08 The cost of the experiment continues to **balloon**.
(a) reduce (b) renew (c) grow (d) consume

09 Scientists **speculate** the volcano will erupt within a few years.
(a) prove (b) guess (c) study (d) reserve

10 You can make an alloy if you **combine** nickel with other metals like iron and copper.
(a) divide (b) estimate (c) consist (d) mix

정답 및 해석 p.341

지텔프 완성 단어

□ **astronomer**	명 천문학자
□ **ignite**	동 촉발시키다, 점화하다 = start
□ **electric**	형 전기의 명 전기
□ **radical**	형 획기적인 = groundbreaking, innovative, pioneering 급진적인
□ **flock**	동 모이다 = gather 명 떼, 무리
□ **cell**	명 세포, 감방, 독방
□ **telescope**	명 망원경
□ **antibiotic**	명 항생제
□ **diameter**	명 지름, 직경
□ **infrared**	형 적외선의
□ **laboratory**	명 실험실
□ **transform**	동 바꾸다, 변형시키다 = convert, alter, change
□ **orbit**	명 궤도 동 ~의 궤도를 돌다 = circle, revolve
□ **hygiene**	명 위생 = sanitation
□ **soak**	동 적시다 = damp, steep
□ **supernatural**	형 초자연적인 = mysterious
□ **symptom**	명 증상, 조짐 = sign, indication
□ **volume**	명 용량, 용적, 부피 = capacity, dimensions
□ **compound**	명 혼합물, 합성물 = combination, mixture
□ **ferment**	동 발효시키다
□ **infant**	명 아기, 유아 = baby, child 형 유아의
□ **molecule**	명 분자
□ **notion**	명 관념, 개념, 생각 = idea, opinion, view
□ **substance**	명 물질 = material
□ **synthetic**	형 합성의, 인조의, 종합의 = artificial, fake
□ **variable**	형 변하기 쉬운, 변덕스러운 명 변수
□ **compression**	명 압축, 요약
□ **emit**	동 내뿜다, 발산하다, 방출하다 = release, give off
□ **stream**	명 흐름 = flow, current 동 흐르다
□ **approximate**	형 대략의, 대략적인 = rough 동 비슷하다 = resemble

DAY 07 기술

행운의 숫자 7처럼 공부한 단어들이 다 시험에 나오는 행운이 있을 거예요!

정답이 되는 유의어

01

adapt***

[ədǽpt 어댑트]

adaptation 명 적응, 각색
adaptable 형 적응할 수 있는

동 1. 맞추다, 조정하다 — adjust, suit, modify

동 2. 적응하다 — accommodate

Smartphone developers must constantly **adapt** to the changing needs of users.

스마트폰 개발자들은 변화하는 사용자의 요구에 지속적으로 맞춰야 한다.

02

endure***

[indúr 인듀어]

endurance 명 인내(력), 내구성
enduring 형 참을성 있는, 오래 가는

동 1. 견디다, 인내하다 — bear, undergo, stand, experience

동 2. 지속되다, 오래가다 — last, persist, continue

Modern space suits help astronauts to **endure** very difficult conditions.

현대 우주복은 우주비행사들이 매우 힘든 상황들도 견딜 수 있도록 돕는다.

03

minimize***

[mínimaiz 미니마이즈]

↔ maximize 동 극대화하다

동 1. 최소화하다 — decrease, reduce, lessen

동 2. 과소평가하다 — underestimate

The team invented a device that will **minimize** employees' workload.

그 팀은 직원들의 업무량을 최소화할 기기를 개발했다.

04

demand★★★

[dimǽnd 디맨드]

demanding 형 요구가 많은

동 **요구하다** = ask, require

명 **요구, 수요** = desire

The company **demanded** that all employees install the latest security software.

회사는 전 직원에게 최신 보안 소프트웨어를 설치할 것을 요구했다.

지텔프 출제 포인트

demand that + 주어 (+ should) + 동사원형
요구를 나타내는 동사 demand 뒤에 that절이 오면 that절에서는 should가 생략되어 동사원형을 쓴다.

05

complement★★★

동 [kάmpləmènt 캄플러멘트]
명 [kά:mpləmənt 캄-플러먼트]

complementary 형 보완적인

동 **보완하다, 보충하다** = integrate, complete

명 **보완물** = supplement, counterpart

Our new food delivery app **complements** our usual food delivery service.

저희의 새로운 음식 배달 앱은 저희의 일반 음식 배달 서비스를 보완합니다.

06

descend★★★

[disénd 디센드]

descendant 명 후손

동 **내려가다** = sink, drop

The new submarine can **descend** all the way to the sea floor.

새로운 잠수함은 해저까지 완전히 내려갈 수 있다.

★★★ = 출제율 최상 ★★ = 출제율 상 ★ = 출제율 중

07

embed★★★

[imbéd 임베드]

동 **심다, 끼워 넣다** — fix, set

More people are **embedding** microchips into their bodies as a form of identification.

더 많은 사람들이 신분증의 한 형태로서 그들의 몸에 마이크로칩을 심고 있다.

08

particular★★★

[pərtíkjələr 퍼티큘러]

형 **1. 특별한, 특정한** — specific, certain, distinctive

형 **2. 상세한**

명 **자세한 내용** — detail

This **particular** underwater robot is helpful for exploring the deep sea.

이 특별한 수중 로봇은 심해를 탐사하는 데 도움이 된다.

지텔프 출제 포인트

in particular 특히

09

edge★★★

[edʒ 엣쥐]

명 **1. 가장자리, 끝** — border, margin

명 **2. 우위, 유리함** — advantage

Machines make the **edges** of the metal smooth during the manufacturing process.

기계는 제조 과정에서 금속의 가장자리를 매끄럽게 만든다.

10

advance★★★

[ədvǽns 어드밴스]

advancement 명 진보, 발달
advanced 형 진보한

동 **1. 진보하다** — improve, develop

동 **2. 승진시키다** — promote

명 **전진, 발전, 승진** — improvement, progress

Nuclear technology has **advanced** considerably.
핵 기술은 상당히 진보해왔다.

지텔프 출제 포인트

in advance 미리, 사전에

11

affect★★★

[əfékt 어펙트]

affected 형 피해를 입은, 영향을 받은

동 **영향을 미치다** — influence, impact

Light significantly **affects** a camera's ability to focus and create good photos.
빛은 카메라가 초점을 맞추고 좋은 사진을 생성하는 데 큰 영향을 미친다.

지텔프 출제 포인트

be affected by ~에 감명을 받다

12

enhance★★★

[inhǽns 인핸스]

enhancement 명 상승, 향상

동 **향상시키다, 높이다** — improve, strengthen

The invention of the telegraph **enhanced** the speed of communication.
전신의 발명은 통신의 속도를 향상시켰다.

★★★ = 출제율 최상 ★★ = 출제율 상 ★ = 출제율 중

13

modern***

형 현대의, 근대의, 최신의 ■ contemporary, current

[mɑ́:dərn 마-던]

modernize 동 현대화하다

Modern airplanes are much faster and safer than those of the past.

현대의 비행기는 과거의 그것들보다 훨씬 빠르고 안전하다.

14

sufficient***

형 충분한 ■ ample, enough

[səfíʃnt 써피션트]

sufficiently 부 충분히

One large solar panel is **sufficient** to power five light bulbs.

하나의 대형 태양 전지판은 다섯 개의 전구를 작동시키기에 충분하다.

15

transportation***

명 교통 (수단), 운송 수단 ■ traffic, transport

[trӕnspɔ:rtéiʃn 트랜스포-테이션]

transport 동 수송하다

The development of railroads dramatically changed **transportation**.

철도의 발달은 교통 수단을 극적으로 변화시켰다.

16

intricate**

형 복잡한, 난해한 ■ complicated, complex

[íntrikət 인트리컷]

intricacy 명 복잡(함)

This machine is very **intricate** so only skilled operators can fix it.

이 기계는 매우 복잡해서 오직 숙련된 기사들만 고칠 수 있다.

17

priority**

명 우선 사항, 우선(권) ■ preference, precedence

[praiɔ́:rəti 프라이오-뤄티]

prioritize 동 우선 순위를 매기다
prior 형 이전의, 중요한

Security technology is a **priority** for network companies.

보안 기술은 통신망 회사들의 우선 사항이다.

18
effective★★

[iféktiv 이펙티브]

effect 명 효과, 영향
effectively 부 효과적으로

형 **1. 효과적인** = efficient, valid

형 **2. 유능한, 유력한**

Farmers were amazed by how **effective** the new pesticide was.

농부들은 새로운 살충제가 얼마나 효과적인지에 놀랐다.

19
trigger★★

[trígər 트뤼거]

동 **1. 촉발시키다** = start, prompt, cause

동 **2. 발사하다** = launch, fire

명 **방아쇠**

The printing press **triggered** the mass production of books.

인쇄기는 책의 대량 생산을 촉발시켰다.

20
insert★★

[insə́:rt 인써-트]

insertion 명 삽입, 끼워 넣기

동 **삽입하다, 끼워 넣다** = embed, put, slot

Biologists **inserted** a GPS device in the dolphin to track its movement.

생물학자들은 돌고래의 움직임을 추적하기 위해 그 안에 GPS 장치를 삽입했다.

21
mandatory★★

[mǽndətɔ:ri 맨더토-뤼]

mandate 동 명령하다, 위임하다
명 명령, 권한

형 **필수의, 의무적인** = compulsory, obligatory, required

Certificates are now **mandatory** for all technicians.

자격증은 이제 모든 기술자들에게 필수이다.

★★★ = 출제율 최상 ★★ = 출제율 상 ★ = 출제율 중

22
capability**

명 성능, 재능, 능력

= talent, ability, aptitude

[kèipəbíləti 케이퍼빌러티]

This photocopier has the **capability** to produce 30 pages per minute.

이 복사기는 분당 30장을 생산하는 성능을 가지고 있다.

23
destruction**

명 파괴

= ruin

[distrʌ́kʃn 디스트뤅션]

destroy 동 파괴하다

The **destruction** of the Space Shuttle Challenger was a disaster for NASA.

우주선 챌린저호의 파괴는 NASA에게 엄청난 불행이었다.

24
discover**

동 알아내다, 발견하다

= find out, learn

[diskʌ́vər 디스커버]

discovery 명 발견

I finally **discovered** how to use all of the features on my smart TV.

저는 마침내 제 스마트 TV의 모든 기능을 사용하는 방법을 알아냈어요.

25
severe**

형 1. 심한, 맹렬한

= serious, extreme

형 2. 엄한, 가혹한

= strict, stern

[sivíər 씨비어]

severely 부 심하게, 엄격하게

We now have the technology to construct buildings that can endure **severe** earthquakes.

우리는 이제 심한 지진에도 견딜 수 있는 건물을 짓는 기술을 가지고 있다.

26

entail★★

[intéil 인테일]

동 수반하다 — = involve, require

Improperly installing a server **entails** risk to data security.

서버를 잘못 설치하는 것은 데이터 보안 상의 위험을 수반한다.

27

expect★★

[ikspékt 익스펙트]

expectation 명 기대, 예상
expected 형 예상되는

동 1. 기대하다, 예상하다 — = anticipate, predict

동 2. 요구하다, 바라다 — = want

The company **expects** the electric car to be popular and affordable.

그 회사는 전기차가 인기가 있을 것이며 적당한 가격일 것이라고 기대한다.

지텔프 출제 포인트

expect + to ~을 예상하다
expect는 to부정사를 목적어로 취하는 동사이다.

28

ideal★★

[aidíːəl 아이디-얼]

idealize 동 이상화하다

형 1. 이상적인 — = perfect, model, best

형 2. 관념적인 — = abstract, hypothetical

명 이상

The laptop's huge screen is **ideal** for editors and graphic designers.

그 노트북 컴퓨터의 큰 화면은 편집자들과 그래픽 디자이너들에게 이상적이다.

★★★ = 출제율 최상 ★★ = 출제율 상 ★ = 출제율 중

29
innovation**

명 혁신, 쇄신 | ■ novelty, modernization

[ìnəvéiʃn 이너붸이션]

innovate 동 혁신하다
innovative 형 혁신적인

Innovations in cable design have made Web browsing faster than ever.
전선 설계의 혁신으로 웹 브라우징이 그 어느 때보다 빨라졌다.

30
install**

동 (기기·장비를) 설치하다 | ■ set up, position

[instɔ́:l 인스톨]

installation 명 설치

The Internet line will be **installed** on Monday.
인터넷 회선은 월요일에 설치될 것이다.

31
alter**

동 바꾸다, 고치다 | ■ change, modify, reform

[ɔ́:ltər 얼-터]

alteration 명 변경, 개조

Online shopping has **altered** the way goods flow between sellers and buyers.
온라인 쇼핑은 판매자와 구매자 사이에 상품이 유통되는 방식을 바꾸었다.

32
strain**

명 부담, 긴장 | ■ pressure, tension

동 1. 긴장시키다, 혹사하다 | ■ distress, harass

동 2. 잡아당기다 | ■ stretch, extend

[strein 스트뤠인]

Accelerating too rapidly puts **strain** on a car's engine.
너무 빠르게 가속하는 것은 차의 엔진에 부담을 준다.

33

standard★★

[stǽndərd 스탠더드]

standardize 동 표준화하다

명 **기준, 표준** ▣ criterion, gauge

형 **표준의, 보통의** ▣ usual, average

The electrical systems of all homes must meet strict **standards**.

모든 가정의 전기 시스템은 엄격한 기준을 충족해야 한다.

34

range★★

[reindʒ 뤠인지]

명 **범위, 영역** ▣ scope, spectrum, reach

동 **1. (범위가) ~에 이르다** ▣ vary

동 **2. 정렬시키다, 배열하다** ▣ order, array

With the invention of the Internet, the **range** of media sources increased dramatically.

인터넷의 발명으로, 언론 매체의 범위는 극적으로 늘어났다.

지텔프 출제 포인트

a range of 다양한, 넓은 범위의

35

suitable★★

[sú:təbl 수-터블]

형 **적합한, 적절한** ▣ appropriate, eligible

Social media might expose children to content that is not **suitable** for them.

소셜 미디어는 아이들에게 적합하지 않은 콘텐츠에 그들을 노출시킬 수도 있다.

★★★ = 출제율 최상 ★★ = 출제율 상 ★ = 출제율 중

36
function★★

[fʌ́ŋkʃn 펑션]

functionality 명 (상품의) 목적, 기능성
functional 형 기능성의, 편리한

명 **기능, 작용** = purpose, role, use

동 **기능하다, 작용하다** = work, operate, run

The laptop comes with a power-saving **function**.
그 노트북 컴퓨터는 절전 기능을 갖추고 있다.

37
transplant★★

동 [trænsplǽnt 트랜스플랜트]
명 [trǽnsplænt 트랜스플랜트]

transplantation 명 이식, 이주

동 **이식하다, 이주하다** = implant, relocate, transfer

명 **이식**

Transplanting organs has become a routine procedure among surgeons.
장기를 이식하는 것은 외과 의사들 사이에서 일반적인 수술이 되었다.

38
material★

[mətíriəl 머티뤼얼]

materialize 동 구체화되다, 나타나다

명 **물질, 재료, 소재** = substance, information

형 **물질적인** = tangible, physical

The new **material** is scratchproof so protection film is not needed.
그 새로운 물질은 흠집 방지가 되므로 보호 필름은 필요하지 않다.

39
prepare★

[pripέr 프리페어]

preparation 명 대비, 준비

동 **대비하다, 준비하다** = ready, arrange

Cable companies must try to **prepare** for a wireless future.
케이블 회사들은 향후 무선 시대에 대비하기 위해 노력해야 한다.

40

destroy★

동 **파괴하다**

= devastate, demolish, ruin

[distrɔ́i 디스트로이]

destructive 형 파괴적인, 해를 끼치는

Engineers have developed high-powered lasers that can **destroy** missiles in flight.

기술자들은 비행 중인 미사일을 파괴할 수 있는 고성능 레이저를 개발했다.

41

expertise★

명 **전문 기술, 전문 지식**

= capability, knowledge

[èkspəːrtíːz 엑스퍼-티-즈]

expert 명 전문가

Joe has made a fortune with his **expertise** in computer programming for online games.

Joe는 온라인 게임을 프로그래밍하는 전문 기술로 큰 재산을 벌었다.

42

initially★

부 **처음에**

= at first, originally

[iníʃəli 이니셜리]

initiate 동 시작하다
initial 형 처음의, 최초의

Initially, computers were so large that they took up a whole room.

처음에, 컴퓨터들은 너무 커서 방 전체를 차지했다.

43

opposite★

형 **반대의, 맞은편의**

= unlike, reversed, counter

명 **반대, 반대의 사람**

= contrast, contrary

[ɑ́ːpəzət 아-퍼짓]

oppose 동 반대하다
opposition 명 반대

Bill Gates and Steve Jobs had **opposite** views about operating systems.

빌 게이츠와 스티브 잡스는 운영 체제에 대해 반대 견해를 가지고 있었다.

★★★ = 출제율 최상 ★★ = 출제율 상 ★ = 출제율 중

44
restrict*

[ristríkt 뤼스트릭트]

restriction 명 제한, 규제

동 **제한하다, 통제하다** ■ limit, regulate

Clear Sound headphones use exclusive technology that **restricts** the amount of exterior noise.

Clear Sound 헤드폰은 외부 소음을 제한하는 독점 기술을 사용한다.

지텔프 출제 포인트

restrict A to B A를 B로 제한하다

be restricted to ~으로 제한되다

45
retrieve*

[ritríːv 뤼트리-브]

동 **회수하다, 회복하다** ■ recover, regain

명 **회수**

High-tech equipment aboard the ship helped locate and **retrieve** the lost plane.

배에 탑재된 첨단 장비는 파손된 비행기의 위치를 파악하고 회수하는 데 도움을 주었다.

46
artificial*

[ɑ̀ːrtifíʃl 아-티피셜]

artificially 부 인위적으로, 부자연스럽게

형 **인공의, 인조의** ■ fake, unreal, manufactured

Artificial intelligence may make human workers unnecessary in some industries.

인공지능은 몇몇 산업에서 인간을 불필요하게 만들지도 모른다.

47
convenient*

[kənvíːniənt 컨뷔-니언트]

convenience 명 편리함
conveniently 부 편리하게

형 **편리한** ■ suitable, handy

Using a Fast Pass to get through the tollgate is **convenient**.

톨게이트를 통과하기 위해 Fast Pass를 이용하는 것은 편리하다.

48

enable★

[inéibl 이네이블]

동 **할 수 있게 하다** 🟰 permit, allow

Modern technology **enables** people to communicate speedily.

현대 기술은 사람들이 빠르게 의사소통할 수 있게 한다.

지텔프 출제 포인트

enable + 목적어 + to ~가 -을 할 수 있게 하다

enable은 to부정사를 목적격 보어로 취하는 동사이다.

49

operate★

[ɑ́:pəreit 아-퍼뤠잇]

operation 명 작동, 운전
operational 형 작동하는

동 **1. 작동하다, 운용되다** 🟰 run, function

동 **2. 수술하다**

Machinery must be well maintained to **operate** properly.

기계가 제대로 작동하려면 잘 관리되어야 한다.

50

consist★

[kənsíst 컨시스트]

동 **구성되다, 이루어지다** 🟰 be made up of

Printer ink **consists** only of black and three other primary colors.

프린터 잉크는 검정색과 삼원색으로만 구성된다.

지텔프 출제 포인트

consist of ~으로 구성되다

★★★ = 출제율 최상 ★★ = 출제율 상 ★ = 출제율 중

DAY 07 DAILY TEST

단어의 뜻을 오른쪽 보기에서 찾아 연결하세요.

01 endure •

02 demand •

03 severe •

04 affect •

05 expertise •

• (a) 제한하다, 통제하다
• (b) 영향을 미치다
• (c) 요구하다
• (d) 전문 기술, 전문 지식
• (e) 범위, 영역
• (f) 심한, 맹렬한
• (g) 견디다, 인내하다

문장의 문맥에서 밑줄 친 단어의 유의어를 고르세요.

06 Companies have to **adapt** to compete in a global economy.
(a) adjust (b) abandon (c) plan (d) count

07 Our newest device has an **edge** over our competitors'.
(a) flaw (b) license (c) advantage (d) resource

08 Smartphone designs have become increasingly **intricate** in the last few years.
(a) effective (b) complex (c) practical (d) weak

09 Safety is a top **priority** for automakers.
(a) preference (b) validity (c) inferiority (d) reliability

10 You can **alter** the voice of this navigator if you want.
(a) provide (b) change (c) delay (d) design

정답 및 해석 p.342

지텔프 완성 단어

□ system	명 체계, 제도, 체제 = structure, network
□ malfunction	명 오작동, 기능 불량 동 제대로 작동하지 않다
□ route	명 길, 경로 = path, course, way
□ burst	동 터지다, 파열하다 = break, explode 명 폭발, 파열
□ compact	형 조밀한 = condensed 작은 = small 동 압축하다 = compress
□ complicated	형 복잡한 = intricate, complex
□ furniture	명 가구
□ outdated	형 구식인, 시대에 뒤진 = old-fashioned, archaic
□ portable	형 휴대용의 = mobile, movable
□ renew	동 갱신하다, 재개하다 = refresh, extend, resume
□ alloy	동 혼합하다, 합금하다 = compound, blend 명 합금
□ facilitate	동 촉진하다 = expedite, promote 용이하게 하다 = assist, aid
□ outline	명 개요, 구상 = plan 동 윤곽을 그리다
□ integrate	동 통합하다, 합치다 = combine, incorporate
□ manual	형 수동의 명 제품 설명서
□ mechanical	형 기계의, 기계적인 = automatic
□ meet	동 충족시키다, 만족시키다 = satisfy, fulfill
□ unprecedented	형 전례 없는, 새로운 = unique, novel, exceptional
□ capacity	명 능력, 재능 = ability, talent
□ automobile	명 자동차 = car, vehicle
□ disadvantage	명 불리한 점, 약점 = drawback, handicap
□ unlikely	형 일어날 것 같지 않은
□ inevitable	형 불가피한, 필연적인 = unavoidable, necessary
□ restore	동 복구하다, 회복시키다 = recover, resurrect
□ internal	형 내부의, 내면적인 = within
□ aim	명 목표, 목적 = intention, goal 동 목표하다 = intend, target
□ alarm	명 공포, 놀람 = fear, horror 동 불안하게 하다 = startle, frighten, panic
□ depend	동 의존하다, ~에 달려 있다 = rely, count on
□ license	명 면허(증), 허가(증) = certificate, permit
□ worth	명 가치 = value 형 가치가 있는

무료 MP3 바로듣기

DAY 08 환경

지금 필요한 건 걱정이 아니라 실행입니다!

▣ 정답이 되는 유의어

01

expand***

[ikspǽnd 익스팬드]

expansion 명 확장, 팽창
expansive 형 광범위한, 광대한

동 **확장하다, 확대되다** ▣ extend, enlarge, grow, spread

Lake Chad has nearly dried up because the Sahara Desert has **expanded**.

차드호는 사하라 사막이 확장되었기 때문에 거의 말라붙었다.

02

maintain***

[meintéin 메인테인]

동 **1. 유지하다, 지키다** ▣ preserve, keep

동 **2. 주장하다** ▣ claim, assert

It is urgent to **maintain** the coral in the world's oceans.

세계 해양의 산호를 유지하는 것은 시급하다.

03

dispose***

[dispóuz 디스포우즈]

disposal 명 처분, 처리
disposition 명 성향, 배치

동 **1. 처분하다, 처리하다** ▣ discard, dump

동 **2. 배치하다, 배열하다** ▣ arrange

동 **3. ~할 마음이 나게 하다** ▣ incline

Manufacturers must **dispose** of their waste appropriately.

제조업체들은 폐기물을 적절하게 처분해야 한다.

04

renovate★★★

동 **보수하다, 수리하다** ▣ remodel

[rénəveit 뤠너붸잇]

renovation 명 수리, 개조

They **renovated** the park's trails so that hikers could see the wetlands.

그들은 등산객들이 습지를 볼 수 있도록 공원의 산책로를 보수했다.

05

sanitation★★★

명 **(공중) 위생** ▣ cleanliness, hygiene

[sæ̀nitéiʃn 쌔니테이션]

sanitary 형 위생의

Sanitation of sewage is crucial because it is released into streams and rivers.

하수는 하천과 강으로 유출되기 때문에 위생이 중요하다.

06

scope★★★

명 **범위** ▣ range, extent

[skoup 스코웁]

The **scope** of the government's reforestation project is huge.

정부의 재식림 프로젝트의 범위는 매우 크다.

07

settle★★★

동 **1. 정착하다, 자리잡다** ▣ live, stay

동 **2. 해결하다, 처리하다** ▣ resolve, arrange

[sétl 세틀]

settlement 명 정착, 해결

When humans **settled** in Hawaii, they introduced foreign organisms.

인간이 하와이에 정착했을 때, 그들은 외래 생물체를 들여왔다.

지텔프 출제 포인트

settle on ~을 결정하다

★★★ = 출제율 최상 ★★ = 출제율 상 ★ = 출제율 중

08
disregard★★★
[dìsrigá:rd 디스뤼가-드]

동 무시하다 ■ ignore, neglect

Too many hunters **disregard** the laws against killing endangered species.

너무 많은 사냥꾼들이 멸종 위기종을 죽이는 것을 금지하는 법을 무시한다.

09
forecast★★★
[fɔ́:rkæst 포-캐스트]

forecaster 명 일기 예보관

명 일기 예보, 예측 ■ prediction

동 예측하다 ■ guess, predict

The **forecast** for tomorrow is sunshine.

내일의 일기 예보는 맑음이다.

10
mar★★★
[ma:r 마-아]

동 손상시키다, 망치다 ■ damage, ruin

Volunteers are cleaning the beaches that were **marred** by the oil spill.

자원봉사자들이 기름 유출로 인해 손상된 해변을 청소하고 있다.

11
natural★★★
[nǽtʃrəl 내츄럴]

naturally 부 자연스럽게

↔ unnatural 형 부자연스러운

형 1. 자연의, 천연의 ■ native

형 2. 타고난, 선천적인 ■ innate, native

형 3. 정상적인, 당연한 ■ regular

The town prepared itself for the risk of a **natural** disaster.

그 마을은 자연재해의 위험에 대비했다.

12
proximity***

[prɑ:ksíməti 프락-시머티]

proximate 형 근접한, 가까운

명 **근접, 가까움** ■ nearness, closeness

Proximity to the ocean can affect the climate of an area.

바다와의 근접성은 한 지역의 기후에 영향을 미칠 수 있다.

13
reside***

[rizáid 뤼자이드]

resident 명 거주자

동 **살다, 거주하다** ■ live

Polar bears **reside** in one of the coldest regions on earth.

북극곰은 지구에서 가장 추운 지역 중 하나에 산다.

14
vacuum***

[vǽkjuəm 배큠]

명 **공백, 진공** ■ emptiness, vacancy

동 **진공 청소하다** ■ inhale

The extinction of the dinosaurs left a **vacuum** that allowed mammals to thrive.

공룡의 멸종으로 포유류가 번성할 수 있는 공백이 생겼다.

15
attribute***

[ətríbju:t 어트뤼뷰-트]

동 **~의 결과로 보다** ■ ascribe

명 **속성, 특성** ■ quality, feature

The world's increase in energy use can be **attributed** to the population growth.

세계적인 에너지 사용의 증가는 인구 증가의 결과로 볼 수 있다.

★★★ = 출제율 최상 ★★ = 출제율 상 ★ = 출제율 중

16

arrive***

[əráiv 어라이브]

arrival 명 도착

동 오다, 도착하다 ■ come

There is always an unusual quiet period before a storm **arrives**.

폭풍이 오기 전에는 항상 예사롭지 않은 고요한 기간이 있다.

17

place**

[pleis 플레이스]

동 1. 놓다, 두다

동 2. (주문·신청 등을) 하다

명 장소, 곳

Recyclable waste must be **placed** in the designated areas.

재활용 쓰레기는 지정된 곳에 놓여야 한다.

18

environment**

[inváirənmənt 인봐이런먼트]

environmentalist 명 환경운동가
environmental 형 환경적인

명 환경, 주위의 상황 ■ surroundings

Scientists warn that we must protect the **environment**.

과학자들은 우리가 환경을 보호해야 한다고 경고한다.

19

considerable**

[kənsídərəbl 컨시더러블]

considerably 부 상당히, 꽤

형 1. 상당한, 많은 ■ large, sizeable

형 2. 중요한 ■ important, significant

Environmentalists have made **considerable** progress in protecting the country's natural areas.

환경운동가들은 그 나라의 자연 지역을 보호하는 것에 상당한 진전을 이루었다.

20
alternative★★

[ɔːltə́ːrnətiv 얼-터-너티브]

alternate 동 번갈아 일어나다

명 **대안** ■ substitute, choice, option

형 **대체 가능한, 대체의** ■ substitutive

This new bottle made from seaweed can be an **alternative** to plastic bottles.

해초로 만들어진 이 물병은 플라스틱 물병의 대안이다.

21
harvest★★

[háːrvist 하-비스트]

명 **추수, 수확** ■ yield

동 **수확하다, 획득하다** ■ gather

The small **harvest** this year is due to the severe drought.

올해의 적은 추수는 심각한 가뭄 때문이다.

22
include★★

[inklúːd 인클루-드]

동 **포함하다** ■ contain, involve, enclose

Clean energy sources **include** solar, wind, and water power.

청정 에너지원은 태양열, 풍력, 그리고 수력을 포함한다.

지텔프 출제 포인트

include + -ing ~을 포함하다

include는 동명사를 목적어로 취하는 동사이다.

★★★ = 출제율 최상 ★★ = 출제율 상 ★ = 출제율 중

23
purify★★

[pjúrifai 퓨리퐈이]

purification 명 정화

동 정화하다, 깨끗이 하다 ▣ refine, clean

The factory **purifies** the water before it is offered to the local population.

그 공장은 지역 주민들에게 물이 제공되기 전에 그것을 정화한다.

24
refrain★★

[rifréin 뤼프레인]

동 삼가다, 자제하다 ▣ abstain, desist

Please **refrain** from leaving your trash at the campsite.

야영장에 쓰레기를 버리는 것을 삼가시기 바랍니다.

25
occupy★★

[ɑ́:kjupai 아-큐파이]

occupation 명 점령, 점거, 직업

동 1. 점유하다, 차지하다 ▣ take, control

동 2. (주의·마음을) 끌다 ▣ engage

동 3. 종사하다

The tall cliffs attract falcons, which **occupy** them year after year.

높은 절벽은 매를 끌어들이는데, 그들은 그곳을 매년 점유한다.

26
surface★★

[sə́:rfis 써-피스]

명 표면, 수면 ▣ facade, face

동 (수면으로) 떠오르다 ▣ emerge

A large island of garbage is on the **surface** of the Pacific Ocean.

쓰레기로 이루어진 하나의 거대한 섬이 태평양 수면에 있다.

27

 traffic★★

[trǽfik 트래픽]

명 **교통, 교역** ■ transportation

동 **매매하다** ■ trade, deal in

Traffic in today's cities creates a lot of air pollution.

오늘날 도시의 교통은 많은 대기 오염을 일으킨다.

지텔프 출제 포인트

stuck in traffic 교통이 정체된

28

multiple★★

[mʌ́ltipl 멀티플]

multiply 동 늘다, 번식하다

형 **다양한, 다수의** ■ various, numerous

Australia's environment supports **multiple** animals that exist nowhere else in the world.

호주의 환경은 세계 어디에도 존재하지 않는 다양한 동물을 살게 한다.

29

peaceful★★

[píːsfl 피-쓰풀]

형 **평온한** ■ calm, serene

The small mountain town is a **peaceful** place that focuses on ecotourism.

그 작은 산골 마을은 생태관광에 주력하는 평온한 곳이다.

30

ultimately★★

[ʌ́ltəmətli 얼터멋리]

ultimate 형 궁극적인, 최종의, 근본적인

부 **결국, 마침내** ■ eventually, finally

After several weeks of burning, the forest fire **ultimately** stopped.

몇 주 동안 계속된 후, 산불은 결국 멈췄다.

31
various**

[vériəs 붸뤼어스]

variety 명 종류, 품종
vary 동 다르다

형 여러 가지의, 다양한 ■ diverse, different

Various strange creatures have been discovered deep in the ocean.

여러 가지 생소한 생물들이 바다 깊은 곳에서 발견되었다.

32
whereabouts**

[wérəbauts 웨러바우츠]

명 소재, 행방

부 어디쯤에

In order to protect the rare plant, scientists keep its **whereabouts** a secret.

희귀한 식물을 보호하기 위해서, 과학자들은 그 식물의 소재를 비밀로 한다.

33
ample**

[ǽmpl 앰플]

amplify 동 확대하다

형 1. 충분한, 풍부한 ■ enough, abundant

형 2. 넓은, 광대한

Wilderness areas are essential to provide **ample** space for animals with large territories.

자연 보전 지역은 넓은 영역을 가진 동물들에게 충분한 공간을 제공하기 위해 필요하다.

34
contagious**

[kəntéidʒəs 컨테이저스]

형 전염성의 ■ infectious, transmissible

For decades, scientists have warned that a highly **contagious** virus may appear.

몇십 년 동안, 과학자들은 전염성이 강한 바이러스가 등장할 수도 있다고 경고했었다.

35
cultivate★

[kʌ́ltiveit 컬티붸이트]

cultivation 명 경작, 재배

동 1. 경작하다, 재배하다 ≡ farm, plant

동 2. (재능·품성을) 기르다

Locals began to **cultivate** crops in an area that was once wasteland.

지역 주민들은 한때 황무지였던 지대에서 농작물을 경작하기 시작했다.

36
pollution★

[pəlúːʃn 펄루-션]

pollute 동 오염시키다
pollutant 명 오염 물질

명 오염, 공해 ≡ contamination

Producing electricity with coal is one of the causes of air **pollution**.

석탄으로 전기를 생산하는 것은 대기 오염의 원인 중 하나이다.

37
dwell★

[dwel 드웰]

동 살다, 거주하다 ≡ live, reside

A surprising range of organisms **dwell** in deserts despite the harsh conditions.

열악한 환경에도 불구하고 사막에는 놀라운 범위의 생물들이 살고 있다.

지텔프 출제 포인트

dwell on ~을 깊이 생각하다

38
sink★

[siŋk 싱크]

↔ rise 동 떠오르다

동 가라앉다, 침몰하다 ≡ descend, submerse

Global warming causes icebergs to break apart and **sink** into the sea.

지구 온난화는 빙하가 녹아 바다 속으로 가라앉게 만든다.

★★★ = 출제율 최상 ★★ = 출제율 상 ★ = 출제율 중

39
fertile*

[fə́:rtl 풔-틀]

fertilize 동 비옥하게 하다
fertilizer 명 비료

형 **1. 비옥한** ■ fruitful

형 **2. 다산인, 번식력이 있는** ■ productive

Vegetables grow easily in the garden because the soil is so **fertile**.

토양이 매우 비옥하기 때문에 그 정원에서는 채소가 쉽게 자란다.

40
landscape*

[lǽndskeip 랜드스케입]

명 **1. 지형**

명 **2. 풍경** ■ scenery, view

Because the **landscape** is so harsh, few things survive there.

지형이 너무 험난해서, 거의 아무것도 그곳에서 생존하지 못한다.

41
massive*

[mǽsiv 매씨브]

mass 명 덩어리, 다량

형 **1. 대규모의, 대량의** ■ large, extensive

형 **2. 크고 무거운, 육중한** ■ huge

A **massive** earthquake struck the city.

대규모 지진이 그 도시를 덮쳤다.

42
visible*

[vízəbl 뷔저블]

형 **보이는, 명백한** ■ perceptible

Fog in the forest is so thick that the trees are barely **visible**.

숲 속의 안개가 너무 심해서 나무들이 거의 보이지 않는다.

43

shelter★

[ʃéltər 쉘터]

명 **은신처, 피난처, 피난** ■ refuge

동 **보호하다, 숨겨주다** ■ protect, cover

The thick rainforest is a **shelter** for many forms of wildlife.

울창한 우림은 다양한 형태의 야생동물들을 위한 은신처이다.

44

valuable★

[vǽljuəbl 벨류어블]

value 명 가치, 값

형 **1. 귀중한, 값비싼** ■ precious

형 **2. 유익한, 쓸모 있는** ■ practical

Swamps are **valuable** because they help filter the water that enters them.

늪은 그것에 들어오는 물을 거르는 데 도움을 주기 때문에 귀중하다.

45

waste★

[weist 웨이스트]

wasteful 형 낭비하는

동 **낭비하다, 허비하다** ■ dissipate

명 **낭비, 쓰레기, 폐기물** ■ garbage

Kylie does not like to **waste** anything, so she reuses all containers.

Kylie는 어떤 것도 낭비하는 것을 좋아하지 않아서, 모든 용기를 재사용한다.

46

contaminate★

[kəntǽməneit 컨테미네잇]

contamination 명 오염

동 **오염시키다** ■ pollute

Industrial waste from factories may **contaminate** rivers.

공장에서 나온 산업 폐기물은 강물을 오염시킬 수 있다.

★★★ = 출제율 최상 ★★ = 출제율 상 ★ = 출제율 중

47

abuse★

명 [əbjúːs 어뷰-스]
동 [əbjúːz 어뷰-즈]

abusive 형 모욕적인

명 1. 남용, 오용	■ misuse
명 2. 학대, 욕설	■ offense
동 1. 남용하다, 악용하다	■ misuse
동 2. 학대하다, 모욕하다	■ insult

International laws are now in place to prevent **abuse** of the environment.

자연 남용을 막기 위한 국제법이 이제 도입되었다.

48

nearby★

[nìrbái 니어바이]

형 인근의, 가까운	■ adjacent
부 근처에, 가까이에	

A tornado damaged the windows of **nearby** houses last night.

토네이도가 간밤에 인근 주택들의 창문을 박살 냈다.

49

refine★

[rifáin 뤼파인]

refinement 명 개선
refined 형 세련된

동 1. 개선하다, 정제하다	■ improve, purify
동 2. 세련되게 하다	

The city is trying to **refine** its recycling methods.

그 도시는 재활용 방법을 개선하려고 노력 중이다.

50
dominate★

[dɑ́:mineit 다-미네잇]

dominance 명 지배, 우세
dominant 형 지배적인, 우세한

동 **1. 지배하다, 장악하다** ■ control, rule

동 **2. 압도적으로 우세하다** ■ be widespread in

Grassland **dominates** the center of America throughout the Great Plains.

그레이트플레인스 전역에 걸쳐 초원이 미대륙의 중심을 지배하고 있다.

★★★ = 출제율 최상 ★★ = 출제율 상 ★ = 출제율 중

DAY 08 DAILY TEST

단어의 뜻을 오른쪽 보기에서 찾아 연결하세요.

01	maintain •	• (a) 전염성의
		• (b) 무시하다
02	disregard •	• (c) 살다, 거주하다
03	proximity •	• (d) 손상시키다, 망치다
		• (e) 유지하다, 지키다
04	contagious •	• (f) 근접, 가까움
05	reside •	• (g) 비옥한

문장의 문맥에서 밑줄 친 단어의 유의어를 고르세요.

06 The drier climate has caused the desert to **expand** over time.

(a) protect (b) involve (c) apply (d) grow

07 Environmental laws must have enough **scope** to cover all forms of pollution.

(a) range (b) effect (c) goal (d) collection

08 Most of the flowers in the forest are **natural**, but some are foreign.

(a) basic (b) exotic (c) native (d) artificial

09 Water covers a **considerable** portion of the earth's surface.

(a) tiny (b) renowned (c) large (d) slight

10 Tropical forests are known for their **ample** rainfall.

(a) rare (b) critical (c) abundant (d) vital

정답 및 해석 p.343

지텔프 완성 단어

□ **climate**	명 기후 = weather
□ **dawn**	명 새벽
□ **highway**	명 고속도로 = freeway
□ **secondhand**	형 중고의 = used
□ **steep**	형 (양의 증감이) 급격한 = sharp, sudden 너무 높은, 터무니 없는 = high
□ **demolish**	동 파괴하다, 허물다 = destroy, wreck
□ **disaster**	명 재난, 재해 = catastrophe
□ **dwindle**	동 줄어들다, 점차 감소하다 = lessen, reduce
□ **eruption**	명 폭발, 분출 = outbreak
□ **periphery**	명 주변 = edge, boundary
□ **sizable**	형 상당한 크기의, 꽤 큰 = large
□ **decade**	명 10년
□ **throughout**	전 ~동안, 내내
□ **vertical**	형 수직의 = upright
□ **blackout**	명 정전
□ **comfort**	명 안락함, 편안함 = calm, rest
□ **conserve**	동 보존하다, 유지하다 = maintain, protect
□ **decompose**	동 부패하다 = decay, rot
□ **fatigue**	명 피로
□ **foul**	형 (냄새가) 더러운, 악취 나는 = disgusting
□ **litter**	동 (쓰레기 등을) 버리다 명 쓰레기 = rubbish, waste
□ **widespread**	형 널리 퍼진, 광범위한 = extensive, prevailing
□ **lessen**	동 줄이다, 완화하다 = buffer, mitigate
□ **cease**	동 중단되다, 그치다, 중지하다 = stop, end
□ **border**	명 국경, 경계 = boundary 가장자리 = edge, rim
□ **flood**	명 홍수 동 범람하다 = submerge
□ **limit**	명 한계, 제한 동 제한하다 = restrict, tighten, confine, curb
□ **reverse**	동 뒤집다, 거꾸로 하다 = overturn, change, switch 명 반대 = opposite
□ **rush**	동 서두르다, 재촉하다 = hurry 명 혼잡
□ **wreck**	동 파괴하다, 난파시키다 = destroy 명 난파

DAY 09 동식물

오늘 공부한 단어들이 조만간 큰 도움이 될 것이라고 믿어 의심치 않아요!

■ 정답이 되는 유의어

01

habitat★★★

[hǽbitæ̀t 해비탯]

habitation 명 거주
habitable 형 거주할 수 있는

명 **서식지** ■ home, dwelling

The plant rarely grows outside its natural **habitat**.
그 식물은 자연 서식지 밖에서는 거의 자라지 않는다.

02

raise★★★

[reiz 뤠이즈]

동 **1. 사육하다, 기르다** ■ foster

동 **2. 올리다** ■ increase, lift, elevate

동 **3. (자금 등을) 모으다** ■ collect

명 **증가**

Attempts to **raise** the wild cat in captivity have been generally unsuccessful.
야생 고양이를 사육하려는 시도는 일반적으로 성공적이지 못했다.

03

rare★★★

[rer 뤠어]

rarely 부 드물게

형 **희귀한, 드문** ■ uncommon, exceptional, limited

Elephants once lived throughout Africa and Asia, but now they are **rare**.
코끼리는 한때 아프리카와 아시아 전역에 살았지만, 지금은 희귀하다.

04

evolve★★★

동 **진화하다, 발달하다** ≡ develop, progress

[ivά:lv 이봘-브]

evolution 명 발달, 진화
evolutionary 형 진화의

Darwin believed that humans **evolved** from primates.
다윈은 인간이 영장류에서 진화했다고 믿었다.

05

intimidate★★★

동 **위협하다, 협박하다** ≡ frighten, scare

[intímideit 인티미데잇]

intimidation 명 위협, 협박
intimidating 형 겁을 주는

Male peacocks raise their tail feathers in order to **intimidate** their opponents.
수컷 공작은 상대를 위협하기 위해 그들의 꼬리깃을 든다.

06

sense★★★

동 **느끼다, 감지하다** ≡ feel

명 **감각, 느낌**

[sens 쎈스]

If a mother wolf **senses** danger, she will carry her pups to safety.
만약 어미 늑대가 위험을 느끼면, 새끼들을 안전한 곳으로 옮길 것이다.

07

prey★★★

명 **사냥감, 먹이** ≡ victim

[prei 프뤠이]

After the lion killed its **prey**, the vultures hovered above, waiting to feed on the remains.
사자가 사냥감을 죽이고 나자, 독수리들이 남은 것을 먹기 위해 기다리며, 그 위를 맴돌았다.

지텔프 출제 포인트

prey on 잡아먹다, 포식하다

★★★ = 출제율 최상 ★★ = 출제율 상 ★ = 출제율 중

08

survive*** 동 살아남다, 견디다 ■ live, subsist

[sərváiv 써봐이브]

Few animals can **survive** in the Arctic.

북극에서 살아남을 수 있는 동물은 거의 없다.

09

store*** 동 비축하다 ■ keep, save, hold

[stɔːr 스토-어]

In the fall, squirrels gather and **store** nuts to eat during the winter.

가을에는, 다람쥐들이 모여서 겨울 동안 먹을 견과류를 비축한다.

10

vulnerable*** 형 취약한, 상처 입기 쉬운 ■ weak, helpless

[vʌ́lnərəbl 붜너러블]

vulnerability 명 취약성

Many orchids are **vulnerable** to climate change and wildfires.

많은 난초들은 기후 변화와 산불에 취약하다.

11

extinct*** 형 멸종된, 사라진 ■ vanished, endangered

[ikstíŋkt 익스팅트]

extinction 명 멸종

Fossils from **extinct** animals and plants are still being discovered all over the world.

멸종된 동식물의 화석이 여전히 전 세계에서 발견되고 있다.

12

predator*** 명 포식자, 포식 동물

[prédətər 프레더터]

predation 명 포식, 약탈

Tigers are one of the world's most dangerous **predators**.

호랑이는 세상에서 가장 위험한 포식자 중 하나이다.

13
species★★★
[spí:ʃi:z 스피-시-즈]

명 (동·식물의) 종, 종류 ⊟ breed

Scientists discovered a new lizard **species**.
과학자들은 새로운 도마뱀 종을 발견했다.

14
deficiency★★★
[difíʃnsi 디퓌션씨]
deficient 형 부족한

명 결핍, 부족 ⊟ shortage, lack

Nutrient **deficiency** can cause plants to grow slowly or even die.
영양소 결핍은 식물을 천천히 자라게 하거나 심지어 죽게 할 수도 있다.

15
scarce★★★
[skers 스케어스]
scarcity 명 부족, 결핍, 기근
scarcely 부 거의 ~않다

형 드문, 부족한 ⊟ insufficient, limited

Orangutans are now very **scarce** in the wild.
오랑우탄은 이제 야생에서는 매우 드물다.

16
ancestor★★
[ǽnsestər 앤쎄스터]

명 조상, 선조 ⊟ predecessor, forefather

According to evolutionary theory, all modern apes have a common **ancestor**.
진화론에 따르면, 모든 현대 유인원은 공통된 조상을 가지고 있다.

17
contain★★
[kəntéin 컨테인]

동 포함하다, 함유하다 ⊟ include, comprise, hold

Roses are flowers in the genus Rosa, which **contains** more than 350 species.
장미는 로사과에 속하는 꽃으로, 그것은 350여 종을 포함한다.

★★★ = 출제율 최상 ★★ = 출제율 상 ★ = 출제율 중

18

distress★★

[distrés 디스트뤠스]

명 고통, 근심 ■ suffering

동 근심하게 하다, 괴롭히다 ■ afflict, upset

In the research, the zoo animals showed signs of **distress**.

연구에서, 그 동물원의 동물들은 고통의 기색을 보였다.

19

endangered★★

[indéindʒərd 인데인저드]

endanger 동 위험에 빠뜨리다

형 멸종 위기에 처한 ■ threatened, extinct

Polar bears are an **endangered** species in the Arctic.

북극곰은 북극에서 멸종 위기에 처한 종이다.

20

mature★★

[mətʃúr 머츄어]

maturity 명 원숙함
maturation 명 익음, 성숙

형 다 자란, 익은 ■ grown

동 익다, 성숙하다 ■ age, grow up

A **mature** horse may weigh as much as 1,000 kilograms.

다 자란 말은 무게가 1,000킬로그램까지 나갈 수 있다.

21

feed★★

[fi:d 퓌-드]

동 먹다, 먹이다, 기르다 ■ nourish, graze

명 먹이 ■ food

Grizzly bears **feed** on a variety of things, including berries, insects, and fish.

회색곰은 베리류, 곤충류, 그리고 물고기를 포함한 다양한 종류의 것들을 먹고 산다.

22
native★★
[néitiv 네이티브]

형 1. 원산의, 모국의 ▣ indigenous

형 2. 타고난, 선천적인 ▣ natural, inborn

명 원주민, 현지인

All peppers, potatoes, and tomatoes were originally **native** to the Americas.

후추, 감자, 그리고 토마토는 모두 원래 미대륙이 원산지였다.

23
odor★★
[óudər 오우더]

명 냄새, 악취 ▣ smell, scent

The hounds followed the wolf's **odor**.

사냥개들은 늑대의 냄새를 따라갔다.

24
protect★★
[prətékt 프뤄텍트]

protection 명 보호
protective 형 보호하는

동 보호하다, 막다 ▣ preserve, defend

The organization **protects** animals from being hunted.

그 기관은 동물들을 사냥당하는 것으로부터 보호한다.

25
specimen★★
[spésimən 스페씨먼]

명 표본, 견본 ▣ sample, example

The longest king cobra **specimens** can exceed six meters in length.

가장 긴 킹 코브라 표본은 길이가 6미터를 넘을 수 있다.

★★★ = 출제율 최상 ★★ = 출제율 상 ★ = 출제율 중

26
harm**

[ha:rm 하-암]

harmful 형 해로운, 유해한

동 해치다, 훼손하다 ▣ hurt, injure

명 해, 손해 ▣ damage, injury

Few spiders are capable of seriously **harming** people.

사람을 심각하게 해칠 수 있는 거미는 거의 없다.

27
inhabit**

[inhǽbit 인해빗]

inhabitant 명 주민, 거주자

동 서식하다, 살다 ▣ reside in, live in, occupy

Many unique bird species **inhabit** the area.

많은 독특한 종의 새들이 그 지역에 서식한다.

28
instinct**

[ínstiŋkt 인스팅트]

instinctive 형 본능적인
instinctively 부 무의식적으로

명 본능

All creatures possess an **instinct** for survival.

모든 생물들은 생존을 위한 본능을 지니고 있다.

29
lifespan**

[láifspæn 라이프스팬]

명 수명

A mayfly is a short-lived insect that has a **lifespan** of less than 48 hours.

하루살이는 48시간 미만의 수명을 가진 단명하는 곤충이다.

30
respond**

[rispɑ́:nd 뤼스판-드]

response 명 응답, 반응
responsive 형 반응이 빠른

동 반응하다, 대답하다 ▣ react, answer

Some plants **respond** to darkness by closing their flowers.

몇몇 식물들은 그들의 꽃을 닫는 것으로 어둠에 반응한다.

31
absorb★★

[əbsɔ́ːrb 업쏘-브]

absorption 명 흡수

동 흡수하다, 받아들이다 ▣ soak up, receive

Because feathers **absorb** water, birds do not fly well when wet.

깃털은 물을 흡수하기 때문에, 새들은 젖은 상태에서는 잘 날지 못한다.

32
breed★★

[briːd 브뤼-드]

breeding 명 번식

동 1. 번식하다, 낳다 ▣ reproduce, procreate

동 2. 양육하다, 기르다 ▣ rear, raise

명 품종, 종류 ▣ species

Salmon always return to freshwater areas to **breed**.

연어는 번식하기 위해 항상 민물 지역으로 돌아간다.

33
heal★★

[hiːl 히-일]

동 치료하다, 회복되다 ▣ treat

Aloe is used to **heal** skin that has been damaged.

알로에는 손상된 피부를 치료하는 데 사용된다.

34
digest★

[daidʒést 다이제스트]

digestion 명 소화(력), 이해
digestive 형 소화의

동 1. 소화하다 ▣ ingest, absorb

동 2. 이해하다, 터득하다 ▣ master, grasp

Some birds, such as storks and herons, can **digest** bone.

황새와 왜가리 같은 몇몇 새들은 뼈를 소화할 수 있다.

★★★ = 출제율 최상 ★★ = 출제율 상 ★ = 출제율 중

35

edible★ ⓗ 식용의, 먹을 수 있는 ■ eatable

[édəbl 에더블]

There are many **edible** mushrooms in the area.

이 지역에는 식용 버섯이 많다.

36

fossil★ ⓜ 화석

[fά:sl 퐈-썰]

Fossils suggest that dinosaurs were once common in Mongolia.

화석은 공룡이 한때 몽골에서 흔했다는 것을 보여준다.

37

foster★ ⓓ 1. 양육하다, 기르다 ■ raise, nurture

[fɔ́:stər 풔-스터] ⓓ 2. 촉진하다, 조장하다 ■ promote, stimulate

Interestingly, some animals **foster** babies that are not their own.

흥미롭게도, 몇몇 동물들은 자신의 것이 아닌 새끼들을 양육한다.

38

rescue★ ⓓ 구조하다 ■ save, salvage

[réskju: 뤠스큐] ⓜ 구조, 구출 ■ recovery, relief

Volunteers managed to **rescue** many rare plants before the forest was logged.

자원봉사자들은 숲이 벌목되기 전에 많은 희귀 식물들을 구조하는 데 성공했다.

39
genetic*
[dʒənétik 줘네틱]

gene 명 유전자
genetically 부 유전적으로

형 **유전적인, 유전(학)의** ■ hereditary, inherited

Almost all animals inherit **genetic** traits from both parents.

거의 모든 동물은 부모 둘 다로부터 유전적인 특성을 물려받는다.

40
mammal*
[mǽml 매믈]

명 **포유 동물**

Mammals are warm-blooded creatures with hair or fur.

포유 동물은 털을 가진 온혈 동물이다.

41
offspring*
[ɔ́ːfspriŋ 오-프스프륑]

명 **새끼, 자식**

Giraffes typically have one **offspring** at a time.

기린은 보통 한 번에 한 마리의 새끼를 낳는다.

42
pregnant*
[prégnənt 프뤠그넌트]

형 **임신한** ■ expectant

Blue whales remain **pregnant** for about one year before giving birth.

대왕고래는 새끼를 낳기 전 약 일 년 동안 임신 상태를 유지한다.

43
scatter*
[skǽtər 스캐터]

scattered 형 흩어진

동 **흩뿌리다, 흩어지다** ■ disperse, spread

Plants **scatter** their seeds to offer the best chance of survival.

식물은 최상의 생존 가능성을 가지기 위해 씨앗을 흩뿌린다.

★★★ = 출제율 최상 ★★ = 출제율 상 ★ = 출제율 중

44

intelligent*

[intélidʒənt 인텔리줜트]

형 뚝뚝한, 지능적인 ▣ smart, clever

Chimpanzees and orangutans are highly **intelligent** animals.

침팬지와 오랑우탄은 매우 똑똑한 동물이다.

45

exotic*

[igzá:tik 익자-틱]

형 1. 외래의 ▣ foreign

형 2. 이국적인, 색다른 ▣ unusual

The zoo houses many **exotic** animals.

그 동물원은 많은 외래 동물들을 수용한다.

46

organic*

[ɔ:rgǽnik 오-개닉]

organism 명 유기체, 생물

형 유기의, 유기농의

Rich, **organic** soil is important for most woodland wild flowers to thrive.

기름진 유기 토양은 대부분의 삼림지대의 야생화가 잘 자라는 데 중요하다.

47

abandon*

[əbǽndən 어밴던]

abandonment 명 버림, 포기

동 1. 버리다 ▣ leave, discard

동 2. 그만두다, 포기하다 ▣ give up, relinquish

After turtles lay their eggs, they **abandon** their nests.

거북이는 알을 낳은 뒤, 그들의 둥지를 버린다.

48

solitary★

[sɑ́:ləteri 살-러테뤼]

형 **혼자 하는, 홀로 있는**

■ isolated, alone, lonely, lone

A **solitary** creature, the wolverine spends most of the year alone.

혼자 생활하는 동물인 울버린은 일 년의 대부분을 홀로 지낸다.

49

crop★

[krɑ:p 크랍]

명 **농작물, 산출량**

동 **경작하다**

Crops do not grow well in deserts due to the dryness of the land.

땅이 건조하기 때문에 사막에서는 농작물이 잘 자라지 않는다.

50

trait★

[treit 트뤠잇]

명 **특징, 특성**

■ characteristic

One **trait** of fish is that they have gills.

물고기의 한 가지 특징은 그것들이 아가미가 있다는 것이다.

★★★ = 출제율 최상 ★★ = 출제율 상 ★ = 출제율 중

DAY 09 DAILY TEST

단어의 뜻을 오른쪽 보기에서 찾아 연결하세요.

01 habitat •

02 store •

03 scarce •

04 absorb •

05 trait •

• (a) 비축하다
• (b) 특징, 특성
• (c) 서식지
• (d) 원산의, 모국의
• (e) 해치다, 훼손하다
• (f) 흡수하다, 받아들이다
• (g) 드문, 부족한

문장의 문맥에서 밑줄 친 단어의 유의어를 고르세요.

06 All horses **evolved** from a small mammal called Eohippus.

(a) defeated (b) developed (c) offered (d) combined

07 Young birds are very **vulnerable** until they are able to fly.

(a) generous (b) energetic (c) aggressive (d) helpless

08 The national park was created to **protect** endangered plants in the area.

(a) grow (b) open (c) preserve (d) adopt

09 Wolves must **inhabit** large territories to find enough food.

(a) occupy (b) attack (c) neglect (d) reduce

10 Most reptiles **abandon** their nests after they lay their eggs.

(a) defend (b) watch (c) check (d) leave

정답 및 해석 p.344

지텔프 완성 단어

□ **carnivorous**	형 육식성의, 식충성의 = meat-eating
□ **budding**	형 싹트기 시작하는, 신예의 = emerging
□ **revive**	동 소생시키다, 되살리다 = recover, resume
□ **inanimate**	형 무생물의, 죽은 = lifeless
□ **solar**	형 태양의
□ **instinctively**	부 무의식적으로, 본능적으로 = automatically
□ **unborn**	형 아직 태어나지 않은, 태중의
□ **virus**	명 바이러스 = bacteria
□ **discoloration**	명 변색, 퇴색
□ **shepherd**	명 양치기 = herder 동 (길을) 안내하다
□ **fiber**	명 섬유, 섬유질
□ **batch**	명 집단, 무리 = group 동 함께 묶다
□ **infection**	명 감염, 전염병
□ **mixture**	명 혼합물 = combination, compound, solution
□ **swallow**	동 (음식 등을) 삼키다
□ **excrete**	동 (노폐물 등을 몸 밖으로) 배설하다 = release
□ **livestock**	명 가축
□ **deplete**	동 고갈시키다, 감소시키다 = use up, reduce
□ **drown**	동 물에 빠지다, 익사하다
□ **herd**	명 가축의 떼 동 (가축이) 무리를 지어 가다
□ **infertile**	형 메마른, 불모의 = barren, unproductive
□ **marine**	형 바다의, 해양의
□ **shrub**	명 관목
□ **twig**	명 (나무의) 가지 = branch, stick
□ **uterus**	명 자궁
□ **stem**	명 (식물의) 줄기 동 유래하다, 비롯하다 = derive
□ **decay**	동 부패하다 = decompose 명 부패, 부식 = rot
□ **drift**	동 떠다니다 = wander 명 표류, 이동
□ **prone**	형 ~하는 경향이 있는 = likely, inclined
□ **stink**	동 악취를 풍기다 = reek 명 악취 = stench

무료 MP3 바로듣기

DAY 10 건강

'벌써 반 왔다'와 '아직 반이나 남았다' 둘 중 어떤 말이 더 와 닿나요?

■ 정답이 되는 유의어

01

concern★★★

[kənsə́ːrn 컨써-언]

concerned 형 걱정하는, 관련된

명 **1. 우려, 걱정, 문제** ■ issue

명 **2. 관심(사)** ■ interest

동 **걱정시키다** ■ worry

If you have a health **concern**, you should contact your doctor.

만약 건강에 대한 우려가 있다면, 의사에게 연락을 해야 한다.

02

regular★★★

[régjələr 뤠귤러]

regularly 부 정기적으로

형 **정기적인, 규칙적인** ■ routine, normal

According to dentists, flossing on a **regular** basis is important for preventing cavities.

치과 의사들에 따르면, 정기적으로 치실질을 하는 것이 충치를 예방하는 데 중요하다.

03

session★★★

[séʃn 쎄션]

명 **1. 시간, 기간** ■ period

명 **2. 활동** ■ activity

After my knee surgery, I will have two physical therapy **sessions** every day.

무릎 수술 이후, 나는 매일 두 번의 물리치료 시간을 가질 것이다.

04

aptly★★★

[ǽptli 앱틀리]

뷔 **적절히** ■ fittingly, appropriately

The experts **aptly** described the new virus as a serious threat.

전문가들은 그 새로운 바이러스를 심각한 위협이라고 적절히 묘사했다.

05

increase★★★

동 [inkríːs 인크뤼-스]
명 [ínkriːs 인크뤼-스]

increasingly 뷔 더욱더

동 **증가하다, 늘다** ■ rise, boost, mount, improve, soar

명 **증가, 인상**

The number of overweight people in the country has **increased** significantly.

그 나라의 과체중인 사람 수가 크게 증가했다.

06

positive★★★

[páːzətiv 파-저티브]

형 **1. 긍정적인** ■ good

형 **2. 확신하는, 명확한** ■ certain

After thoroughly examining the patient, doctors gave a **positive** review.

환자를 정밀히 검사한 이후, 의사들은 긍정적인 예후를 내놓았다.

07

acute★★★

[əkjúːt 어큐-트]

acutely 뷔 강렬히

형 **1. 심한, 격렬한** ■ intense

형 **2. 급성의, 예리한** ■ sharp

I was given an injection to alleviate the **acute** pain in my lower back.

나는 심한 허리 통증을 완화시키기 위해 주사를 맞았다.

★★★ = 출제율 최상 ★★ = 출제율 상 ★ = 출제율 중

08

anxious★★★

[ǽŋkʃəs 앵셔스]

anxiety 명 불안, 걱정

형 **1. 불안한, 걱정하는**	= worried, concerned, apprehensive
형 **2. 열망하는**	= eager

If you feel **anxious**, try taking a few deep breaths.

만약 불안함이 느껴진다면, 심호흡을 몇 번 해보세요.

09

avoid★★★

[əvɔ́id 어보이드]

동 **1. 방지하다, 막다**	= prevent
동 **2. 피하다**	= shun, evade, sidestep

Sit in an upright position to **avoid** backache.

요통을 방지하기 위해 똑바른 자세로 앉으세요.

10

swell★★★

[swel 스웰]

swelling 명 부기

동 **붓다, 팽창하다**	= bulge, enlarge
명 **증가, 팽창**	= increase

Her leg began to **swell** up when the bee stung her.

벌이 그녀를 쏘았을 때 그녀의 다리가 붓기 시작했다.

11

eliminate★★★

[ilímineit 일리미네잇]

elimination 명 제거, 삭제

동 **1. 제거하다, 없애다**	= remove
동 **2. 탈락시키다**	= exclude

Medical officials expect the vaccine to completely **eliminate** the disease.

의료 관계자들은 그 백신이 질병을 완전히 제거할 것이라 기대한다.

12
condition★★★

[kəndíʃn 컨디션]

conditional 형 조건부의

명 **1. (건강) 상태** ▣ situation, state

명 **2. 조건** ▣ term, requirement

명 **3. 질환, 질병** ▣ illness

Ms. Wilson is in excellent **condition** for someone who has suffered a stroke.

Ms. Wilson은 뇌졸중을 앓았던 사람치고는 최상의 건강 상태이다.

13
resist★★★

[rizíst 뤼지스트]

resistance 명 저항
resistant 형 저항력이 있는

동 **1. 저항하다** ▣ oppose

동 **2. 견뎌내다** ▣ endure, sustain

동 **3. (하고 싶은 것 등을) 참다** ▣ refrain

Sufficient sleep and a balanced diet can help one **resist** infection.

충분한 잠과 균형 잡힌 식단은 감염에 저항하는 데 도움이 될 수 있다.

14
specific★★★

[spəsífik 스퍼씨픽]

specify 동 명시하다
specifically 부 분명히, 특별히

형 **1. 특정한** ▣ particular

형 **2. 명확한, 구체적인** ▣ precise

The fruit has a **specific** vitamin that is good for your skin.

과일은 피부에 좋은 특정한 비타민을 함유한다.

★★★ = 출제율 최상 ★★ = 출제율 상 ★ = 출제율 중

15

vital★★★

[váitl 봐이틀]

vitally 부 필수적으로, 지극히

형 1. 필수적인, 중요한 ▣ crucial, essential, necessary

형 2. 생명의

Vitamin D is **vital** for maintaining strong and healthy bones.

비타민 D는 강하고 건강한 뼈를 유지하기 위해 필수적이다.

지텔프 출제 포인트

vital that + 주어 (+ **should**) + 동사원형

주장을 나타내는 형용사 vital 뒤에 that절이 오면 that절에서는 should가 생략되어 동사원형을 쓴다.

16

improve★★★

[imprúːv 임프루-브]

improvement 명 향상, 개선

동 향상시키다, 개선하다 ▣ enhance, develop

Working out at the gym **improves** my sense of well-being.

체육관에서 운동하는 것은 나의 행복감을 향상시킨다.

17

effect★★

[ifékt 이펙트]

effective 형 효과적인

effectively 부 효과적으로

명 영향, 효과 ▣ influence, result, consequence

Having too much body fat has many negative **effects** on health.

너무 많은 체지방은 건강에 여러 부정적인 영향을 미친다.

지텔프 출제 포인트

have an effect on ~에 영향을 미치다

18
phase★★

[feiz 풰이즈]

명 **단계, 시기** ■ stage, step

동 **단계적으로 실행하다**

Cancer has four **phases**, with the fourth being the most severe.

암은 네 단계가 있는데, 4기가 가장 심각하다.

19
decrease★★

동 [dikríːs 디크뤼-스]
명 [díkriːs 디크뤼-스]

동 **줄어들다, 감소하다** ■ reduce, decline

명 **감소, 하락**

I decided to **decrease** the amount of sweet foods that I eat.

나는 내가 먹는 단 음식의 양을 줄이기로 결정했다.

20
depression★★

[dipréʃn 디프레션]

depress 동 낙담시키다, 약화시키다

명 **1. 우울증, 우울** ■ misery, melancholy

명 **2. 불경기, 불황** ■ slump, recession

The torment of arthritis can cause **depression**.

관절염의 고통은 우울증을 유발할 수 있다.

21
emotion★★

[imóuʃn 이모우션]

emotional 형 정서적인

명 **감정, 정서**

She has a hard time controlling her **emotions**.

그녀는 그녀의 감정을 조절하는 것이 힘들다.

★★★ = 출제율 최상 ★★ = 출제율 상 ★ = 출제율 중

22
factor★★
[fǽktər 팩터]

명 **요소, 요인, 원인** ▣ element, part

Nutrition is a big **factor** in staying healthy.
영양 섭취는 건강을 유지하는 데 중요한 요소이다.

23
improperly★★
[imprά:pərli 임프롸-펄리]
improper 형 부당한, 부도덕한

부 **부적절하게**

If used **improperly**, the medicine can cause severe problems.
부적절하게 사용된다면, 약은 심각한 문제를 일으킬 수 있다.

24
intend★★
[inténd 인텐드]
intention 명 의지, 의향
intentional 형 고의의

동 **작정하다, 의도하다** ▣ plan

Starting tomorrow, we **intend** to jog every morning for 30 minutes.
내일부터, 우리는 매일 아침 30분씩 조깅을 할 작정이다.

25
joint★★
[dʒɔint 조인트]
jointly 부 함께, 공동으로

명 **1. 관절**

명 **2. 연합**

형 **공동의, 합동의** ▣ mutual, collective

Joint pain is very common among the elderly.
관절 통증은 노인들 사이에서 매우 흔하다.

■ 정답이 되는 유의어

26

lack★★

[læk 랙]

lacking 형 부족한

명 **부족, 결핍** ■ deficiency, shortage

동 **결여되다, 부족하다**

The long work day and **lack** of sleep worsened Heather's health condition.

장시간의 업무와 수면 부족으로 Heather의 건강 상태는 악화되었다.

27

cure★★

[kjur 큐어]

명 **치료(법)** ■ treatment

동 **(병을) 고치다, 해결하다** ■ treat, heal

Quite a few **cures** for serious illnesses were discovered accidentally.

심각한 질병을 위한 상당수의 치료법이 우연히 발견되었다.

28

pain★★

[pein 페인]

painful 형 고통스러운, 괴로운

명 **통증, 고통** ■ ache

Because of his continued **pain**, Mike questioned the efficiency of the medicine.

계속되는 통증 때문에, Mike는 약의 효과를 의심했다.

29

prolong★★

[prəlɔ́:ŋ 프뤄롱]

prolonged 형 오래 계속되는

동 **연장하다, 늘이다** ■ lengthen, extend

She **prolonged** her leave period from work due to her health problem.

그녀는 건강 문제 때문에 직장에서 휴직 기간을 연장했다.

★★★ = 출제율 최상 ★★ = 출제율 상 ★ = 출제율 중

30
proper**

형 적절한, 올바른 ■ appropriate, suitable, right

[prɑ́:pər 프롸-퍼]

properly 부 제대로, 정확하게

Teenagers are often malnourished because they fail to eat a **proper** diet.

십대들은 적절한 식사를 하지 않아서 종종 영양실조에 걸리곤 한다.

31
dread**

동 두려워하다, 꺼리다 ■ fear

명 공포 ■ horror

[dred 드뤠드]

dreadful 형 두려운, 끔찍한

A lot of people **dread** going to the dentist.

많은 사람들이 치과에 가는 것을 두려워한다.

지텔프 출제 포인트

dread + -ing ~을 두려워하다
dread는 동명사를 목적어로 취하는 동사이다.

32
exhaust**

동 지치게 하다, 고갈시키다 ■ deplete, weary

[igzɔ́:st 익저-스트]

exhaustion 명 탈진, 고갈
exhausted 형 기진맥진한

Running the marathon **exhausted** Linda so much that she could not get up for two days.

마라톤이 Linda를 너무 지치게 했기 때문에 그녀는 이틀 동안 일어날 수가 없었다.

33
therapy**

명 치료, 요법

[θérəpi 쎄롸피]

Cognitive behavior **therapy** is used to treat depression.

인지 행동 치료는 우울증 치료에 사용된다.

34
aid*

[eid 에이드]

동 **돕다** ■ support, help, benefit

명 **지원, 도움**

For her volunteer work, Catherine **aided** elderly patients in a nursing home.

봉사 활동을 위해, Catherine은 요양원에서 중장년층의 환자들을 도왔다.

35
fit*

[fit 핏]

형 **건강한, 컨디션이 좋은** ■ healthy

동 **적합하다, 맞다** ■ match, suit

Exercising every day is a good way to stay **fit**.

매일 운동하는 것은 건강함을 유지하기 위한 좋은 방법이다.

36
instant*

[ínstənt 인스턴트]

instantly 부 즉시, 즉각적으로

형 **즉각적인, 실시간의** ■ immediate

명 **순간, 찰나** ■ moment, second

The doctors predict an **instant** recovery for the patient.

의사들은 그 환자의 즉각적인 회복을 예상한다.

37
negative*

[négətiv 네거티브]

negatively 부 부정적으로

형 **부정적인, 거부의** ■ adverse

Having **negative** thoughts is not good for your mental health.

부정적인 생각을 하는 것은 정신 건강에 좋지 않다.

★★★ = 출제율 최상 ★★ = 출제율 상 ★ = 출제율 중

38
evident★

[évidənt 에뷔던트]

evidence 명 증거
evidently 부 분명히

형 **분명한, 명백한** ▣ clear, apparent

After two months, it became **evident** that Monica was pregnant.
두 달 후, Monica가 임신했다는 것이 분명해졌다.

39
impair★

[impér 임페어]

impairment 명 손상

동 **손상시키다, 해치다** ▣ damage, worsen

Constantly listening to loud music will eventually **impair** your hearing.
거듭 시끄러운 음악을 듣는 것은 결국 당신의 청력을 손상시킬 것이다.

40
diet★

[dáiət 다이엇]

dietary 형 식이 요법의, 규정식의

명 **식습관, 식단**

Proper **diet** is necessary for the prevention of illness.
질병 예방을 위해 제대로 된 식습관이 필요하다.

41
conceive★

[kənsíːv 컨씨-브]

conception 명 개념, 임신

동 **1. 상상하다, 생각하다** ▣ imagine, visualize

동 **2. 임신하다**

It is difficult to **conceive** of life without medicine.
약 없는 삶은 상상하기 힘들다.

지텔프 출제 포인트

conceive A as B A를 B라고 생각하다
conceive of ~을 상상하다

42

target★

[tάːrgit 타-깃]

명 **목표, 표적** = goal

동 **목표로 삼다** = aim

My **target** is to lose five kilograms in one month.

내 목표는 한 달 안에 5킬로그램을 감량하는 것이다.

43

appropriate★

형 [əpróupriət 어프뤄프리엇]
동 [əpróuprieit 어프뤄프리에잇]

appropriately 부 적절하게

형 **적절한, 알맞은** = proper, suitable

동 **도용하다** = steal

Maintain an **appropriate** distance from others to slow the spread of the virus.

바이러스의 확산을 늦추기 위해 다른 사람들과 적절한 거리를 유지하세요.

44

conscious★

[kάːnʃəs 컨-셔스]

consciousness 명 의식, 자각
consciously 부 의식적으로

형 **1. 의식하는, 자각하는** = aware

형 **2. 의도적인, 고의의** = deliberate

People taking medication need to be **conscious** of the risks.

약을 복용하는 사람들은 위험성에 대해 의식할 필요가 있다.

45

nutrition★

[nutríʃn 누트뤼션]

nutrient 명 영양소, 영양분

명 **영양, 음식물**

Balanced **nutrition** is essential for growing children.

균형 잡힌 영양은 성장기의 아이들에게 필수적이다.

★★★ = 출제율 최상 ★★ = 출제율 상 ★ = 출제율 중

46
loss*

[lɔːs 로-쓰]

명 1. 상실, 손실

명 2. 죽음, 사망 ■ death, casualty

Alcoholics tend to suffer from severe memory **loss**.

알코올 중독자는 심각한 기억 상실을 앓는 경향이 있다.

47
disturb*

[distə́ːrb 디스터-브]

disturbance 명 방해, 훼방
disturbing 형 충격적인, 방해하는

동 불안하게 하다, 방해하다 ■ distract, bother, interrupt, hamper

The news that his mother was ill **disturbed** John very much.

그의 어머니가 아프다는 소식은 John을 매우 불안하게 했다.

48
relevant*

[réləvənt 렐러번트]

relevance 명 관련성, 적절성

형 관련 있는, 적절한 ■ related, applicable

A nutritionist can create a diet that is **relevant** to your specific needs.

영양사는 당신의 특정한 필요와 관련 있는 식단을 만들 수 있다.

49
significant*

[signífikənt 씨그니퓌컨트]

significantly 부 상당히, 중요하게

형 1. 상당한, 현저한 ■ considerable

형 2. 중요한, 중대한 ■ important, instrumental

On hot days, everyone needs a **significant** amount of water to stay hydrated.

더운 날에는, 모든 사람들이 수분을 유지하기 위해 상당한 양의 물을 필요로 한다.

50

inhibit★

[inhíbit 인히빗]

동 1. 억제하다 = restrict

동 2. 금지하다 = prevent

The new drug **inhibits** the production of cancer cells in the body.

그 신약은 체내 암세포의 생성을 억제한다.

DAY 10 DAILY TEST

단어의 뜻을 오른쪽 보기에서 찾아 연결하세요.

01 regular •		• (a) 저항하다
02 condition •		• (b) 적절한, 올바른
03 decrease •		• (c) 정기적인, 규칙적인
04 effect •		• (d) 부족, 결핍
05 proper •		• (e) 줄어들다, 감소하다
		• (f) 영향, 효과
		• (g) 상태

문장의 문맥에서 밑줄 친 단어의 유의어를 고르세요.

06 The hospital's cleanliness was never a serious **concern** before the patients complained.

(a) issue (b) origin (c) development (d) shift

07 Feeling **anxious** can lead to stress, high blood pressure, and even depression.

(a) reliable (b) calm (c) worried (d) reasonable

08 If the lump on your hand starts to **swell**, call the doctor.

(a) induce (b) bulge (c) discover (d) evolve

09 The fourth and final **phase** of cancer is the most dangerous.

(a) restriction (b) drawback (c) length (d) stage

10 This is a strong medicine that offers **instant** relief from pain.

(a) immediate (b) serious (c) exceptional (d) next

정답 및 해석 p.345

지텔프 완성 단어

☐ **healthy**	형 건강한, 유익한 = favorable
☐ **eyesight**	명 시력
☐ **muscle**	명 근육
☐ **dormant**	형 휴면기의, 활동을 중단한 = inactive
☐ **appetite**	명 식욕
☐ **alive**	형 살아 있는, 활발한
☐ **deceased**	형 사망한 = dead, late, departed 명 고인
☐ **insurance**	명 보험
☐ **temperature**	명 기온, 온도, 체온
☐ **leak**	동 누출하다, 새다 명 누출, 새는 것
☐ **patient**	명 환자 형 참을성 있는 = tolerant
☐ **routine**	형 정기적인, 일상의 = usual, daily 명 일상, 일과
☐ **suddenly**	부 갑자기 = abruptly
☐ **carbohydrate**	명 탄수화물
☐ **chronic**	형 (병이) 만성적인, 고질의
☐ **elevate**	동 높이다, 올리다 = increase, lift, raise
☐ **indulge**	동 마음껏 하다, 충족시키다 = please
☐ **ache**	동 아프다 = hurt, suffer 명 아픔, 쑤심 = pain
☐ **circulation**	명 순환, 유통
☐ **fatality**	명 사망자(수) = casualty
☐ **pupil**	명 동공, 학생, 제자
☐ **limb**	명 사지, 팔다리
☐ **fundamental**	형 근본적인, 기본적인 = essential, radical
☐ **harsh**	형 가혹한, 엄한, 거친 = severe, rough, ruthless, cruel
☐ **outrage**	명 격분, 분노 = fury 동 격분시키다, 화나게 하다 = offend, upset
☐ **permanent**	형 영구적인, 영속하는, 불변의 = constant, eternal
☐ **prescribe**	동 처방하다
☐ **addict**	명 중독자 동 중독시키다
☐ **epidemic**	명 전염병, (병의) 유행 = plague 형 유행성의, 전염성의 = pandemic
☐ **minor**	형 사소한, 작은, 중요하지 않은 = slight, small

DAY 11 예술

무료 MP3 바로듣기

칭기스칸은 행동의 가치는 그것을 끝까지 이루는 데 있다고 했어요. 힘을 내요!

㊂ 정답이 되는 유의어

01

inspire★★★

동 영감을 주다, 고무하다

㊂ encourage, stimulate, motivate

[inspáiər 인스파이어]

inspiration 명 영감, 고취
inspiring 형 영감을 주는

The beautiful scenery **inspired** the artist to paint the countryside.

아름다운 풍경은 그 화가가 시골을 그리도록 영감을 주었다.

02

feature★★★

명 특징, 특색

㊂ characteristic, trait, attraction

동 특징으로 삼다

[fíːtʃər 퓌-처]

The building contains many novel architectural **features**.

그 건물은 여러 가지의 새로운 건축학의 특징들을 갖고 있다.

03

perform★★★

동 1. 공연하다, 연주하다

㊂ act, play

동 2. 수행하다, 이행하다

㊂ accomplish, do, undertake, practice

동 3. 출연하다

㊂ appear

[pərfɔ́ːrm 퍼포-옴]

performance 명 공연, 성과
performer 명 연기자, 연주자

The singer will **perform** at the large auditorium downtown.

그 가수는 시내의 대강당에서 공연할 것이다.

04
craft★★★

[kræft 크래프트]

craftsman 명 장인

명 **1. (수)공예, 기술** ▣ skill, work

명 **2. 우주선, 비행기**

동 **솜씨 있게 만들다** ▣ make, fashion

The handmade **crafts** being sold on the street are skillfully made.

길에서 판매되고 있는 수공예품은 솜씨 있게 만들어진다.

05
stage★★★

[steidʒ 스테이쥐]

명 **1. 무대** ▣ set, theater

명 **2. 단계** ▣ phase, period, step

동 **개최하다** ▣ present, produce

The actors bowed before leaving the **stage**.

그 배우들은 무대를 떠나기 전에 인사했다.

06
remarkable★★★

[rimɑ́:rkəbl 뤼마-커블]

remark 동 주목하다, 말하다
명 주목, 의견
remarkably 부 현저하게

형 **1. 놀랄 만한, 주목할 만한** ▣ noteworthy, extraordinary

형 **2. 뛰어난, 비범한** ▣ outstanding, brilliant

Albrecht Dürer used **remarkable** detail in his very realistic works.

알브레히트 뒤러는 그의 매우 사실적인 작품에서 놀랄 만한 세부 묘사를 사용했다.

★★★ = 출제율 최상 ★★ = 출제율 상 ★ = 출제율 중

07

be known for***

숙 ~으로 유명하다 | = be famous for, be noted for

Artist Vincent Van Gogh **was known for** his mysterious personality.

화가 빈센트 반 고흐는 비밀스러운 성격으로 유명했다.

08

delicate***

[délikət 델리컷]

delicacy 명 우아함, 연약함
delicately 부 섬세하게, 정교하게

형 1. 섬세한, 우아한 | = subtle, refined

형 2. 연약한, 가냘픈 | = fragile, weak

Many handmade items produced in Victorian era were **delicate**.

빅토리아 시대에 생산된 많은 수공예 제품들은 섬세했다.

09

pioneer***

[pàiəníər 파이어니어]

pioneering 형 개척적인, 선구적인

동 개척하다 | = discover, explore

명 개척자, 선구자 | = leader, explorer

Georgia O'Keeffe **pioneered** the way for American modernism.

조지아 오키프는 미국 모더니즘의 길을 개척했다.

10

profound**

[prəfáund 프러퐈운드]

profoundly 부 깊이

형 깊은, 심오한 | = deep, sincere

His time abroad had a **profound** effect on his drawings.

그가 해외에서 보낸 시간은 그의 그림에 깊은 영향을 주었다.

11

conduct★★

동 [kəndʌ́kt 컨덕트]
명 [kɑ́ndʌkt 칸덕트]

conductor 명 지휘자

동 1. 수행하다	= perform, do
동 2. 지휘하다	= direct, handle, lead
명 1. 행위, 행실	= behavior
명 2. 지휘	= direction

The composer plans to **conduct** a survey on young people's musical tastes.
그 작곡가는 젊은 사람들의 음악 취향에 대한 설문조사를 수행할 계획이다.

12

fragile★★

[frǽdʒl 프래절]

fragility 명 부서지기 쉬움, 취약

형 1. 깨지기 쉬운, 약한	= breakable, weak vulnerable
형 2. 섬세한	= delicate, elegant

The statue is hundreds of years old and very **fragile**.
그 조각상은 수백 년 된 것으로 매우 깨지기 쉽다.

13

fund★★

[fʌnd 펀드]

funding 명 자금 제공

명 기금, 자금	= finance
동 자금을 대다	

The art museum set up a charity **fund**.
그 미술관은 자선 기금을 조성했다.

지텔프 출제 포인트

raise funds 자금을 모으다
fund-raising 모금

★★★ = 출제율 최상 ★★ = 출제율 상 ★ = 출제율 중

14
component★★

[kəmpóunənt 컴포우넌트]

명 성분, 구성 요소 | ■ element, part, constituent

형 구성하는

Researchers are analyzing the **components** in the oil painting.

연구원들은 유화의 성분을 분석하고 있다.

15
controversial★★

[kὰːntrəvə́ːrʃl 컨-트러버-셜]

controversy 명 논쟁

형 논란의 여지가 있는 | ■ debatable, contentious

It's a **controversial** decision to write a play about Hitler.

히틀러에 관한 희곡을 쓰는 것은 논란의 여지가 있는 결정 사항이다.

16
distinctive★★

[distíŋktiv 디스팅티브]

distinction 명 특징, 차이
distinctively 부 특징적으로

형 독특한, 특유의 | ■ peculiar, unique, particular

Director Wes Anderson has a **distinctive** way of shooting a movie.

웨스 앤더슨 감독은 독특한 영화 촬영 방식을 가지고 있다.

지텔프 출제 포인트

distinction between A and B A와 B의 차이

17
process★★

[prάːses 프롸-쎄스]

proceed 동 진행하다, 나아가다

명 과정 | ■ method, procedure

동 처리하다 | ■ handle, manage

Making pottery is not an easy **process**.

도자기를 만드는 것은 쉽지 않은 과정이다.

18
perceive★★

[pərsíːv 퍼씨-브]

perception 명 지각, 인지
perceptive 형 지각의, 예민한

동 1. 인지하다, 지각하다 — notice, recognize

동 2. 이해하다, 깨닫다 — understand, realize

In Velazquez's paintings, observers can **perceive** the subjects and the artist himself.

벨라즈케스의 그림들에서, 관람자들은 그 대상과 화가 본인을 인지할 수 있다.

19
preference★★

[préfrəns 프뤠퍼뤈스]

명 선호 — inclination, desire

Rita has a **preference** for pop art over classical art.

Rita는 고전 미술보다 팝 아트를 더 선호한다.

지텔프 출제 포인트

have a preference for ~을 더 선호하다

20
agree★★

[əgríː 어그뤼]

agreement 명 동의
agreeable 형 선뜻 동의하는, 쾌활한

동 합의하다, 동의하다 — consent, approve

The art experts did not **agree** on whether the painting was real.

예술 전문가들은 그 그림이 진짜인지에 대해 합의하지 못했다.

지텔프 출제 포인트

agree that + 주어 (+ should) + 동사원형
주장을 나타내는 동사 agree 뒤에 that절이 오면 that절에서는 should가 생략되어 동사원형을 쓴다.

agree on + 의견 (의견에) 동의하다, 뜻을 같이 하다

agree with + 사람 (사람에) 동의하다

★★★ = 출제율 최상 ★★ = 출제율 상 ★ = 출제율 중

21
ancient**

형 **고대의, 오래된** ■ old, antique

[éinʃənt 에인션트]

The museum houses a large collection of jewelry from the **ancient** Middle East.

그 박물관은 고대 중동의 많은 장신구들을 소장하고 있다.

22
sensitive**

형 **민감한, 예민한, 세심한** ■ susceptible, impressionable

[sénsətiv 센서티브]

sensitivity 명 감수성, 민감성

The actor is **sensitive** to criticism about his work.

그 배우는 자신의 작품에 대한 비판에 민감하다.

지텔프 출제 포인트

be sensitive to ~에 민감하다

be sensitive about ~에 대해 예민하다

23
traditional**

형 **전통의, 통상적인** ■ conventional, usual

[trədíʃənl 트뤄디셔널]

tradition 명 전통
traditionally 부 전통적으로

There is no **traditional** art at the exhibit.

그 전시회에는 전통 예술이 없다.

24
ritual**

명 **의식, 의례** ■ ceremony

형 **의식의**

[rítʃuəl 뤼추얼]

The artist had a **ritual** he performed before he painted.

그 화가는 그림을 그리기 전에 하는 의식이 있었다.

25
heritage★★
[héritidʒ 헤뤼티쥐]

명 **유산, 전통** ■ inheritance, legacy

Museums are an important means by which a country can conserve its cultural **heritage**.

박물관은 국가가 그 문화 유산을 보존할 수 있는 중요한 수단이다.

26
imitate★★
[íməteit 이머테이트]

imitation 명 모조품, 모방

동 **모방하다, 본뜨다** ■ emulate, copy, follow

Most animals learn by **imitating** their parents.

대부분의 동물들은 그들의 부모를 모방하면서 학습한다.

27
ethnic★★
[éθnik 에쓰닉]

ethnicity 명 민족성
ethnically 부 민족적으로

형 **민족의, 인종의**

Luke travels around the world taking pictures of **ethnic** arts and crafts.

Luke는 민족 전통 예술 공예 사진을 찍으며 세계 일주를 한다.

28
imagination★★
[imæ̀dʒinéiʃn 이매지네이션]

imagine 동 상상하다

명 **상상력, 가상**

The director wanted people to use their **imagination** while watching the ballet.

그 감독은 사람들이 발레를 보면서 상상력을 발휘하기를 원했다.

29
prehistoric★★
[prìːhistɔ́ːrik 프뤼-히스토-뤽]

형 **선사 시대의**

Prehistoric drawings appear on the walls of Chauvet Cave in France.

프랑스 쇼베 동굴 벽에는 선사 시대 그림이 그려져 있다.

★★★ = 출제율 최상 ★★ = 출제율 상 ★ = 출제율 중

30
medieval★★

[mìdiíːvl 미디-블]

형 **중세의**

The historic **medieval** castle had original artwork from the 15th century.

역사적으로 유명한 그 중세의 성에는 15세기의 독창적인 예술품이 있었다.

31
praise★★

[preiz 프레이즈]

동 **칭찬하다, 찬미하다** ⊟ acclaim, admire, laud

명 **칭찬, 숭배** ⊟ compliment, adoration

The architect of the Louvre museum was **praised** for its unique design.

루브르 박물관의 건축가는 그것의 독특한 디자인으로 칭찬받았다.

32
blend★

[blend 블렌드]

동 **1. 섞다, 혼합하다** ⊟ mix, combine, merge

동 **2. 조화되다, 어울리다** ⊟ match, fit, harmonize

명 **혼합** ⊟ combination, mixture

It takes some time to learn how to **blend** paint properly.

물감을 적절하게 섞는 법을 배우는 데는 시간이 걸린다.

33
exaggerate★

[igzǽdʒəreit 이그재저레잇]

exaggeration 명 과장

동 **과장하다** ⊟ amplify, inflate

Paul always **exaggerates** the facial features of the portraits he draws.

Paul은 항상 그가 그리는 초상화의 얼굴의 특징을 과장한다.

34

abstract★

형 추상적인, 관념적인 ■ conceptual, theoretical

명 개요, 발췌 ■ outline, summary

동 추출하다 ■ extract, pull out

형 명 [ǽbstrækt 앱스트랙트]
동 [æbstrǽkt 앱스트랙트]

abstraction 명 추상

The painting contains many **abstract** shapes that are difficult to interpret.

그 그림은 이해하기 어려운 많은 추상적인 형태를 포함한다.

35

construction★

명 건설, 공사 ■ building

[kənstrʌ́kʃn 컨스트럭션]

construct 동 건설하다
constructive 형 건설적인

The **construction** for the movie set took 8 months to complete.

그 영화를 위한 세트장의 건설은 완료되기까지 8개월이 걸렸다.

36

architecture★

명 건축 (양식), 건축학 ■ structure, framework

[ɑ́:rkitektʃər 아-키텍처]

architect 명 건축가

The building's **architecture** was unique in that it used a combination of styles.

그 건물의 건축 양식은 여러 양식을 조합해서 사용했다는 점에서 특이했다.

37

accuse★

동 1. 고발하다, 기소하다 ■ charge with, prosecute

동 2. 비난하다, 책망하다 ■ blame, complain

[əkjú:z 어큐-즈]

accusation 명 고발, 비난

A lot of musicians are **accused** of plagiarism these days.

요즘 많은 음악가들이 표절 혐의로 고발되고 있다.

★★★ = 출제율 최상 ★★ = 출제율 상 ★ = 출제율 중

38

elaborate*

형 [ilǽbərət 일래버뤗]
동 [ilǽbəreit 일래버뤠잇]

elaboration 명 정교, 고심작
elaborately 부 공들여, 정교하게

형 **정교한, 공들인** ■ detailed, sophisticated

동 **정교하게 만들다** ■ develop, embellish

Katie Holmes wore an **elaborate** Victorian gown to the Met Gala.

케이티 홈즈는 멧 갈라에 정교한 빅토리아 시대 드레스를 입고 갔다.

39

genuine*

[dʒénjuin 제뉴인]

genuinely 부 진정으로

형 **1. 진짜의, 진품의** ■ authentic, real

형 **2. 성실한, 진심의** ■ sincere, honest

Their jackets are made of **genuine** leather.

그들의 재킷은 진짜 가죽으로 만들어진다.

40

magnificent*

[mægnífisnt 매그니퓌쓴트]

형 **훌륭한, 감명 깊은** ■ splendid, impressive

Da Vinci's most **magnificent** creation, *Mona Lisa*, is in the Louvre Museum.

다빈치의 가장 훌륭한 작품인 「모나리자」는 루브르 박물관에 있다.

41

portray*

[pɔːrtréi 폴-트뤠이]

portrait 명 초상화

동 **1. 묘사하다, 그리다** ■ describe, paint, illustrate

동 **2. ~을 연기하다** ■ play, represent

The art of Grant Wood **portrays** outdoor scenes of America's midwest.

그랜트 우드의 작품은 미국 중서부의 야외 풍경을 묘사한다.

42
manuscript*
[mǽnjuskript 매뉴스크립트]

명 **원고, 필사본**

The author is working on several **manuscripts**.
그 작가는 몇 편의 원고를 작업 중이다.

43
revise*
[riváiz 뤼봐이즈]

revision 명 수정, 개정
revisory 형 교정의

동 **수정하다, 검토하다** ■ modify, edit

Henry likes to **revise** his songs numerous times.
Henry는 그의 곡들을 수없이 수정하는 것을 좋아한다.

44
express*
[iksprés 익스프레스]

expression 명 표현

동 **표현하다, 나타내다** ■ represent, convey, indicate

형 **신속한, 급행의**

Making art is a great way to **express** your emotions.
예술 창작은 감정을 표현하기 좋은 방법이다.

45
perspective*
[pərspéktiv 퍼스펙티브]

명 **관점, 시각, 견해** ■ point of view, orientation

She tries to consider many **perspectives** when writing her novels.
그녀는 소설을 쓸 때 여러 관점을 고려하려고 노력한다.

★★★ = 출제율 최상 ★★ = 출제율 상 ★ = 출제율 중

46
compose★

[kəmpóuz 컴포우즈]

composition 명 구성, 작품
composer 명 작곡가

동 1. 작곡하다, 만들다 ▤ write, create, produce

동 2. 조립하다, 구성하다 ▤ arrange, comprise, constitute

The pianist **composed** hundreds of songs throughout his career.

그 피아니스트는 일생 동안 수백여 곡을 작곡했다.

지텔프 출제 포인트

be composed of ~로 이루어지다

47
criticize★

[krítisaiz 크뤼티싸이즈]

critic 명 비평가, 평론가
critical 형 비판적인

동 비난하다, 비평하다 ▤ blame, condemn

They **criticized** the painting for being inferior to the artist's earlier work.

그들은 그 그림이 작가의 예전 작품보다 못하다고 비난했다.

48
nominate★

[ná:mineit 나-미네잇]

nomination 명 지명, 추천

동 1. 지명하다, 후보에 오르다 ▤ appoint, assign

동 2. 추천하다 ▤ recommend, suggest

Susan was **nominated** for artist of the year.

Susan은 올해의 예술가로 지명되었다.

49
vague★

[veig 붸이그]

형 명확하지 않은, 애매한 ▤ unclear, ambiguous

Although the sculpture itself is well known, its origin is **vague**.

그 조각상은 매우 유명함에도 불구하고, 그 기원은 명확하지 않다.

50

pretend★

[pritέnd 프리텐드]

동 1. ~인 척하다 = feign, assume

동 2. (거짓으로) 주장하다

Actors learn how to **pretend** to be other people for a good performance.

배우들은 좋은 연기를 위해 다른 사람인 척 하는 법을 배운다.

★★★ = 출제율 최상 ★★ = 출제율 상 ★ = 출제율 중

DAY 11 DAILY TEST

단어의 뜻을 오른쪽 보기에서 찾아 연결하세요.

01	feature	•	• (a) 수행하다
			• (b) 특징, 특색
02	conduct	•	• (c) 명확하지 않은, 애매한
03	praise	•	• (d) 성분, 구성 요소
			• (e) 논란의 여지가 있는
04	magnificent	•	• (f) 훌륭한, 감명 깊은
05	vague	•	• (g) 칭찬하다, 찬미하다

문장의 문맥에서 밑줄 친 단어의 유의어를 고르세요.

06 The famous artist **inspired** young people to start drawing as a hobby.

(a) persuaded (b) encouraged (c) examined (d) pleased

07 Don't touch the art in the exhibit as much of it is **fragile**.

(a) breakable (b) sturdy (c) anxious (d) heavy

08 Pop art was a movement that **blended** art and popular culture.

(a) released (b) skilled (c) merged (d) improved

09 It is impossible to **exaggerate** the importance of the works of Michelangelo.

(a) explain (b) produce (c) separate (d) inflate

10 Andrew Wyeth's painting *Christina's world* **portrays** a rural scene of a woman in a field.

(a) describes (b) starts (c) thrives (d) manufactures

정답 및 해석 p.346

지텔프 완성 단어

□ **bold**	형 대담한, 용감한 = daring, brave, risky
□ **erect**	동 건설하다, 세우다 = establish, raise
□ **sophisticated**	형 복잡한, 세련된 = complex, complicated, stylish, advanced
□ **fiction**	명 소설, 허구 = novel
□ **myth**	명 신화, 미신 = legend, tradition
□ **crowd**	명 군중, 무리 = group, party 동 가득 메우다 = pack, squeeze
□ **royalty**	명 왕족, 저작권 사용료
□ **purity**	명 순수성, 순도
□ **arouse**	동 자극하다, 유발시키다 = stimulate, provoke
□ **dialogue**	명 (책·연극·영화에 나오는) 대화
□ **reprise**	동 되찾다, 회복하다 = return 명 (음악의) 반복 부분
□ **fake**	형 가짜의, 위조의 = artificial 명 모조품, 가짜 = imitation
□ **indigenous**	형 원산의, 토착의 = native
□ **vivid**	형 생생한 = graphic, lifelike 선명한 = bright, brilliant
□ **extravagant**	형 사치스러운, 지나친 = lavish
□ **frame**	명 틀, 액자 = structure 동 틀을 잡다
□ **sculpture**	명 조각품, 조각상 = statue
□ **against**	전 ~에 가까이 = next to, beside ~에 반대하여 = opposite to
□ **extraordinary**	형 비범한 = exceptional, remarkable
□ **graphic**	형 그림의, 생생한
□ **lyric**	명 (-s) 노래 가사, 서정시
□ **model**	명 견본 = specimen, example
□ **pitch**	명 음의 높이, 정점
□ **rhyme**	명 운 (음조가 비슷한 글자)
□ **skilled**	형 숙련된, 노련한
□ **subtle**	형 이해하기 어려운, 미묘한 = delicate
□ **disguise**	동 위장하다, 숨기다 명 변장, 위장 = camouflage
□ **philosophy**	명 철학
□ **fine**	형 아주 작은, 좋은 명 벌금 = penalty
□ **mainstream**	명 주류 형 주류의 동 주류에 편입시키다

무료 MP3 바로듣기

DAY 12 문화

지금 그만두기에는 너무 아까워요. 끝을 향해 고고!

정답이 되는 유의어

01

characterize***

[kǽrəktəraiz 캐뤅터라이즈]

characteristic 명 특징, 특성

동 특징짓다, 특징이 되다 = distinguish, typify

Jackson Pollock's paintings are **characterized** by fascinating combinations of colors and shapes.

잭슨 폴록의 그림은 색채와 형태의 매혹적인 조합으로 특징지어진다.

02

foreign***

[fɔ́:rən 풔-륀]

형 1. 외국의, 외래의 = exotic

형 2. 이질적인 = unfamiliar

Young children learn **foreign** languages faster than adults do.

어린아이들은 어른보다 외국어를 더 빨리 배운다.

03

persist***

[pərsíst 퍼씨스트]

persistence 명 지속, 고집, 끈기
persistent 형 지속되는, 집요한

동 1. 지속되다, 계속되다 = continue

동 2. 고집하다, 주장하다 = insist, argue

There are some common misunderstandings that **persist** about foreign cultures.

해외 문화에 대해 지속되는 몇 가지 일반적인 오해가 있다.

04

taste★★★

[teist 테이스트]

tasty 형 맛있는

명 **1. 취향** = liking, preference

명 **2. 맛, 풍미** = flavor

동 **맛보다**

Jennifer's **tastes** for home decor are expensive.

집 장식과 관련된 Jennifer의 취향은 돈이 많이 든다.

05

originate★★★

[ərídʒineit 어뤼지네잇]

origin 명 기원, 유래

동 **1. 비롯되다, 시작되다** = start, begin

동 **2. 발명하다, 창작하다** = invent, create

April Fool's Day is believed to have **originated** in France.

만우절은 프랑스에서 비롯되었다고 여겨진다.

06

refuse★★★

동 [rifjúːz 뤼퓨-즈]

명 [réfjuːs 뤠퓨-스]

refusal 명 거절, 거부, 사퇴

↔ accept 동 수락하다
approve 동 승인하다

동 **거절하다, 거부하다** = decline, reject

명 **쓰레기, 폐물** = waste, debris

It's impolite to **refuse** a gift offered by an acquaintance in Japan.

일본에서 지인이 주는 선물을 거절하는 것은 실례다.

지텔프 출제 포인트

refuse + to ~을 거절하다

refuse가 동사로 쓰이면 to부정사를 목적어로 취한다.

★★★ = 출제율 최상 ★★ = 출제율 상 ★ = 출제율 중

07

eerie***

[íri 이어뤼]

형 1. 기묘한 ▣ odd, strange

형 2. 무시무시한, 섬뜩한 ▣ scary

The book *1984* was an **eerie** prediction of the future.

「1984년」이라는 책은 미래에 대한 기묘한 예견이었다.

08

provoke***

[prəvóuk 프뤄보우크]

동 1. 유발하다, 자극하다 ▣ rouse

동 2. 화나게 하다 ▣ infuriate

The musical performance **provoked** loud cheers from the audience.

그 뮤지컬 공연은 관객들의 큰 환호를 유발했다.

09

advocate***

동 [ǽdvəkeit 애드뷔케잇]
명 [ǽdvəkət 애드뷔컷]

advocacy 명 지지, 옹호

동 지지하다, 옹호하다 ▣ support, back

명 지지자, 옹호자

Family Tree is a group that **advocates** learning about your ancestors.

Family Tree는 선조에 대해 아는 것을 지지하는 단체이다.

10

facility***

[fəsíləti 풔씰러티]

facilitate 동 용이하게 하다, 촉진하다

명 시설, 기관, 설비

The cultural **facility** is located downtown and is free for tourists.

그 문화 시설은 시내에 있으며 관광객들에게 무료이다.

11
population★★★

[pɑ̀:pjuléiʃn 파-퓰레이션]

명 인구, 주민 ▣ inhabitant

The **population** of the city grew to more than one million people.

그 도시의 인구는 백만 명 이상으로 늘어났다.

12
religious★★★

[rilídʒəs 륄리져스]

religion 명 종교

↔ secular 형 비종교적인, 세속적인

형 1. 종교적인, 종교의 ▣ spiritual

형 2. 독실한 ▣ pious, devout

The earliest dramas of ancient Greece were commonly performed during **religious** festivals.

고대 그리스의 초기 연극들은 일반적으로 종교적인 축제 동안에 공연되었다.

13
propel★★

[prəpél 프뤄펠]

동 추진하다, 나아가게 하다 ▣ push, drive

Some people say that social media **propels** new cultural standards.

몇몇 사람들은 소셜 미디어가 새로운 문화적 기준을 추진한다고 말한다.

14
reject★★

[ridʒékt 뤼젝트]

rejection 명 거부, 거절

↔ allow 동 허용하다

동 1. 거부하다, 거절하다 ▣ refuse, decline

동 2. 불합격시키다

All religions **reject** war in principle, but very few actually apply that belief.

모든 종교가 원론적으로 전쟁을 거부하나, 극소수만이 실제로 그 신념을 적용한다.

★★★ = 출제율 최상 ★★ = 출제율 상 ★ = 출제율 중

15
collapse★★

[kəlǽps 컬랩스]

명 붕괴, 실패 ■ failure

동 붕괴하다, 쓰러지다 ■ fall, fail

The presentation covered the **collapse** of the Mayan civilization thoroughly.

그 발표는 마야 문명의 붕괴에 대해 철저히 다루었다.

16
differ★★

[dífər 디풔]

difference 명 차이점

동 다르다, 의견을 달리하다

Western and Eastern cultures **differ** in how they greet someone.

서양과 동양의 문화는 누군가를 맞이하는 방식이 다르다.

17
phenomenon★★

[fənɑ́:minən 퓌나-미넌]

phenomenal 형 놀랄 만한, 경이로운

명 1. 현상, 사건 ■ occurrence, happening

명 2. 경이로운 사람 ■ miracle

Imposter syndrome is a **phenomenon** in which a person doubts their own achievements.

가면 증후군은 사람이 자신의 성공에 대해 의심하는 현상이다.

18
political★★

[pəlítikl 펄리티컬]

politics 명 정치, 정치학
politician 명 정치인

형 정치적인, 정치의

He wrote a poem inspired by recent **political** events.

그는 최근 정치적 사건들에서 영감을 받아 시를 썼다.

19
publish**

[pʌ́bliʃ 퍼블리쉬]

publisher 명 출판사

동 **발행하다, 출판하다** — issue, release

Magazines usually **publish** 12 issues a year.
잡지사는 주로 일 년에 12호를 발행한다.

20
respect**

[rispékt 뤼스펙트]

respectable 형 존경할 만한
respectfully 부 정중하게

명 **존경, 존중** — honor

동 **존경하다** — esteem, admire

Elders in our community deserve a lot of **respect**.
우리 사회의 어르신들은 많은 존경을 받을 자격이 있다.

21
content**

명 [kɑ́:ntent 컨-텐트]
형 동 [kəntént 컨텐트]

명 **콘텐츠, 내용물**

형 **만족한, 만족하는** — happy, agreeable

동 **만족시키다** — please

The television network produces educational **content**.
그 텔레비전 방송국은 교육적인 콘텐츠를 제작한다.

22
strange**

[streindʒ 스트뤠인쥐]

stranger 명 낯선 사람

형 **1. 낯선** — extraordinary, unfamiliar

형 **2. 이상한** — odd, suspicious

Brazilians have a **strange** custom of pulling your ear on your birthday.
브라질 사람들은 생일에 귀를 잡아당기는 낯선 풍습이 있다.

★★★ = 출제율 최상 ★★ = 출제율 상 ★ = 출제율 중

23

endemic★★

[endémik 엔데믹]

형 (특정 지역·집단) 고유의 ▣ exclusive

Kangaroos and koala bears are **endemic** to Australia.
캥거루와 코알라는 호주의 고유 동물이다.

24

solidarity★★

[sɑ̀:lidǽrəti 쌀-리대뤄티]

명 결속, 단결 ▣ unity

In some cultures, it's important to show **solidarity** in a group of people.
일부 문화권에서는, 단체에서 결속을 보이는 것이 중요하다.

25

adverse★★

[ǽdvə:rs 애드붜-스]

adversely 부 불리하게

형 1. 불리한 ▣ unfavorable, disadvantageous

형 2. 거스르는, 반대의 ▣ opposing, negative

The singer has attracted some **adverse** criticism for her behavior.
그 가수는 그녀의 태도로 인해 몇몇 불리한 비판을 받았다.

26

constellation★★

[kɑ̀:nstəléiʃn 컨-스털레이션]

명 1. 별자리, 성좌

명 2. 모임, 무리 ▣ collection, group

There are many interesting myths behind **constellations**.
별자리에 관한 많은 흥미로운 신화가 있다.

27

conventional★★

[kənvénʃənl 컨벤셔널]

convention 명 관습, 관행

형 1. 전통적인, 관습적인 = traditional, customary

형 2. 형식적인, 틀에 박힌 = typical

The couple had a **conventional** wedding.

그 부부는 전통적인 결혼식을 올렸다.

28

inscribe★★

[inskráib 인스크라이브]

동 새기다 = carve

Ancient Egyptians **inscribed** various pictures on tombs.

고대 이집트인들은 무덤에 다양한 그림을 새겼다.

29

instill★★

[instíl 인스틸]

동 심어 주다, 스며들게 하다 = add, implant

Schools **instill** cultural values in students.

학교는 문화적 가치들을 학생들에게 심어 준다.

30

overshadow★★

[òuvərʃǽdou 오붜섀도우]

↔ illuminate 동 밝히다, 분명히 하다

동 1. 무색하게 하다

동 2. 가리다, 어둡게 하다 = dim, eclipse

The winter festival is a big event, but the one in spring **overshadows** it.

겨울 축제는 매우 큰 행사지만, 봄에 있는 것이 그것을 무색하게 한다.

★★★ = 출제율 최상 ★★ = 출제율 상 ★ = 출제율 중

31
reflect★★

[riflékt 뤼플렉트]

동 1. 나타내다, 반영하다 ■ show, indicate

동 2. 숙고하다 ■ consider

동 3. 반사하다

Chants of "encore!" **reflected** the crowd's enjoyment of the performance.

"앙코르!"라는 외침은 공연에 대한 관객들의 기쁨을 나타냈다.

지텔프 출제 포인트

reflect on ~을 반성하다, 되돌아보다

32
uncomfortable★★

[ʌnkʌ́mfərtəbl 언컴퍼터블]

uncomfortably 부 불편하게

형 불편한, 불쾌한 ■ rough, annoying

According to many viewers, the movie theater's seats are very **uncomfortable**.

많은 관객들에 따르면, 그 영화관의 좌석이 매우 불편하다고 한다.

33
screen★★

[skriːn 스크륀]

screening 명 상영

동 1. 상영하다

동 2. 가려내다, 심사하다 ■ exclude

명 화면, 스크린

During the film festival, theaters **screened** many different movie genres.

영화제 기간에, 극장들은 아주 다양한 장르의 영화들을 상영했다.

34
value★★

[vǽljuː 밸류]

valuate 동 견적하다, 평가하다
valuable 형 값진, 귀중한

명 **가치, 가격** ■ worth, importance

동 **높이 평가하다** ■ appreciate

The cultural **value** of the historical buildings in the town cannot be ignored.
마을에 있는 역사적 건축물의 문화적 가치는 무시될 수 없다.

35
sign★★

[sain 싸인]

명 **표시, 징후, 조짐** ■ indication, signal, omen

동 **1. 서명하다** ■ confirm

동 **2. 신호하다** ■ cue, prompt, signal, ring

In Ireland, a four-leaf clover is a **sign** of good luck.
아일랜드에서, 네 잎 클로버는 행운의 표시이다.

지텔프 출제 포인트

sign up 가입하다, 등록하다

36
denote★★

[dinóut 디노우트]

동 **1. 의미하다** ■ mean

동 **2. 나타내다, 표시하다** ■ represent, indicate

The word "fencing" derives from the Old French "defens," **denoting** protection.
"펜싱"이라는 단어는 보호를 의미하는 고대 프랑스어 "defens"에서 유래된다.

★★★ = 출제율 최상 ★★ = 출제율 상 ★ = 출제율 중

37
trend★★

[trend 트렌드]

trendy 형 최신 유행의

명 **추세, 경향** ■ tendency

동 **경향을 띠다, 기울다** ■ tendency

Globalization increased the **trend** toward multicultural societies.

세계화는 다문화 사회로의 추세를 증가시켰다.

38
migrate★

[máigreit 마이그뤠잇]

migration 명 이주, 이동

동 **이주하다, 이동하다** ■ move, relocate

People **migrated** from Europe to America seeking a better life.

사람들은 더 나은 삶을 찾아 유럽에서 미국으로 이주했다.

39
notorious★

[noutɔ́:riəs 노토-뤼어스]

형 **악명 높은** ■ infamous, popular

The Danish director is **notorious** for his controversial films.

그 덴마크 감독은 논란이 많은 영화로 악명 높다.

40
attire★

[ətáiər 어타이어]

명 **복장, 의복** ■ clothing, garment

동 **차려 입히다** ■ clothe

Many people believe jeans are not appropriate **attire** for weddings.

많은 사람들은 청바지가 결혼식에 적절한 복장은 아니라고 생각한다.

41
burial★
[bériəl 베뤼얼]
bury 동 매장하다, 숨기다, 감추다

명 **매장, 장례식** = funeral

A sky **burial** is a traditional Buddhist funeral that goes back hundreds of years.
풍장은 수백 년 전으로 거슬러 올라가는 전통적인 불교 장례식이다.

42
compelling★
[kəmpéliŋ 컴펠링]
compel 동 억지로 시키다

형 **1. 설득력 있는** = convincing
형 **2. 강제적인** = forceful
형 **3. 흥미진진한** = fascinating

The speaker made some **compelling** remarks before the parade.
그 연설자는 행진 전에 몇몇 설득력 있는 주장을 펼쳤다.

43
constant★
[kɑ́:nstənt 컨-스턴트]
constantly 부 끊임없이
↔ capricious 형 변덕스러운

형 **끊임없는, 지속적인** = consistent, steady

There is **constant** feedback about the director's latest movie.
그 감독의 최신 영화에 대한 끊임없는 의견이 있다.

44
divorce★
[divɔ́:rs 디보-스]

명 **이혼** = separation

For a long time, **divorce** was viewed as socially unacceptable.
오랫동안, 이혼은 사회적으로 받아들여질 수 없는 것으로 여겨졌다.

★★★ = 출제율 최상 ★★ = 출제율 상 ★ = 출제율 중

45
petition*

[pətíʃn 퍼티션]

명 탄원(서), 청원(서) — = appeal, plea

동 탄원하다, 청원하다 — = plead

Animal activists all over the world have signed a **petition** to ban bull running.

전 세계의 동물 운동가들은 황소 달리기 축제를 금지하자는 탄원서에 서명했다.

46
occasion*

[əkéiʒn 어케이션]

occasional 형 때때로의
occasionally 부 가끔

명 1. 행사, 사건 — = event, affair, milestone

명 2. 때, 경우 — = time

Many people gathered in Woodstock for the **occasion** of seeing great bands.

많은 사람들이 훌륭한 밴드들을 볼 행사를 위해 우드스톡에 모였다.

47
prosper*

[prá:spər 프롸-스퍼]

prosperity 명 번영
prosperous 형 번영하는

동 번창하다, 번영하다 — = thrive, flourish

In India, keeping a statue of an elephant by the door is believed to help a store **prosper**.

인도에서, 문 옆에 코끼리 조각상을 두는 것은 가게가 번창하도록 도와준다고 믿어진다.

48
district*

[dístrikt 디스트뤽트]

명 지역, 구역, 지구 — = region, sector

Sammy takes part every year in the annual Thanksgiving parade organized by his **district**.

Sammy는 매년 그의 지역에서 주최되는 연례 추수감사절 퍼레이드에 참가한다.

49

share*

[ʃer 쉐어]

동 공유하다, 함께 나누다 ▣ divide

명 몫, 할당 ▣ portion, allotment

People **share** their daily lives with others using SNS.

사람들은 자신의 일상 생활을 SNS를 사용하여 다른 사람들과 공유한다.

지텔프 출제 포인트

shareholder 주주 = stockholder

50

discriminate*

[diskrímineit 디스크뤼미네잇]

discrimination 명 차별, 구별

동 1. 차별하다 ▣ segregate, incline

동 2. 구별하다, 분간하다 ▣ distinguish, separate

형 식별된, 명확한

American businesses are prohibited from **discriminating** against others based on age, race, or religion.

미국 기업들은 다른 사람들을 나이, 인종, 혹은 종교로 차별하는 것이 금지된다.

★★★ = 출제율 최상 ★★ = 출제율 상 ★ = 출제율 중

DAY 12 DAILY TEST

단어의 뜻을 오른쪽 보기에서 찾아 연결하세요.

01 persist •

02 taste •

03 refuse •

04 propel •

05 compelling •

• (a) 취향
• (b) 설득력 있는
• (c) 특징짓다, 특징이 되다
• (d) 지속되다, 계속되다
• (e) 추진하다, 나아가게 하다
• (f) 현상, 사건
• (g) 거절하다, 거부하다

문장의 문맥에서 밑줄 친 단어의 유의어를 고르세요.

06 In the early 1900s, jazz was still new and **foreign** to most people.

(a) close (b) valuable (c) unfamiliar (d) dangerous

07 Fireworks **originated** in China and were used in festivals like New Year celebrations.

(a) supported (b) started (c) provided (d) handled

08 Tango was once **endemic** to Argentina, but now the dance is practiced globally.

(a) trustful (b) exclusive (c) persuasive (d) effective

09 The word "knowledge" is **inscribed** on the door of the public library.

(a) carved (b) created (c) expected (d) founded

10 Cinco de Mayo **denotes** May 5, which is a major holiday in Mexico.

(a) learns (b) predicts (c) means (d) understands

정답 및 해석 p.347

지텔프 완성 단어

☐ **flavor**	명 맛, 풍미, 향신료 동 맛을 내다
☐ **christen**	동 이름을 붙이다 = name
☐ **accent**	명 강세, 억양, 사투리
☐ **corpse**	명 시체, 송장 = remains, body
☐ **accolade**	명 극찬, 영예 = distinction
☐ **garment**	명 의복, 옷, 의류 = clothing, attire, outfit
☐ **immigrant**	명 이민(자) = migrant, foreigner 형 이주해 오는 = migratory
☐ **memorial**	명 기념물, 기념비 = monument 형 기념의
☐ **outfit**	명 의상, 옷, 복장 = costume
☐ **widely**	부 널리 = extensively, broadly
☐ **sibling**	명 형제자매
☐ **syndrome**	명 증후군
☐ **peruse**	동 정독하다, 잘 살펴보다 = examine, browse
☐ **premiere**	명 개봉, 초연, 시사회 동 (연극·영화 등을) 처음으로 선보이다
☐ **primitive**	형 원시의, 초기의 = early, ancient
☐ **cater**	동 (행사에) 음식을 제공하다
☐ **plantation**	명 대농장, 플랜테이션
☐ **vessel**	명 배, 선박 = ship, boat
☐ **blessing**	명 축복 = grace
☐ **decipher**	동 (문자·암호를) 해독하다, 판독하다 = interpret
☐ **mine**	명 광산 동 채굴하다, 캐다
☐ **mortal**	형 치명적인 = fatal, deadly 영원히 살 수 없는
☐ **statue**	명 조각상 = sculpture
☐ **individual**	명 개인, 사람 형 개인의, 개별의
☐ **plot**	명 줄거리, 구상 = story 동 음모하다, 모의하다 = scheme
☐ **worship**	명 예배, 숭배 = praise 동 숭배하다, 존경하다 = revere
☐ **bias**	명 편견, 편향, 경향 = prejudice
☐ **export**	동 수출하다 명 수출, 수출품
☐ **poll**	명 여론 조사 = survey 동 여론 조사를 하다 = ballot
☐ **stereotype**	명 고정 관념 = concept 동 정형화하다 = categorize

DAY 13 교육

무료 MP3 바로듣기

매일 한 Day씩 꾸준하게 끝까지 해내는 것이 중요해요!

= 정답이 되는 유의어

01

address★★★

동 [ədrés 어드뤠스]
명 [ǽdres 애드뤠스]

동 1. 다루다, 처리하다	= resolve, manage, settle
동 2. 연설하다, 강연하다	= lecture, speak
동 3. 이야기하다	= discuss
명 1. 연설, 강연	= speech, discourse
명 2. 주소	= residence, abode

She **addressed** the issue of bullying in her speech.
그녀는 연설에서 괴롭힘 문제를 다루었다.

02

advise★★★

[ədváiz 어드바이즈]

advice 명 조언, 충고
advisable 형 권할 만한, 바람직한

동 조언하다, 충고하다	= recommend, counsel

Karen's professor **advised** her to continue on to graduate school.
Karen의 교수는 그녀에게 대학원까지 계속 다니라고 조언했다.

지텔프 출제 포인트

advise that + 주어 (+ **should**) + 동사원형
제안을 나타내는 동사 advise 뒤에 that절이 오면 that절에서는 should가 생략되어 동사원형을 쓴다.

03

develop★★★

[divéləp 디벨럽]

development 명 개발, 발전
developed 형 선진의, 발달한

동 **1. 개발하다, 발달하다** ■ improve, progress

동 **2. 만들어 내다, 창조하다** ■ produce

Some teachers believe a new education system needs to be **developed**.

몇몇 교사들은 새로운 교육 시스템이 개발되어야 한다고 생각한다.

04

prestigious★★★

[prestídʒəs 프뤠스티져스]

prestige 명 명성

형 **일류의, 명망 높은** ■ reputable, prominent

Harvard University is one of the most **prestigious** colleges in North America.

하버드 대학교는 북미의 일류 대학 중 하나이다.

05

average★★★

[ǽvəridʒ 애버뤼지]

형 **평균의, 보통의** ■ typical, common

Students must maintain C **average** or better to qualify for graduation.

학생들은 졸업을 위한 자격을 갖추기 위해 평균 C 또는 그 이상의 학점을 유지해야 한다.

06

equip★★★

[ikwíp 이큅]

equipment 명 장비, 용품

동 **(장비·능력 등을) 갖추다** ■ gear, provide, build

The new high school was **equipped** with computer rooms, a large cafeteria, and a tennis court.

새로운 고등학교에는 컴퓨터실, 대형 식당, 테니스장이 갖추어져 있었다.

지텔프 출제 포인트

equip A with B A에게 B를 갖추어 주다

★★★ = 출제율 최상 ★★ = 출제율 상 ★ = 출제율 중

07

transfer***

동 [trænsfə́ːr 트랜스퍼]
명 [trǽnsfəːr 트랜스퍼]

transference 명 이동, 전근

동 1. 옮기다, 이동하다 ▬ move, transport

동 2. 갈아타다, 환승하다

명 이동, 이전

Molly is **transferring** to a different university next year.

Molly는 내년에 다른 대학교로 옮길 것이다.

08

aspiration***

[æ̀spəréiʃn 애스퍼레이션]

aspire 동 열망하다
aspiring 형 포부가 있는

명 염원, 열망 ▬ ambition

After years of hard work, Michelle finally achieved her **aspiration** of going to medical school.

수년간의 노력 끝에, Michelle은 마침내 의대에 가겠다는 그녀의 염원을 이루었다.

09

career***

[kəríər 커리어]

명 경력, 진로 ▬ profession, occupation

She has always wanted a **career** in education as she loves teaching.

그녀는 가르치는 것을 좋아해서 항상 교육업에서의 경력을 원해왔다.

10

apprentice***

[əpréntis 어프렌티스]

apprenticeship 명 수습 기간, 수습직

명 견습생, 도제 ▬ trainee

As an **apprentice** to a renowned carpenter, Kyle learned many things.

유명한 목수의 견습생으로서, Kyle은 많은 것들을 배웠다.

11
break★★★
[breik 브뤠익]

명 1. 휴식, 중단 ▣ pause

명 2. 행운, 기회 ▣ opportunity

동 깨다, 고장 내다 ▣ destroy, demolish

All of the students are looking forward to summer **break**.

모든 학생들은 여름 방학을 기대하고 있다.

지텔프 출제 포인트

take a break 휴식을 취하다

12
expel★★★
[ikspél 익스펠]

동 퇴학시키다, 내쫓다 ▣ remove, eject

Pamela was **expelled** for cheating on her final exams.

Pamela는 기말고사에서 부정행위를 해서 퇴학당했다.

13
enroll★★★
[inróul 인뤄울]

enrollment 명 등록

동 등록하다, 입학시키다 ▣ register

The freshman **enrolled** in a psychology course on the school's website.

그 신입생은 학교 웹사이트에서 심리학 강좌에 등록했다.

지텔프 출제 포인트

enroll in 수강 신청을 하다

★★★ = 출제율 최상 ★★ = 출제율 상 ★ = 출제율 중

14

instruct★★★

동 지시하다, 가르치다 | ■ inform, teach

[instrʌ́kt 인스트럭트]

instruction 명 지시
instructor 명 강사

The architecture professor **instructed** her students to build an archway.

건축학 교수는 자신의 학생들에게 아치 길을 만들 것을 지시했다.

15

scholarship★★★

명 장학금

[skɑ́:lərʃip 스컬-러쉽]

scholar 명 학자, 장학생

The student was excited when he won a **scholarship**.

그 학생은 장학금을 탔을 때 들떴었다.

16

adequate★★

형 1. 적절한, 알맞은 | ■ proper, competent

형 2. 충분한 | ■ sufficient, enough

[ǽdikwət 애디큇]

adequacy 명 타당성
adequately 부 충분히, 적절히

The student thought of an **adequate** topic for her essay.

그 학생은 그녀의 과제물을 위한 적절한 주제를 생각했다.

17

boost★★

동 신장시키다, 활성화하다 | ■ encourage, promote, improve

명 1. 상승, 증가 | ■ rise, increase

명 2. 후원, 격려 | ■ encouragement, assist

[bu:st 부-스트]

Praise from teachers can **boost** a child's confidence.

교사들의 칭찬은 아이의 자신감을 신장시킬 수 있다.

18
suspend★★

[səspénd 서스펜드]

suspension 명 정학, 중지

동 **1. 정학시키다** ▣ debar

동 **2. 중단하다, 정지하다** ▣ discontinue, interrupt

동 **3. 매달다** ▣ hang, dangle

Those who use someone else's ideas as their own may be **suspended**.

다른 사람의 생각을 자기 것처럼 사용한 사람은 정학당할 수 있다.

19
avid★★

[ǽvid 애뷔드]

avidly 부 탐욕스럽게, 열광적으로

형 **열렬한, 열광적인** ▣ enthusiastic, keen

Brian was an **avid** student who wanted to succeed.

Brian은 성공하고 싶어하는 열렬한 학생이었다.

20
award★★

[əwɔ́:rd 어워-드]

awarder 명 수여자
awardable 형 수여할 수 있는

명 **상** ▣ prize

동 **수여하다, 주다** ▣ give, grant

The student was given an **award** for his insightful writing.

그 학생은 그의 통찰력 있는 글로 상을 받았다.

21
comply★★

[kəmplái 컴플라이]

compliance 명 준수

동 **준수하다, 따르다** ▣ obey

Students must **comply** with the regulations of school library use.

학생들은 학교 도서관 이용 규정을 준수해야 한다.

★★★ = 출제율 최상 ★★ = 출제율 상 ★ = 출제율 중

22

conference★★

[ká:nfərəns 컨-풔런스]

명 회의, 학회

= meeting, symposium

This year's **conference** focuses on developments in the field of early education.

올해 회의는 조기 교육 분야의 개발에 중점을 두고 있다.

23

degree★★

[digrí: 디그뤼]

명 1. 학위

명 2. (각도·온도 단위) 도

The institute offers **degree** programs in a wide range of subjects.

그 대학은 다양한 학과에 대한 학위 프로그램을 제공한다.

지텔프 출제 포인트

earn a degree 학위를 받다

24

efficient★★

[ifíʃnt 이퓌션트]

efficiency 명 효력, 능률
efficiently 부 능률적으로

형 효율적인, 유능한

= effective, competent

Mrs. Garrison felt it was more **efficient** to teach students in an interactive way.

Mrs. Garrison은 쌍방향식으로 학생들을 가르치는 것이 더 효율적이라고 느꼈다.

25

talent★★

[tǽlənt 탤런트]

talented 형 재능이 있는

명 재능, 재주

= ability, gift

Children who show **talent** in science can participate in a special summer program.

과학에 재능을 보이는 아이들은 특별 여름 프로그램에 참여할 수 있다.

26
field**

[fiːld 퓔-드]

명 1. 분야 ▣ area, branch

명 2. 들판 ▣ land

Jones is an absolute expert in his **field** of study.

Jones는 그의 학문 분야에서 절대적인 전문가이다.

27
graduate**

동 [grǽdʒueit 그래쥬에잇]
명 [grǽdʒuət 그래쥬엇]

graduation 명 졸업

동 졸업하다

명 졸업생

Medical students need at least 30 biology credits to **graduate**.

의대생들은 졸업하려면 적어도 생물학 30학점이 필요하다.

28
lecture**

[léktʃər 렉처]

lecturer 명 강연자

명 강의, 강연 ▣ lesson

동 강의를 하다 ▣ teach

The course will offer weekly guest **lectures**.

그 강좌는 매주 초청 강의를 제공할 것이다.

29
primary**

[práimeri 프롸이메리]

primarily 부 주로

형 1. 주된, 주요한 ▣ principal, main

형 2. 기본적인, 최초의 ▣ fundamental, elementary

Her **primary** goal is to get a good grade in the course.

그녀의 주된 목표는 그 강의에서 좋은 성적을 받는 것이다.

★★★ = 출제율 최상 ★★ = 출제율 상 ★ = 출제율 중

30
principal**

[prínsəpl 프린서펄]

명 교장, 총장 ■ head, dean, headmaster

형 주요한, 주된 ■ major, main

The **principal** recommended taking a school bus instead of walking to school.

교장은 학교에 걸어오는 대신에 통학 버스를 탈 것을 추천했다.

31
theory**

[θíːəri 씨어-리]

명 이론, 학설

There are many **theories** about language learning.

언어 학습에 대한 많은 이론이 있다.

32
evaluate**

[ivǽljueit 이밸류에잇]

evaluation 명 평가

동 평가하다 ■ assess, judge

College students **evaluate** their professors at the end of the term.

대학생들은 학기 말에 그들의 교수를 평가한다.

33
discipline**

[dísəplin 디써플린]

disciplined 형 훈련받은

명 1. 훈육, 규율 ■ restraint, regulation

명 2. 훈련, 수양 ■ training, practice

명 3. 학문 분야, 학과 ■ study, subject

동 훈육하다, 단련하다 ■ train, educate

Parents use various forms of **discipline** to control their children.

부모들은 그들의 자녀를 통제하기 위해 다양한 형태의 훈육을 사용한다.

34
elementary★★

[èliméntri 엘리멘트뤼]

형 **초등의, 기본적인** ■ rudimentary, undeveloped

Steve calls his **elementary** school teacher and his friends from time to time.

Steve는 때때로 자신의 초등학교 시절 선생님과 친구들에게 전화하곤 한다.

35
instrumental★★

[ìnstrəméntl 인스트뤄멘틀]

형 **(어떤 일을 하는 데) 중요한** ■ significant, influential

The sales team played an **instrumental** role in the company's early success.

그 영업 팀은 회사의 초기 성공에 중요한 역할을 했다.

36
assess★★

[əsés 어쎄스]

assessment 명 평가

동 **1. 평가하다, 가늠하다** ■ evaluate, gauge, measure

동 **2. 할당하다, 부과하다** ■ impose, charge

The teacher **assesses** her students' progress every day.

그 선생님은 매일 학생들의 진척도를 평가한다.

37
attain★

[ətéin 어테인]

attainment 명 달성
attainable 형 이룰 수 있는

동 **1. 달성하다, 성취하다** ■ accomplish, achieve

동 **2. 도달하다, 이르다** ■ reach

Hard work helped him **attain** academic success.

노고는 그가 학업적 성공을 달성하도록 도왔다.

★★★ = 출제율 최상 ★★ = 출제율 상 ★ = 출제율 중

38
knowledge*

명 지식, 학식

[nɑ́:lidʒ 날-리지]

knowledgeable 형 아는 것이 많은

A good education provides us with the **knowledge** we need to thrive in society.

좋은 교육은 우리에게 사회에서 성공하는 데 필요한 지식을 제공한다.

39
major*

형 주요한, 중대한 ■ important, leading, significant, resounding

명 전공

[méidʒər 메이저]

majority 명 다수

Major examinations, such as certification exams, can make test-takers feel uneasy.

증명 시험과 같은 주요 시험들은 응시자들을 불안하게 만들 수 있다.

40
aptitude*

명 1. 소질, 적성 ■ talent

명 2. 경향, 습성 ■ inclination, tendency

[ǽptitu:d 앱티튜-드]

apt 형 적절한, 잘 ~하는

Educators have created a new test to assess children's **aptitude** for math.

교육자들은 아이들의 수학에 대한 소질을 평가하기 위한 새로운 시험을 만들었다.

41
accurate*

형 정확한, 정밀한 ■ precise, exact

[ǽkjərət 애큐럿]

accuracy 명 정확성
accurately 부 정확히

Be careful doing online research because information on the Internet is not always **accurate**.

인터넷에 있는 정보가 항상 정확한 것은 아니므로 온라인 조사를 할 때 주의하세요.

42
adjust★

[ədʒʌ́st 어드저스트]

adjustment 명 조절, 수정
adjusted 형 조절된, 적응한

동 **1. 조절하다, 맞추다** = modify, alter

동 **2. 순응하다, 적응하다** = adapt, accustom

Ollie **adjusted** his seat so that he could see the chalkboard better.

Ollie는 칠판을 더 잘 볼 수 있게 그의 의자를 조절했다.

지텔프 출제 포인트

adjust to ~에 적응하다
adjust A to B A를 B에 맞추다, 적응시키다

43
eject★

[idʒékt 이젝트]

ejection 명 방출, 분출

동 **1. 쫓아내다, 내쫓다** = expel

동 **2. (액체·연기 등을) 내뿜다** = shoot, spew

The scientist was **ejected** from his post at the institute.

그 과학자는 협회에 있는 그의 직책에서 쫓겨났다.

44
subject★

[sʌ́bdʒikt 썹직트]

명 **과목, 주제, 대상** = course, issue, topic

형 **~의 영향을 받는**

Most professors teach a variety of **subjects** related to their field.

대부분의 교수들은 자신의 분야와 관련된 다양한 과목을 가르친다.

★★★ = 출제율 최상 ★★ = 출제율 상 ★ = 출제율 중

45

educational*

형 교육의, 교육적인 ▣ academic

[èdʒukéiʃənl 에쥬케이셔널]

educate 동 교육하다, 가르치다

The computers in the school library should be used strictly for **educational** purposes.

학교 도서관에 있는 컴퓨터들은 순전히 교육용으로만 사용되어야 한다.

46

acquire*

동 받다, 획득하다, 얻다 ▣ obtain, gain

[əkwáiər 어콰이어]

acquisition 명 획득(물)
acquired 형 획득한, 후천적인

Schools do their best to **acquire** young teachers who have a passion for education.

학교는 교육에 대한 열정을 가진 젊은 교사들을 받기 위해 최선을 다한다.

47

specialize*

동 전공하다, 전문적으로 하다 ▣ concentrate, focus

[spéʃəlaiz 스페셜라이즈]

specialization 명 전문화
specialist 명 전문가

Most of the programmers **specialized** in software design in college.

대부분의 프로그래머는 대학에서 소프트웨어 디자인을 전공했다.

48

concentrate*

동 1. 집중하다, 전념하다 ▣ pay attention, focus

동 2. 모으다 ▣ gather, collect

[kάːnsntreit 컨-쓴트뤠잇]

concentration 명 집중
concentrative 형 집중적인

Listening to music helps some students **concentrate** better when they study.

음악을 듣는 것은 몇몇 학생들이 공부할 때 더 잘 집중할 수 있게 해준다.

49
comprehend★

[kɑ̀:mprihénd 캄-프뤼헨드]

comprehension 명 이해
comprehensive 형 포괄적인

동 **1. 이해하다, 파악하다** ■ understand, grasp

동 **2. 포함하다, 함축하다** ■ comprise, involve

Most students could **comprehend** the question easily.

대부분의 학생들은 그 문제를 쉽게 이해할 수 있었다.

50
endeavor★

[indévər 인데버]

동 **노력하다, 시도하다** ■ strive, attempt

명 **노력, 시도** ■ effort

The education minister **endeavored** to provide free lunches for all students.

교육부 장관은 모든 학생들에게 무상 급식을 제공하기 위해 노력했다.

★★★ = 출제율 최상 ★★ = 출제율 상 ★ = 출제율 중

DAY 13 DAILY TEST

단어의 뜻을 오른쪽 보기에서 찾아 연결하세요.

01 advise •		• (a) 재능, 재주
		• (b) 적절한, 알맞은
02 transfer •		• (c) 옮기다, 이동하다
03 break •		• (d) 조언하다, 충고하다
		• (e) 분야
04 adequate •		• (f) 휴식, 중단
05 field •		• (g) 주요한, 중대한

문장의 문맥에서 밑줄 친 단어의 유의어를 고르세요.

06 Teachers must be able to **address** any problems that occur in the classroom.

(a) manage (b) ignore (c) predict (d) propose

07 Brian is an **average** English student, but he is great at math.

(a) positive (b) typical (c) celebrated (d) prized

08 My **aspiration** is to go to medical school one day.

(a) role (b) major (c) need (d) ambition

09 The **aptitude** of the students in the school is very high.

(a) talent (b) grade (c) absence (d) tuition

10 Our program is designed to **boost** interest in education.

(a) lessen (b) guess (c) award (d) promote

정답 및 해석 p.348

지텔프 완성 단어

□ solution	명 해결책, 해법 = remedy, answer 용액 = mixture
□ trial	명 공판, 재판 = case, hearing 시도, 실험 = test, experiment
□ credit	동 공로를 돌리다, 승인하다, 인정하다 = approve, acknowledge 명 신용
□ thesis	명 학위 논문, 논제 = dissertation
□ doctorate	명 박사 학위
□ accessible	형 이용 가능한, 접근하기 쉬운 = available, reachable
□ autobiography	명 자서전
□ fail	동 실패하다, 낙제하다 명 실패, 낙제
□ growth	명 성장, 발전 = progress, development
□ bond	명 유대 = tie 동 유대감을 형성하다
□ pronounce	동 발음하다, 선언하다
□ slot	명 시간, 틈
□ tuition	명 수업, 수업료
□ dependent	형 의존하는, 의지하는 = reliant
□ psychology	명 심리학
□ amateur	명 아마추어, 비전문가 = nonprofessional 형 아마추어의
□ faculty	명 능력 = capacity, ability 학부
□ submit	동 제출하다 = hand in, file
□ absence	명 부재, 결석
□ mathematics	명 수학
□ cite	동 인용하다, 예로 들다 = quote
□ flair	명 (타고난) 재능 = talent
□ fluent	형 유창한, 능통한
□ anthropology	명 인류학
□ archaeology	명 고고학
□ ecology	명 생태, 생태학
□ literature	명 문학 = writings
□ course	명 강의, 과목 = lecture, class 진로, 방향 = route
□ exercise	명 운동, 연습 = activity
□ semester	명 학기 = term

DAY 14 취미

무료 MP3 바로듣기

오늘 외운 단어가 시험에 나온다고 생각해보세요!

= 정답이 되는 유의어

01

depart***

동 **출발하다, 떠나다** = leave

[dipá:rt 디파-트]

departure 명 출발, 떠남

↔ arrive 동 도착하다

Flight QF302 to Sydney **departs** from London Heathrow airport at 10:45 p.m.

시드니행 QF302편은 오후 10시 45분에 런던 히스로 공항에서 출발한다.

02

interest***

명 **1. 관심, 흥미** = curiosity

명 **2. 이자, 이익** = profit

동 **관심을 끌다** = attract

[íntrəst 인트뤄스트]

interested 형 관련 있는, 관심이 있는

A sequel to the movie was released due to fan **interest**.

팬 관심으로 인해 그 영화의 속편이 개봉되었다.

03

relax***

동 **긴장을 풀다, 쉬다** = rest, ease, unwind

[rilǽks 륄렉스]

relaxed 형 느긋한, 여유 있는

Lauren likes to do yoga to help her **relax**.

Lauren은 긴장을 풀기 위해 요가 하는 것을 좋아한다.

04

brand★★★

[brænd 브랜드]

동 **상표화하다, 낙인을 찍다** = label, identify

명 **상표, 브랜드**

Skydiving is **branded** as an extreme sport.

스카이 다이빙은 익스트림 스포츠로 상표화되었다.

05

costly★★★

[kɔ́:stli 커-슷리]

cost 동 비용이 들다
명 값, 비용

형 **돈이 많이 드는** = expensive

The sisters' trip was **costly**, but they agreed it was worth it.

그 자매의 여행은 돈이 많이 들었지만, 그들은 그 여행이 가치 있었다는 것에 동의했다.

06

activity★★★

[æktívəti 액티뷔티]

active 형 활동적인

명 **활동, 운동** = action, movement

Baking with your child is a fun **activity** to do on a rainy day.

아이와 함께 빵을 굽는 것은 비 오는 날에 할 수 있는 재미있는 활동이다.

07

invite★★★

[inváit 인봐잇]

invitation 명 초대, 초대장

동 **1. 초대하다, 청하다** = welcome

동 **2. 매혹하다** = attract, appeal

We **invited** Oscar to go camping with us next weekend.

우리는 다음 주에 캠핑을 같이 가자고 Oscar를 초대했다.

★★★ = 출제율 최상 ★★ = 출제율 상 ★ = 출제율 중

08

popular★★★

[pɑ́:pjələr 파-퓰러]

popularity 명 인기, 평판

형 1. 인기 있는 ■ famous, hot

형 2. 대중적인 ■ common

Broadway musicals are so **popular** that they frequently go on tour.

브로드웨이 뮤지컬은 정말 인기 있어서 순회공연을 자주 떠난다.

09

undergo★★★

[ʌ̀ndərgóu 언더고]

동 1. 받다, 겪다, 경험하다 ■ experience

동 2. 견디다 ■ endure

The gym will **undergo** renovations for the next two months.

체육관은 앞으로 두 달 간 수리를 받을 것이다.

10

unfit★★

[ʌnfít 언퓓]

형 적합하지 않은 ■ unsuitable

Jeremy was **unfit** to go scuba diving because he had not taken any classes.

Jeremy는 어떠한 수업도 듣지 않았기 때문에 스쿠버 다이빙을 하기에 적합하지 않았다.

11

gadget★★

[gǽdʒit 개쥣]

명 장치, 도구 ■ device, tool

Timothy likes to build **gadgets** in his spare time.

Timothy는 여가 시간에 장치 만드는 것을 좋아한다.

12
attraction★★

[ətrǽkʃn 어트랙션]

attract 동 끌다
attractive 형 매력적인

명 1. 명소, 명물

명 2. 매력 ■ appeal

This bus takes visitors to the city's best tourist **attractions**.

이 버스는 방문객들을 도시 최고의 관광 명소로 데려간다.

13
creative★★

[kriéitiv 크뤼에이티브]

create 동 창조하다
creativity 명 창의력, 창조성

형 창의적인, 창조적인 ■ imaginative

The **creative** stories of C.S. Lewis have entertained children for generations.

C.S. 루이스의 창의적인 이야기들은 수 세대에 걸쳐 아이들을 즐겁게 해 주었다.

14
destination★★

[dèstinéiʃn 데스티네이션]

명 목적지, 도착지

It took two hours to reach our **destination** by bike.

우리의 목적지에 도달하는 데 자전거로 두 시간이 걸렸다.

15
display★★

[displéi 디스플레이]

동 보여주다, 전시하다 ■ exhibit, present

명 전시, 진열 ■ exhibition

The audience members **displayed** their approval of the musical performance by cheering enthusiastically.

관중들은 열광적으로 환호하면서 그 음악 공연에 대한 지지를 보여주었다.

★★★ = 출제율 최상 ★★ = 출제율 상 ★ = 출제율 중

16

experience★★

[ikspíriəns 익스피리언스]

experienced 형 경험이 있는, 능숙한

동 **경험하다, 겪다** ■ encounter, face, endure, suffer

명 **경험, 체험**

Mike **experienced** swimming among dolphins in the New Zealand waters.

Mike는 뉴질랜드 바다에서 돌고래들에 둘러싸여 하는 수영을 경험했다.

지텔프 출제 포인트

experience + -ing ~을 경험하다

experience가 동사로 쓰이면 동명사를 목적어로 취한다.

17

familiar★★

[fəmíliər 퍼밀리어]

familiarity 명 친밀함

형 **친숙한, 익숙한** ■ friendly, intimate

Kim is **familiar** with all the members in the cycling association.

Kim은 사이클 협회의 모든 회원들과 친숙하다.

지텔프 출제 포인트

familiar with ~을 잘 아는

18

instrument★★

[ínstrəmənt 인스트뤄먼트]

명 **1. 악기**

명 **2. 도구, 기계, 수단** ■ tool, device

The music teacher can play 15 **instruments**.

그 음악 선생님은 15개의 악기를 연주할 수 있다.

19
opportunity★★

[ὰ:pərtú:nəti 어-퍼튜-너티]

명 **기회**

▣ chance, break, opening

The bus tour provides visitors an **opportunity** to explore the city in one day.

버스 투어는 방문객들에게 하루 만에 도시를 둘러볼 기회를 제공한다.

20
participate★★

[pɑ:rtísipeit 파-티씨페잇]

participant 명 참가자, 관계자

동 **참가하다, 참여하다**

▣ take part, attend

More than 5,000 people will **participate** in the marathon this Sunday.

이번 주 일요일에 5천 명도 넘는 사람들이 마라톤에 참가할 것이다.

21
prefer★★

[prifə́:r 프리풔]

preference 명 선호, 애호

동 **~을 더 좋아하다**

▣ favor

They **prefer** to eat out than to cook at home.

그들은 집에서 요리하는 것보다 외식하는 것을 더 좋아한다.

지텔프 출제 포인트

prefer A to B B보다 A를 더 좋아하다

22
present★★

동 [prizént 프리젠트]
형 [préznt 프뤠즌트]

presentation 명 발표

동 **1. 제시하다, 보여주다**

▣ produce, offer

동 **2. 제출하다, 건네주다**

▣ submit, render, deliver

형 **현재의**

▣ existing

Please **present** valid tickets at the door.

유효한 표를 입구에서 제시해 주십시오.

★★★ = 출제율 최상 ★★ = 출제율 상 ★ = 출제율 중

23
private**

[práivət 프라이빗]

privately 부 은밀히, 몰래

형 **1. 사적인, 개인적인** ■ personal

형 **2. 비밀의, 은밀한** ■ secret, covert

형 **3. 사립의**

J.K. Rowling has maintained a **private** life despite the media attention she has received.

J.K. Rowling은 그녀가 받은 언론의 관심에도 불구하고 사생활을 유지해 왔다.

지텔프 출제 포인트

in private 다른 사람이 없는 곳에서

24
public**

[pʌ́blik 퍼블릭]

publicize 동 알리다, 홍보하다

형 **공공의, 대중의** ■ popular

Parkour is a type of free running that is done in **public** spaces like parks or playgrounds.

파쿠르는 공원이나 놀이터 같은 공공 장소에서 행해지는 프리 러닝의 일종이다.

25
collection**

[kəlékʃn 컬렉션]

collect 동 모으다

명 **1. 소장품, 수집물**

명 **2. 징수, 수금**

The museum has a unique **collection** of stamps.

그 박물관은 독특한 우표 소장품을 보유하고 있다.

26
film★★

[film 필름]

명 1. 영화 ▣ movie

명 2. 필름 ▣ footage

동 촬영하다, 찍다

The two brothers made science fiction **films** in their backyard.

두 형제는 뒷마당에서 공상과학 영화를 만들었다.

27
polish★★

[pá:liʃ 팔-리쉬]

polished 형 광이 나는, 우아한

동 윤을 내다, 닦다 ▣ rub, improve

My grandfather likes to find unusual rocks and stones and **polish** them.

우리 할아버지는 특이한 바위와 돌을 찾아서 윤을 내는 것을 좋아하신다.

28
register★★

[rédʒistər 뤠지스터]

registration 명 등록

동 등록하다, 기재하다 ▣ enroll

Guests must **register** for the tour in advance.

투숙객들은 투어에 미리 등록해야 한다.

29
sociable★★

[sóuʃəbl 쏘우셔블]

형 사교적인 ▣ outgoing, affable

Sociable people tend to have a lot of friends around them.

사교적인 사람들은 주변에 친구가 많은 경향이 있다.

★★★ = 출제율 최상 ★★ = 출제율 상 ★ = 출제율 중

30
trip★★

[trip 트립]

명 여행 ■ travel

동 발을 헛디디다 ■ stumble

She saved money for a **trip** to Europe.

그녀는 유럽 여행을 위해 돈을 모았다.

31
wander★★

[wáːndər 완-더]

동 걸어 다니다, 돌아다니다 ■ drift, roam

Jerry enjoys **wandering** along the beach collecting seashells.

Jerry는 조개껍질을 주우면서 바닷가를 따라 걸어 다니는 것을 좋아한다.

32
spare★

[sper 스페어]

형 여가의, 여분의 ■ extra

동 (시간·돈 등을) 할애하다 ■ grant, save

What do you enjoy doing in your **spare** time?

여가 시간에 무엇을 하는 것을 좋아하세요?

33
acquaintance★

[əkwéintəns 어퀘인턴스]

acquaint 동 숙지시키다, 소개하다

명 지인, 아는 사람

The man met an **acquaintance** from work at the neighborhood soccer game.

그 남자는 동네 축구 경기에서 직장 지인을 만났다.

34
agent*
[éidʒənt 에이전트]

명 **직원, 대리인, 중개인**

The travel **agent** prepared a plan for our journey.

그 여행사 직원은 우리의 여행을 위한 계획을 준비했다.

35
cuisine*
[kwizí:n 퀴지-인]

명 **요리** = food

Jacque will prepare an exquisite selection of international **cuisine**.

Jacque는 훌륭하고 엄선된 세계 요리를 준비할 것이다.

36
customize*
[kʌ́stəmaiz 커스터마이즈]

동 **주문 제작하다, 맞추다**

Steven's favorite pastime is to **customize** old cars and resell them.

Steven이 가장 좋아하는 취미는 오래된 차를 주문 제작해서 다시 판매하는 것이다.

37
enrich*
[inrítʃ 인뤼치]

동 **풍요롭게 하다** = enhance

Tai chi is a martial art that **enriches** your body and soul.

타이치는 심신을 풍요롭게 하는 무술이다.

지텔프 출제 포인트

enrich A with B B로 A의 가치를 높이다

★★★ = 출제율 최상 ★★ = 출제율 상 ★ = 출제율 중

38
ingredient*

[ingrí:diənt 인그뤼-디언트]

명 재료, 성분	= material, element, component

Prepare all the **ingredients** according to the recipe.
조리법에 따라 모든 재료를 준비하세요.

39
harbor*

[há:rbər 하-버]

동 1. 거처를 제공하다	= support, shelter
동 2. 항구에 정박시키다	
명 항구	= port

The man **harbors** stray cats that have been injured and takes care of them.
그 남자는 다친 길고양이에게 거처를 제공하고 돌봐준다.

40
outlet*

[áutlet 아웃렛]

명 1. (감정 등의) 발산 수단
명 2. 판매 대리점, 소매점
명 3. 콘센트

Dancing is a good **outlet** for stress and negative emotions.
춤은 스트레스와 부정적인 감정의 좋은 발산 수단이다.

41
mutual*

[mjú:tʃuəl 뮤-추얼]

형 공통의, 서로의	= shared, common

The couple shared a **mutual** love of surfing.
그 커플은 서핑을 좋아한다는 공통점을 공유했다.

42

rest★

[rest 뤠스트]

동 쉬다, 휴식을 취하다 ■ relax

명 1. 휴식, 안정

명 2. 나머지 ■ remainder

They **rested** for two days after their big trip.
그들은 대규모의 여행 이후 이틀 동안 쉬었다.

지텔프 출제 포인트

at rest 움직이지 않는
set one's mind at rest ~의 마음을 편하게 하다

43

spontaneous★

[spɑ:ntéiniəs 스판-테이니어스]

spontaneously 부 자발적으로

형 1. 자발적인 ■ voluntary

형 2. 즉흥적인 ■ impulsive

Sarah's cheerleading stunt brought a **spontaneous** cheer from the crowd.
Sarah의 치어리딩 묘기는 군중으로부터 자발적인 환호를 이끌어냈다.

44

translate★

[trænsléit 트랜슬레잇]

translation 명 번역, 통역

동 1. 번역하다, 통역하다 ■ interpret

동 2. 바꾸다, 변형하다 ■ convert, paraphrase

She had a difficult time **translating** the document into French.
그녀는 그 문서를 프랑스어로 번역하는 데 어려움을 겪었다.

★★★ = 출제율 최상 ★★ = 출제율 상 ★ = 출제율 중

45

volunteer*

[vὰ:ləntír 발-런티어]

voluntary 형 자발적인
voluntarily 부 자발적으로

명 **자원봉사자, 지원자**

동 **자진하여 하다, 봉사하다**

Many **volunteers** were needed for the arts and crafts fair.

공예 박람회에 많은 자원봉사자들이 필요했다.

46

wonder*

[wʌ́ndər 원더]

↔ unconcern 명 무심, 무관심

명 **경이로움, 놀라운 일** ▣ amazement

동 **궁금하다** ▣ doubt

The science museum inspires a sense of **wonder** in young people.

그 과학 박물관은 젊은이들에게 경이로움을 불러일으킨다.

47

assemble*

[əsémbl 어셈블]

assembly 명 조립(품), 집회

동 **1. 모이다, 모으다** ▣ gather, collect

동 **2. 조립하다** ▣ build

Antique sellers and buyers **assembled** in the market square.

골동품 판매자와 구매자들이 시장 광장에 모였다.

48

donation*

[dounéiʃn 도네이션]

donate 동 기부하다
donor 명 기증자, 증여자

명 **기증(물), 기부(금)** ▣ contribution

The library is accepting **donations** of children's books.

도서관에서는 아동 도서를 기증받고 있습니다.

49
authentic★

[ɔːθéntik 어-쎈틱]

authenticity 명 신빙성, 진짜

형 **1. 진짜의, 진정한** ■ genuine, real

형 **2. 믿을 만한, 확실한**

This store sells **authentic** gold and silver jewelry.

이 가게는 진짜 금은보석을 판매한다.

50
hospitality★

[hàːspitǽləti 하-스피탤러티]

hospitable 형 친절한, 환대하는

명 **환대, 후대** ■ generosity

The **hospitality** shown by every local person was far beyond our expectations.

모든 현지인들이 보여주었던 환대는 우리의 기대를 훨씬 넘어섰다.

★★★ = 출제율 최상 ★★ = 출제율 상 ★ = 출제율 중

DAY 14 DAILY TEST

단어의 뜻을 오른쪽 보기에서 찾아 연결하세요.

01 unfit •
02 activity •
03 familiar •
04 register •
05 mutual •

• (a) 활동, 운동
• (b) 재료, 성분
• (c) 공통의, 서로의
• (d) 등록하다, 기재하다
• (e) 친숙한, 익숙한
• (f) 공공의, 대중의
• (g) 적합하지 않은

문장의 문맥에서 밑줄 친 단어의 유의어를 고르세요.

06 The hikers **underwent** a difficult time in the mountains.

(a) experienced (b) identified (c) acted (d) made

07 We saw the magician **display** his amazing magic tricks.

(a) realize (b) cover (c) exhibit (d) wear

08 The debate club meeting is at noon if you want to **participate**.

(a) follow (b) attend (c) raise (d) work

09 Everyone **assembled** in the park to fly their kites.

(a) ran (b) gathered (c) decorated (d) picked

10 I have a large collection of **authentic** coins from the 1800s.

(a) ingenious (b) intimate (c) strange (d) genuine

정답 및 해석 p.349

지텔프 완성 단어

□ outdoor	형 야외의
□ theater	명 극장, 영화관
□ adventure	명 모험(심)
□ theme	명 주제, 화제, 테마 = motif, subject
□ brochure	명 (홍보용) 소책자, 안내 책자 = pamphlet
□ fabric	명 직물, 천 = textile, cloth
□ neighbor	명 이웃 형 이웃의
□ recipe	명 요리법, 조리법
□ souvenir	명 기념품
□ strong	형 강인한 = tough 열망하는 = keen 튼튼한 = heavy
□ witty	형 재치 있는 = clever
□ entertain	동 즐겁게 하다 = amuse, please
□ ingenious	형 독창적인, 기발한 = creative
□ physical	형 신체의, 육체적인 = bodily, corporeal
□ vacancy	명 결원, 공석, 빈방
□ ambitious	형 야심 있는 = aspiring
□ genre	명 (예술 작품의) 장르, 양식, 유형 = kind, type, variety
□ gourmet	형 전문의, 미식가의
□ nursery	명 유아원, 놀이방, 보육
□ thread	명 재봉실
□ uplift	명 올리기, 증가, 행복감
□ decorate	동 장식하다, 꾸미다 = ornament
□ expedition	명 탐험, 원정 = journey
□ fair	형 공정한, 타당한 = impartial 명 박람회, 축제 = exposition, carnival
□ intimate	형 친밀한, 친숙한 = close, familiar
□ journey	명 여행, 여정 = adventure
□ peculiar	형 독특한, 이상한 = strange, odd
□ trail	동 추적하다 = trace 명 자국, 자취 = trace
□ nurture	동 양육하다 = foster, raise
□ obsess	동 사로잡다, 집착하게 하다 = preoccupy

DAY 15 스포츠

무료 MP3 바로듣기

노력은 절대 배신하지 않아요. 목표 점수 달성을 위해 노력합시다!

▣ 정답이 되는 유의어

01

objective***

[əbdʒéktiv 업젝티브]

objectivity 명 객관성
objectively 부 객관적으로

명 **목표, 목적** ▣ aim, goal

형 **객관적인** ▣ impartial, neutral

The **objective** of the team is to win the championship.
그 팀의 목표는 우승을 하는 것이다.

02

frustrate***

[frʌ́streit 프뤄스트뤠잇]

frustration 명 좌절, 실패
frustrating 형 좌절감을 주는

동 **좌절시키다, 방해하다** ▣ disappoint, thwart

The players' multiple mistakes **frustrated** the coach.
선수들의 여러 번의 실수는 감독을 좌절시켰다.

03

substitute***

[sʌ́bstituːt 썹스티튜-트]

substitution 명 대리, 대용
substitutive 형 대리의

동 **대체하다, 대신하다** ▣ exchange, replace

명 **대안** ▣ alternative, replacement

The pitcher was **substituted** with another player when he sprained his arm.
그 투수는 팔을 삐었을 때 다른 선수로 대체되었다.

지텔프 출제 포인트

substitute for ~을 대체하다, ~을 대신하다

04
support***

[səpɔ́:rt 써포-트]

supporting 형 지지하는, 조연의
supportive 형 지원하는, 보조적인

동 지원하다, 지지하다 = help, assist, back, advocate, endorse

명 지원, 지지 = aid

A scholarship fund was established to **support** young athletes.

어린 운동선수들을 지원하기 위해 장학 기금이 설립되었다.

05
batter***

[bǽtər 배터]

battered 형 박살 난

동 강타하다, 두드리다 = beat, hit, devastate

명 타자

The boxer **battered** the punching bag during his workout.

그 권투 선수는 그의 연습 내내 샌드백을 강타했다.

06
coordinate***

[kouɔ́:rdineit 코어-디네잇]

coordination 명 협동, 조정
coordinator 명 조정자

동 1. 협력하다, 조직화하다 = organize

동 2. 꾸미다, 조화를 이루다 = match, relate

The International Olympic Committee must **coordinate** with the host country.

국제 올림픽 위원회는 개최국과 협력해야 한다.

07
offensive***

[əfénsiv 어펜씨브]

offend 동 불쾌하게 하다
offense 명 공격수, 공격 방법

형 공격적인, 불쾌한 = disrespectful, aggressive

A player was removed from the basketball game for his **offensive** remarks.

한 선수는 공격적인 발언으로 농구 경기에서 제외되었다.

★★★ = 출제율 최상 ★★ = 출제율 상 ★ = 출제율 중

08
draw★★★

[drɔː 드뤄어]

동 1. (이목을) 끌다 ■ attract, drag, take

동 2. 그리다 ■ paint

명 추첨

The championship basketball match **drew** a large crowd.

농구 선수권 대회 경기는 많은 관중을 끌었다.

지텔프 출제 포인트

draw up a plan 기획하다, 계획을 세우다

09
perilous★★★

[pérələs 페뤌러스]

형 위험한 ■ dangerous, risky

Rock climbing can be **perilous** if you are not careful.

암벽 등반은 조심하지 않으면 위험할 수 있다.

10
stature★★★

[stǽtʃər 스태춰]

명 키, 신장 ■ height, size

The child's short **stature** made it difficult for her to compete in certain sports.

그 아이의 작은 키는 그녀가 특정 운동 경기에 출전하는 것을 어렵게 만들었다.

지텔프 출제 포인트

small in stature 몸집이 작은

11

prevent★★★

[privént 프뤼붼트]

prevention 명 예방

동 **막다, 예방하다** ■ avoid, avert

Special suits **prevent** race car drivers from overheating.

특수복은 경주용 자동차 운전자를 과열로부터 막아준다.

12

challenge★★★

[tʃǽləndʒ 챌런쥐]

challenging 형 도전적인

명 **도전(장), 과제** ■ confrontation, problem

동 **도전하다** ■ defy

Martin wanted a **challenge**, so he decided to enter a bodybuilding competition.

Martin은 도전을 원했기 때문에, 보디빌딩 대회에 참가하기로 결정했다.

13

treatment★★★

[tríːtmənt 트륏-먼트]

treat 동 대하다, 치료하다

명 **치료** ■ care, remedy

One of the best **treatments** for sore muscles is ice packs.

근육통을 치료하는 가장 좋은 방법 중 하나는 얼음찜질이다.

14

disorder★★★

[disɔ́ːrdər 디쓰오-더]

disorderly 형 무질서한, 어수선한
부 혼란스럽게

명 **1. 장애, 질환** ■ illness, disease

명 **2. 무질서, 혼란** ■ chaos, confusion

Football players suffer from multiple **disorders** due to repeated head injuries.

풋볼 선수들은 반복되는 머리 부상 때문에 여러 장애를 겪는다.

★★★ = 출제율 최상 ★★ = 출제율 상 ★ = 출제율 중

15
race**

[reis 뤠이스]

racism 명 인종 차별
racially 부 인종적으로

명 **1. 경주, 경쟁** ▣ running, pursuit

명 **2. 인종**

동 **경쟁하다, 질주하다** ▣ compete

He is not fast enough to compete in the **race**.
그는 경주에 출전할 만큼 빠르지 않다.

16
habitual**

[həbítʃuəl 허비추얼]

habit 명 습관, 버릇
habitually 부 습관적으로

형 **평소의, 습관적인** ▣ routine, persistent

Habitual practice is important for athletic success.
평소의 연습은 운동경기에서의 승리를 위해 중요하다.

17
competition**

[kàmpətíʃn 컴퍼티션]

compete 동 경쟁하다
competitor 명 경쟁자

명 **대회, 경쟁, 시합** ▣ contest, tournament

A local badminton **competition** was held on Sunday.
지역 배드민턴 대회는 일요일에 개최되었다.

18
defeat**

[difí:t 디퓌-트]

동 **물리치다, 패배시키다** ▣ beat, conquer

명 **패배** ▣ loss, beating

Rafael Nadal **defeated** his longtime rival during the Australian Tennis Open.
라파엘 나달은 호주 테니스 오픈에서 그의 오랜 경쟁자를 물리쳤다.

19
crowded★★

[kráudid 크롸우디드]

형 **붐비는, 복잡한** = congested

The sports bar was **crowded** with soccer fans.
그 스포츠 바는 축구 팬들로 붐볐다.

20
defend★★

[difénd 디펜드]

defense 명 방어
defensive 형 방어적인

동 **방어하다, 변호하다** = protect, guard

The goalkeeper had trouble **defending** the goal line.
그 골키퍼는 골라인을 방어하는 것에 어려움을 겪었다.

21
distract★★

[distrǽkt 디스트랙트]

distraction 명 주의 산만, 오락
distracting 형 집중을 방해하는

동 **산만하게 하다, 방해하다** = disturb, divert

Spectators were asked not to make any noise that might **distract** the golfers.
관중들은 골프 선수들의 주의를 산만하게 할 수도 있는 어떠한 소음도 발생시키지 않을 것을 요청받았다.

22
give up★★

숙 **포기하다, 항복하다** = quit, abandon

The coach always reminds his players to never **give up**.
그 코치는 항상 선수들에게 결코 포기하지 말 것을 상기시킨다.

지텔프 출제 포인트

give up + -ing ~을 포기하다
give up은 동명사를 목적어로 취하는 동사이다.

★★★ = 출제율 최상 ★★ = 출제율 상 ★ = 출제율 중

23

injury**

명 **부상, 피해** ▣ damage, harm

[índʒəri 인저뤼]

injure 동 부상을 입히다

Jack suffered a severe **injury** during the cycling portion of the triathlon.

Jack은 철인 3종 경기의 사이클 종목 도중에 심각한 부상을 입었다.

24

international**

형 **국제적인** ▣ global

[ìntərnǽʃnəl 인터내셔널]

internationally 부 국제적으로

Many sports teams draft **international** players.

많은 스포츠 팀들이 국제적인 선수들을 선발한다.

25

opponent**

명 **상대, 경쟁자** ▣ rival, enemy

형 **적대하는, 대립하는** ▣ hostile

[əpóunənt 어포우넌트]

oppose 동 반대하다
opposition 명 반대

In the race, he narrowly beat his **opponent** by 0.1 seconds.

경주에서, 그는 0.1초 차이로 간신히 그의 상대를 이겼다.

26

result**

명 **결과** ▣ outcome, consequence

동 **~이 되다, 결과로서 생기다** ▣ happen, produce

[rizʌ́lt 뤼절트]

The ice-skater waited for the **results** of her performance.

그 아이스 스케이트 선수는 그녀의 경기 결과를 기다렸다.

지텔프 출제 포인트

result in ~을 낳다, 야기하다

27
penalty★★

명 벌금, 위약금, 처벌　⊟ punishment, fine

[pénəlti 페널티]

Players will pay a **penalty** if they are late to practice.

선수들은 연습에 늦으면 벌금을 낸다.

28
procedure★★

명 절차, 진행, 순서　⊟ process, step

[prəsíːdʒər 프뤄씨-져]

proceed 동 나아가다, 진행하다
procedural 형 절차상의

Athletes go through an extensive health check **procedure** to qualify for the Asian Games.

선수들은 아시안 게임 출전 자격을 얻기 위해 포괄적인 건강 검진 절차를 거친다.

29
resource★★

명 자원, 수단

[ríːsɔːrs 뤼-소-스]

resourceful 형 자원이 풍부한

The country considers its top athletes as a national **resource**.

그 나라는 최고의 선수들을 국가적 자원으로 여긴다.

30
rival★★

형 경쟁하는　⊟ competing

명 경쟁자　⊟ competitor, opponent

동 경쟁하다　⊟ compete with, match

[ráivl 롸이벌]

Everyone wanted to know who would win between the two **rival** teams.

모두가 두 경쟁 팀 중 누가 이길지 알고 싶어했다.

31
weight★★

[weit 웨잇]

명 무게, 중량 ▤ heaviness

He is trying to lose **weight** to qualify for the boxing match.

그는 그 복싱 시합에 출전하기 위해 몸무게를 감량하려고 노력하고 있다.

32
tolerate★★

[tά:ləreit 탈-러뤠잇]

tolerance 명 관용, 인내
tolerant 형 관대한, 내성이 있는

동 1. 견디다, 참다 ▤ bear, endure

동 2. 용인하다, 허용하다 ▤ accept, allow

Marathon runners must be able to **tolerate** a high volume of training.

마라톤 선수들은 다량의 훈련을 견딜 수 있어야 한다.

지텔프 출제 포인트

tolerate + -ing ~을 견디다
tolerate는 동명사를 목적어로 취하는 동사이다.

33
movement★★

[mú:vmənt 무-브먼트]

명 1. 움직임 ▤ action, motion, gesture

명 2. (정치·사회적) 운동 ▤ drive, crusade

High divers are scored on their **movements** in the air and as they hit the water.

하이 다이빙 선수들은 공중에서의 움직임과 물에 닿을 때의 움직임에 대해 점수가 매겨진다.

34
bear★★
[ber 베어]

동 **1. 지탱하다, 견디다** ■ tolerate, support, sustain

동 **2. 산출하다, 생기게 하다** ■ yield, produce

동 **3. (눈에 보이게) 있다** ■ show

The heaviest barbell John can **bear** is 10 kilograms.
John이 지탱할 수 있는 가장 무거운 역기는 10킬로그램이다.

35
continuous★★
[kəntínjuəs 컨티뉴어스]
continue 동 계속되다

형 **계속되는** ■ uninterrupted, constant

The game got canceled due to the **continuous** rain.
시합은 계속되는 비로 인해 취소되었다.

36
found★★
[faund 파운드]
foundation 명 설립, 기초, 근거
founder 명 설립자

동 **설립하다, 세우다** ■ establish, create

The International Surfing Association was **founded** in 1964.
국제 서핑 협회는 1964년에 설립되었다.

37
monitor★★
[mɑ́:nitər 머-니터]

동 **관찰하다, 감독하다** ■ examine, inspect, watch

명 **화면, 감시 장치** ■ screen

Assistant coaches **monitor** the team's performance during every contest.
보조 코치는 매 대회마다 팀의 경기력을 관찰한다.

★★★ = 출제율 최상 ★★ = 출제율 상 ★ = 출제율 중

38

progress★★

명 [prá:gres 프롸-그뤠스]
동 [prəgrés 프뤄그뤠스]

progressive 형 전진하는

명 **진척, 전진** ■ improvement, development

동 **나아가다, 전진하다** ■ advance

He logs his **progress** at the end of each day.
그는 하루의 마지막에 자신의 진척을 기록한다.

39

reaction★★

[riǽkʃn 뤼액션]

react 동 반응하다

명 **반응** ■ response

The crowd had a strong **reaction** when the referee called a foul.
심판이 반칙을 선언하자 관중들이 강한 반응을 보였다.

40

record★★

동 [rikɔ́:rd 뤼코-드]
명 [rékərd 뤠커드]

동 **기록하다, 녹화하다**

명 **기록** ■ document, evidence

The judge **recorded** the times of all the swimmers.
심사위원은 모든 수영선수들의 시간을 기록했다.

41

eager★

[í:gər 이-거]

eagerly 부 열망하여, 열심히

형 **열렬한, 열망하는** ■ enthusiastic, keen

Emma is **eager** to learn how to play table tennis.
Emma는 탁구 치는 법을 열렬히 배우고 싶어한다.

지텔프 출제 포인트

be eager to ~을 (열렬히) 하고 싶어하다

42

rehearse★

동 예행연습을 하다 ■ practice

[rihə́:rs 뤼허-스]

rehearsal 명 예행연습

The group **rehearsed** for months to enter the dance competition.

그 그룹은 춤 경연 대회에 참가하기 위해 몇 달간 예행연습을 했다.

43

trace★

명 흔적, 자취 ■ evidence, clue

동 추적하다, 따라가다 ■ follow, track

[treis 트뤠이스]

The results of the blood test showed **traces** of an illegal drug in the athlete's blood.

혈액 검사 결과는 선수의 혈액에서 불법적인 약물의 흔적을 보여주었다.

44

desperate★

형 1. 필사적인, 절박한 ■ critical, dire

형 2. 자포자기한

[déspərət 데스퍼럿]

The team made a **desperate** attempt to score a goal.

그 팀은 골을 넣으려고 필사적인 시도를 했다.

45

stroke★

명 1. 일격 ■ hit, blow, striking

명 2. 뇌졸중, 발작

동 쓰다듬다

[strouk 스트로우크]

The batter hit the ball with a powerful **stroke** and earned a home run.

타자가 힘찬 일격으로 공을 쳐서 홈런을 얻어냈다.

★★★ = 출제율 최상 ★★ = 출제율 상 ★ = 출제율 중

46

grieve★

동 몹시 슬퍼하다 ■ mourn, lament

[gri:v 그리-브]

grief 명 비탄, 큰 슬픔
grievance 명 불만, 고충

Kobe Bryant's fans **grieved** when he passed away.
코비 브라이언트의 팬들은 그가 죽었을 때 몹시 슬퍼했다.

47

stimulate★

동 자극하다, 활발하게 하다 ■ provoke, encourage

[stímjuleit 스티뮬레잇]

stimulation 명 자극, 격려
stimulus 명 자극(제)

Some athletes say that acupuncture helps **stimulate** their muscles.
몇몇 선수들은 침술이 그들의 근육을 자극하는 데 도움을 준다고 말한다.

48

violent★

형 폭력적인, 난폭한 ■ aggressive, brutal

[váiələnt 봐이얼런트]

violence 명 폭력, 격렬함

Robin thinks that boxing is too **violent** and should be prohibited.
Robin은 복싱이 너무 폭력적이라서 금지되어야 한다고 생각한다.

49

deserve★

동 ~을 할 만하다 ■ merit, gain

[dizə́:rv 디저-브]

deserved 형 (상·벌·보상 등이) 응당한

After months of difficult training, Tom **deserved** to win the marathon.
몇 달 동안의 힘든 훈련 후에, Tom은 마라톤에서 우승할 만했다.

지텔프 출제 포인트

deserve to ~할 만한 가치가 있다

50

admire★

[ədmáiər 어드마이어]

admiration 명 감탄
admirer 명 숭배자, 팬

동 **감탄하다, 존경하다** ■ respect, applaud

Everyone around the world **admired** Tiger Woods's record-setting season in 2001.

전 세계 사람들이 타이거 우즈가 최고 기록을 세운 2001년 시즌에 감탄했다.

DAY 15 DAILY TEST

단어의 뜻을 오른쪽 보기에서 찾아 연결하세요.

01 batter •		• (a) 대체하다, 대신하다
		• (b) 강타하다, 두드리다
02 draw •		• (c) 견디다, 참다
03 habitual •		• (d) 관찰하다, 감독하다
		• (e) 끌다
04 tolerate •		• (f) 평소의, 습관적인
05 monitor •		• (g) 공격적인, 불쾌한

문장의 문맥에서 밑줄 친 단어의 유의어를 고르세요.

06 Of course, the main **objective** is to win the game.

(a) usage (b) issue (c) obstacle (d) goal

07 The coach always **supports** his players with a positive attitude.

(a) dismisses (b) backs (c) exercises (d) calls

08 Surfing can be **perilous** if the waves are very large.

(a) constant (b) fun (c) dangerous (d) tough

09 His injured foot created a **challenge** during the marathon.

(a) stage (b) problem (c) shift (d) match

10 Nathan has shown a lot of **progress** in his soccer skills.

(a) improvement (b) question (c) talent (d) effort

정답 및 해석 p.350

지텔프 완성 단어

□ submerge	동 물에 담그다, 물속에 넣다 = sink, immerse
□ spark	동 촉발시키다, 유발하다 = activate
□ glide	동 미끄러지듯 가다, 활공하다
□ memorable	형 기억할 만한, 인상적인 = notable, remarkable
□ balance	명 균형, 잔액, 잔고 동 균형을 유지하다 = offset, stabilize
□ blade	명 (칼·도구 등의) 날 = edge
□ block	명 장애물 = obstacle, barrier 동 차단하다, 막다 = hinder, obstruct
□ back	동 지지하다, 후원하다 = support, advocate 형 뒤쪽의 명 뒤쪽, 등
□ genius	명 천재, 천재성 = prodigy
□ schedule	동 ~을 예정하다 = plan 명 일정, 일정표 = itinerary
□ steady	형 꾸준한, 지속적인 = constant, continuous 안정된 = stable, reliable
□ weigh	동 무게가 ~이다, 무게를 달다, 따져 보다
□ wound	명 상처, 부상 = injury 동 부상을 입히다 = injure
□ continent	명 대륙
□ match	명 경기, 시합 = game, competition 동 조화하다 = harmonize
□ athlete	명 운동선수
□ cycle	명 순환, 주기 = phase, period
□ disband	동 해산시키다 = dismiss, disperse
□ workout	명 운동, 연습 경기 = exercise
□ traumatize	동 정신적 외상을 초래하다, 엄청난 충격을 주다
□ pace	명 속도 = speed, velocity 걸음 = step, gait 동 천천히 걷다
□ sponsor	동 후원하다 = fund 명 후원자 = patron
□ supplement	명 보충제
□ technical	형 과학기술의, 기술적인
□ amuse	동 즐겁게 하다 = entertain, delight
□ vigor	명 활력, 힘 = energy
□ sturdy	형 튼튼한 = strong, solid
□ collaborate	동 협력하다, 협동하다 = cooperate
□ extreme	형 극단적인, 극심한 명 극단, 극도
□ hostile	형 적대적인 = adversarial

DAY 16 고객 서비스

조금만 더 하면 된다. 집중력을 보여주세요!

■ 정답이 되는 유의어

01

offer★★★

[ɔ́:fər 오-풔]

offering 명 제물, 선물

동 제공하다, 제안하다 ■ provide, sell, extend

명 1. 제공, 제안 ■ proposal

명 2. 할인

Z-Mart **offers** $25 gift cards to customers signing up for membership.

Z-Mart는 회원 등록을 하는 고객들에게 25달러 상품권을 제공한다.

지텔프 출제 포인트

offer + to ~을 제안하다
offer가 동사로 쓰이면 to부정사를 목적어로 취한다.

02

serve★★★

[sə:rv 써-브]

server 명 종업원
serving 명 1인분, 한 그릇

동 1. (음식을) 제공하다 ■ provide

동 2. 역할을 하다 ■ act, do

The wedding cake was **served** to the guests.

웨딩 케이크가 손님들에게 제공되었다.

03

drawback★★★

[drɔ́:bæk 드뤄-백]

명 1. 결점, 약점 ≡ disadvantage, weakness, difficulty

명 2. 장애

One **drawback** of the book is that it does not contain any English translations.

그 책의 한 가지 결점은 어떤 영어 번역도 포함하지 않는다는 것이다.

04

satisfy★★★

[sǽtisfai 쌔티스파이]

satisfaction 명 만족
satisfactory 형 만족스러운

동 만족시키다, 충족시키다 ≡ fulfill, meet

The store's number one policy is to **satisfy** all its customers.

그 가게의 가장 중요한 방침은 모든 고객을 만족시키는 것이다.

05

compensate★★★

[kɑ́:mpenseit 컴-펜쎄잇]

compensation 명 보상(금), 보충

동 1. 보상하다, 배상하다 ≡ recompense, reward

동 2. (결점을) 보완하다 ≡ improve

The hotel **compensated** the guest for the erroneous charge.

그 호텔은 그 손님에게 잘못된 청구액에 대해 보상했다.

06

reward★★★

[riwɔ́:rd 뤼워-드]

rewarding 형 보상으로서의, 보람이 있는

명 상, 보상 ≡ prize

동 보상하다, 보답하다 ≡ award, return

The sales clerk was given a **reward** for employee of the month.

그 판매원은 이 달의 종업원 상을 받았다.

★★★ = 출제율 최상 ★★ = 출제율 상 ★ = 출제율 중

07

breakdown★★★

[bréikdaun 브뤠익다운]

명 1. 고장, 와해 ■ collapse

명 2. 내역, 분류, 분석 ■ summary

The call center reported a **breakdown** of their telephone lines.

콜 센터는 그들의 전화선이 고장 났다고 보고했다.

08

bust★★★

[bʌst 버스트]

동 부수다, 고장 내다 ■ damage

Sonia accidentally **busted** the cash register while she was working.

Sonia는 일을 하다가 실수로 금전 등록기를 부쉈다.

09

insist★★★

[insíst 인씨스트]

insistence 명 고집, 주장
insistent 형 강요하는, 끈질긴

동 1. 주장하다 ■ assert

동 2. 요구하다, 고집하다 ■ demand

Nick **insisted** on giving a 40% tip for the wonderful service he received.

Nick은 그가 받은 굉장한 서비스에 40%의 팁을 주겠다고 주장했다.

지텔프 출제 포인트

insist that + 주어 (+ should) + 동사원형
주장을 나타내는 동사 insist 뒤에 that절이 오면 that절에서는 should가 생략되어 동사원형을 쓴다.

10

suggest★★★

[səgdʒést 써줴스트]

suggestion 명 제안

동 1. 제안하다 = propose

동 2. 암시하다 = imply

The receptionist **suggested** changing the appointment time.

접수 담당자는 예약 시간을 바꾸는 것을 제안했다.

지텔프 출제 포인트

suggest + -ing ~을 제안하다

suggest는 동명사를 목적어로 취하는 동사이다.

suggest that + 주어 (+should) + 동사원형

제안을 나타내는 동사 suggest 뒤에 that절이 오면 that절에서는 should가 생략되어 동사원형을 쓴다.

11

afford★★★

[əfɔ́:rd 어포-드]

affordable 형 (가격이) 알맞은, 적당한 감당할 수 있는

동 1. ~을 할 여유가 있다 = manage

동 2. 주다, 제공하다 = provide, give

As a student, I can't **afford** to buy an expensive mobile phone.

나는 학생이라서, 비싼 휴대 전화를 살 여유가 없다.

12

diagnose★★★

[dàiəgnóus 다이억노스]

diagnosis 명 진단

동 진단하다 = identify

The experienced mechanic was able to **diagnose** the problem in just a few minutes.

그 경험 많은 정비사는 단 몇 분 만에 문제를 진단할 수 있었다.

★★★ = 출제율 최상 ★★ = 출제율 상 ★ = 출제율 중

13

recall★★★

[rikɔ́:l 뤼컬]

동 1. 회수하다, 소환하다	■ cancel
동 2. 기억해 내다, 상기하다	■ remember, recollect
명 (불량품의) 회수	■ withdrawal

A new camera model was **recalled** from the market for having a faulty battery.

한 새로운 카메라 모델이 결함이 있는 배터리를 가진 것으로 인해 시장에서 회수되었다.

14

reasonable★★

[rí:znəbl 뤼-즈너블]

reasonably 부 합리적으로

형 합리적인, 적당한	■ moderate, rational, practical, acceptable

Our goal is to provide quality goods at **reasonable** prices.

저희의 목표는 질 좋은 제품을 합리적인 가격에 제공하는 것입니다.

15

complain★★

[kəmpléin 컴플레인]

complaint 명 불만, 고충

동 불평하다	■ grumble, criticize

George loves being a flight attendant, but he hates listening to passengers **complain**.

George는 승무원인 것을 즐기지만, 승객들이 불평하는 것을 듣는 것은 싫어한다.

16

customer★★

[kʌ́stəmər 커스터머]

명 고객, 손님, 소비자	■ client, patron

All employees should make the needs of **customers** their priority.

모든 직원들은 고객의 요구를 그들의 우선 사항으로 삼아야 한다.

17

bother★★

[bɑ́:ðər 바-더]

bothersome 형 귀찮은

동 성가시게 하다, 귀찮게 하다 ■ irritate, disturb

명 성가신 일 ■ trouble

Talking loudly in the library **bothers** patrons who are studying for their midterms.

도서관에서 큰 소리로 말하는 것은 중간고사 공부를 하는 이용자들을 성가시게 한다.

18

claim★★

[kleim 클레임]

↔ renounce 동 포기하다, 버리다

동 1. 주장하다 ■ assert, insist, profess

동 2. 요구하다 ■ demand

명 주장, 단언

The customer **claimed** that he was overcharged for the service.

그 고객은 그가 서비스비를 과잉 청구받았다고 주장했다.

19

charge★★

[tʃɑ:rdʒ 차-쥐]

동 1. 청구하다 ■ bill

동 2. 고소하다 ■ accuse

명 요금, 비용, 청구 금액 ■ price

Massage clients are **charged** a fee of $20 if they cancel within 24 hours.

마사지 이용 고객이 24시간 이내에 취소할 시에는 20달러가 청구된다.

★★★ = 출제율 최상 ★★ = 출제율 상 ★ = 출제율 중

20

deal★★

[di:l 디-일]

동 1. 취급하다, 거래하다 ■ transact, trade

동 2. 처리하다, 다루다 ■ handle

명 거래, 합의 ■ transaction

Davis Automotive **deals** in used cars and automotive accessories.

Davis Automotive사는 중고차와 차량 부품을 취급한다.

★ 지텔프 출제 포인트

deal with + 문제 (문제를) 처리하다
deal with + 사람 (사람을) 상대하다

21

ensure★★

[inʃúr 인슈어]

sure 형 확실한, 틀림 없는

동 확실히 하다, 보장하다 ■ guarantee, assure

I called the receptionist to **ensure** I had the correct time for my appointment.

나는 내가 예약 시간을 올바르게 알고 있는지 확실히 하기 위해 접수원에게 전화했다.

22

ignore★★

[ignɔ́:r 익노-어]

ignorance 명 무지함

동 무시하다 ■ disregard, neglect

Erin **ignored** the salesman who was trying to sell her an expensive model.

Erin은 그녀에게 비싼 모델을 팔려고 하는 판매원을 무시했다.

23

patience★★

명 **인내심, 참을성** ■ endurance

[péiʃns 페이션스]

patient 명 환자
형 참을성 있는

Working in the customer service department requires a lot of **patience**.

고객 서비스 부서에서 일하는 것은 많은 인내심을 필요로 한다.

24

promise★★

동 **1. 약속하다, 장담하다** ■ assure, pledge, guarantee

동 **2. ~의 가망이 있다**

명 **약속** ■ pledge

[prá:mis 프롸-미스]

promising 형 유망한, 촉망되는

We **promise** that we will offer a full refund if you aren't satisfied.

귀하가 만족하지 못한다면 전액 환불을 제공할 것을 약속합니다.

지텔프 출제 포인트

promise + to ~을 약속하다
promise가 동사로 쓰이면 to부정사를 목적어로 취한다.

25

refund★★

명 **환불(금)** ■ compensation

동 **환불하다** ■ reimburse

명 [rí:fʌnd 뤼-펀드]
동 [rifʌ́nd 뤼펀드]

refundable 형 환불 가능한

Buyers must present proof of purchase to get a **refund**.

구매자들은 환불을 받으려면 반드시 구매에 대한 증거를 제시해야 한다.

★★★ = 출제율 최상 ★★ = 출제율 상 ★ = 출제율 중

26
repair**

[ripέər 뤼페어]

repairable 형 수리할 수 있는

동 **수리하다, 수선하다** ■ fix, mend, restore

명 **수리, 수선** ■ restoration

An electrician will **repair** the broken TV this afternoon.

전기 기사가 오늘 오후에 고장 난 텔레비전을 수리할 것이다.

27
reply**

[riplái 뤼플라이]

↔ inquire 동 문의하다, 질문하다

동 **답하다, 대응하다** ■ respond, answer

명 **대답, 대응** ■ response

To change your delivery address, simply **reply** to this e-mail.

당신의 배송 주소를 변경하려면, 그저 이 이메일에 답하세요.

28
resent**

[rizént 뤼젠트]

resentment 명 분노

동 **분개하다, 원망하다** ■ dislike

The employee **resented** her manager for making her apologize to the rude customer.

그 직원은 그녀의 매니저가 무례한 고객에게 사과하도록 시킨 것에 대해 분개했다.

29
serious**

[síriəs 씨뤼어스]

seriously 부 진지하게

형 **진지한, 심각한, 중대한** ■ grave, severe

Our company is **serious** about listening to customer feedback.

우리 회사는 고객의 의견을 듣는 것에 대해 진지하다.

30

situation★★

[sìtʃuéiʃn 씨추에이션]

situate 동 놓다, ~의 위치를 정하다

명 **1. 상태, 상황** = condition, circumstance

명 **2. 위치, 장소** = position, state

The tech specialist explained the **situation** of his broken computer.

그 기술 전문가는 그의 고장 난 컴퓨터의 상태에 대해 설명했다.

31

rude★★

[ruːd 루-드]

형 **무례한, 예의 없는** = impolite

The restaurant will not tolerate diners being **rude** to its wait staff.

그 식당은 식사하는 손님이 직원에게 무례한 것을 용인하지 않을 것이다.

32

cope★

[koup 코프]

동 **대처하다, 극복하다** = manage, handle

Stephanie **copes** with the stress of her telemarketing job by exercising.

Stephanie는 텔레마케팅 일을 하며 받은 스트레스에 운동으로 대처한다.

지텔프 출제 포인트

cope with ~에 대처하다 = deal with

33

negligible★

[néglidʒəbl 네글리저블]

형 **대수롭지 않은, 사소한** = unimportant, insignificant

The cost of having a purchase gift-wrapped is usually **negligible**.

구입한 물건을 선물 포장하는 비용은 보통 대수롭지 않은 정도이다.

★★★ = 출제율 최상 ★★ = 출제율 상 ★ = 출제율 중

34
admit*

[ədmít 어드밋]

admission 명 입장, 입학

동 1. 인정하다, 시인하다 ■ confess, agree

동 2. 허락하다 ■ allow

동 3. ~을 들이다 ■ accept, receive

The customer **admitted** knocking over the display in the store.

그 고객은 전시품을 쓰러뜨린 것을 인정했다.

지텔프 출제 포인트

admit + -ing ~을 인정하다
admit은 동명사를 목적어로 취하는 동사이다.

35
assistance*

[əsístəns 어씨스턴스]

assist 동 돕다, 조력하다
assistant 명 조수, 보조자

명 지원, 보조, 원조 ■ aid, support

Call this number if you need technical **assistance**.

기술 지원이 필요하시면 이 번호로 전화하세요.

36
reception*

[risépʃn 뤼셉션]

receive 동 받다
receptionist 명 접수원, 안내원

명 1. 접수처

명 2. 환영(회)

Visitors must register at the **reception** desk upon arrival.

방문객들은 도착하는 대로 접수처에서 등록해야 한다.

37

cancel★

[kǽnsl 캔슬]

cancellation 명 취소

동 **취소하다**

유 call off, retract

Those wishing to **cancel** a booking are asked to do so at least a day in advance.

예약을 취소하고 싶은 사람들은 적어도 하루 전에 해야 한다.

38

difficulty★

[dífikəlti 디퓌컬티]

difficult 형 어려운, 힘든

명 **어려움, 고난**

유 challenge, hardship

The operator had a lot of **difficulty** hearing the person on the phone.

그 상담원은 전화기 너머의 말을 듣는 데 많은 어려움을 겪었다.

지텔프 출제 포인트

have difficulty -ing ~하는 데 어려움을 겪다

39

mind★

[maind 마인드]

mindful 형 유념하는, 주의하는

동 **신경 쓰다, 언짢아하다**

유 dislike

명 **마음, 정신**

Ted doesn't **mind** it when salespeople try to help him in stores.

Ted는 판매원들이 가게에서 그를 도우려고 할 때 신경 쓰지 않는다.

지텔프 출제 포인트

mind + -ing ~을 꺼려하다

mind는 동사로 쓰이면 동명사를 목적어로 취한다.

keep in mind ~을 유념하다, 명심하다

★★★ = 출제율 최상 ★★ = 출제율 상 ★ = 출제율 중

40

reimburse★

㊞ 변제하다, 상환하다 ■ compensate, refund

[rìːimbə́ːrs 뤼-임버-스]

reimbursement 명 변제, 상환

The company will fully **reimburse** any travel expenses incurred.

회사가 지출된 모든 여행 경비를 전액 변제할 것이다.

41

resolve★

동 1. 해결하다 ■ settle, solve

동 2. 결심하다, 결정하다 ■ decide

동 3. 용해하다, 분해하다

[rizɑ́ːlv 뤼절-브]

resolution 명 해결, 결의(안)
resolved 형 굳게 결심한

The new facial cream promises to **resolve** 90 percent of common skin problems.

새로운 얼굴 마사지 크림은 흔한 피부 문제들의 90퍼센트를 해결하는 것을 보증한다.

42

convey★

동 1. 전하다, 알리다 ■ communicate, show

동 2. 운반하다, 나르다 ■ carry

[kənvéi 컨붸이]

conveyance 명 전달, 운반

The company sent a special gift box to every customer to **convey** appreciation.

그 회사는 감사를 전하기 위해 모든 고객에게 특별 선물 상자를 보냈다.

지텔프 출제 포인트

convey A to B A를 B에게 전하다

43

neglect★

[niglékt 니글렉트]

negligent 형 태만한, 부주의한

동 1. 무시하다	■ ignore
동 2. 소홀히 하다, 방치하다	■ disregard
동 3. (~하는 것을) 잊다	■ forget

As a VIP guest, Mr. Erickson was never **neglected** by the hotel staff.

VIP 게스트로서, Mr. Erickson은 호텔 직원들에게 결코 무시당하지 않았다.

44

available★

[əvéiləbl 어붸일러블]

availability 명 가능성, 유효성

형 1. 이용할 수 있는	■ accessible
형 2. 시간이 있는	
형 3. (카드·차표 등이) 유효한	■ valid

The sauna is **available** to all registered guests.

사우나는 등록된 모든 손님들이 이용할 수 있습니다.

45

communicate★

[kəmjú:nikeit 커뮤-니케잇]

communication 명 의사소통

동 1. 소통하다	■ converse, contact
동 2. 전달하다	■ convey

A good manager **communicates** frequently with his or her staff members.

좋은 매니저는 그들의 직원들과 자주 소통한다.

★★★ = 출제율 최상 ★★ = 출제율 상 ★ = 출제율 중

46

frequent*

[frí:kwənt 프뤼-퀀트]

frequently 부 자주, 흔히

형 빈번한, 잦은 | 🅔 often

동 (장소에) 자주 다니다

The store's **frequent** sales attracted many consumers.

그 상점의 빈번한 할인은 많은 소비자를 끌어들였다.

47

hesitate*

[héziteit 헤지테잇]

hesitation 명 주저, 망설임
hesitant 형 주저하는

동 주저하다, 망설이다 | 🅔 pause, delay

Don't **hesitate** to contact us if you have any trouble with your new phone.

새로운 전화기에 어떤 문제가 있다면 주저하지 마시고 연락주세요.

48

proceed*

[prousí:d 프로우씨-드]

process 명 과정, 진행

동 진행하다, 나아가다 | 🅔 progress, advance, pursue

Mark had to fill out a form before the banker could **proceed** with the transaction.

Mark는 은행원이 거래를 진행하기 전에 양식을 작성해야 했다.

49

browse*

[brauz 브롸우즈]

동 1. 둘러보다, 훑어보다 | 🅔 skim

동 2. (정보를) 검색하다

The woman told the shoe salesperson that she was just **browsing**.

그 여자는 신발 판매원에게 그냥 둘러보는 중이라고 말했다.

50

rate★

[reit 뤠잇]

rating 명 평가, 등급

명 **1. 요금, 대금** — ■ fee, charge

명 **2. 비율** — ■ portion

명 **3. 속도** — ■ speed

동 **평가하다, 여기다** — ■ evaluate, grade

The **rates** for hotels are usually higher the closer they are to the beach.

호텔 요금은 보통 해변에 더 가까울수록 비싸다.

★★★ = 출제율 최상 ★★ = 출제율 상 ★ = 출제율 중

DAY 16 DAILY TEST

단어의 뜻을 오른쪽 보기에서 찾아 연결하세요.

01	offer •	• (a) 제공하다, 제안하다
		• (b) 인정하다, 시인하다
02	satisfy •	• (c) 무례한, 예의 없는
03	reasonable •	• (d) 합리적인, 적당한
		• (e) 진지한, 심각한, 중대한
04	admit •	• (f) 주장하다
05	rude •	• (g) 만족시키다, 충족시키다

문장의 문맥에서 밑줄 친 단어의 유의어를 고르세요.

06 One **drawback** of these batteries is that you cannot recharge them.

(a) point (b) goal (c) range (d) weakness

07 Our passengers will be **compensated** with a free flight because of the delay.

(a) evolved (b) rewarded (c) complained (d) persuaded

08 The customers **resented** that we stopped offering free deliveries.

(a) relieve (b) enjoy (c) dislike (d) support

09 The very few complaints about the website are **negligible**.

(a) prominent (b) honest (c) unimportant (d) serious

10 Please fill out this form and **rate** our customer service.

(a) evaluate (b) move (c) develop (d) allow

정답 및 해석 p.351

지텔프 완성 단어

□ escort	동 호위하다, 에스코트하다 명 호위대
□ label	명 상표, 라벨, 꼬리표 동 표시하다, 라벨을 붙이다 = mark, tag, title
□ package	명 소포, 꾸러미 동 포장하다
□ receipt	명 영수증
□ clerk	명 점원
□ comment	명 의견, 논평 = opinion 동 논평하다, 언급하다
□ defect	명 결점, 결함, 흠 = flaw, fault, deficiency
□ faulty	형 결점이 있는 = defective, deficient
□ fee	명 요금, 수수료 = fare
□ hassle	명 골치 아픈 일, 귀찮은 일
□ interact	동 소통하다, 교류하다, 상호 작용하다
□ overdraw	동 초과 인출하다
□ stain	명 얼룩, 때 = mark
□ warranty	명 보증서, 보증 = guarantee
□ inquire	동 문의하다, 알아보다 = ask, question
□ query	명 질문 = question, inquiry
□ trivial	형 사소한, 하찮은 = minor, small
□ annual	형 연간의, 연례의 = yearly
□ downside	형 부정적인 면, 불리한 면 = disadvantage
□ purchase	동 구매하다 = buy
□ fix	동 고정시키다 = embed, attach 수리하다 = repair 매만지다 = smooth
□ forge	동 (친교 등을) 맺다, 구축하다, 위조하다
□ step	명 조치 = action 단계 = phase, stage
□ behavior	명 행동, 태도 = attitude, conduct
□ duplicate	동 복사하다, 복제하다 = copy 반복하다 = repeat 형 사본의 = identical
□ confuse	동 혼란스럽게 하다, 혼동하다 = disorient, confound
□ blame	동 비난하다, ~의 탓으로 돌리다 = accuse 명 책망, 책임 = responsibility
□ compliment	명 칭찬, 찬사 = praise 동 칭찬하다
□ exchange	동 교환하다 = trade 명 교환
□ stock	명 재고, 비축(물) = inventory 동 갖추다, 채우다

무료 MP3 바로듣기

DAY 17 홍보

여기까지 잘 따라온 여러분 정말 대단해요. 조금만 더 힘내면 보카 마스터가 될 수 있어요!

⊟ 정답이 되는 유의어

01

release★★★

[rilíːs 릴리-스]

명 1. 출시, 발표
명 2. 석방
명 3. 방출

동 **1. 출시하다, 공개하다** ⊟ issue, publish

동 **2. 석방하다, 놓아주다** ⊟ free, liberate

동 **3. 방출하다** ⊟ emit, give off

The international singer will **release** a new album next week.

그 국제적인 가수는 다음 주에 새로운 앨범을 출시할 것이다.

02

exhibit★★★

[igzíbit 익지빗]

exhibition 명 전시회

동 **보이다, 전시하다** ⊟ display, show

명 **전시품**

The T-45 tablet **exhibits** all the features of a desktop computer.

T-45 태블릿은 데스크탑 컴퓨터의 모든 특성을 보인다.

03

exceed★★★

[iksíːd 익씨-드]

excess 명 초과
형 여분의
excessive 형 지나친

동 **넘다, 초과하다** ⊟ surpass, outpace

This firm's broadband Internet connection **exceeds** the speed of all of its competitors.

이 회사의 광대역 인터넷 연결은 모든 경쟁사들의 속도를 뛰어넘는다.

04

flourish★★★

[flə́:riʃ 플러-뤼쉬]

flourishing 형 번영하는, 무성한

동 1. 잘 자라다, 번창하다 ▣ thrive, prosper, increase

동 2. 과시하다, 자랑하다 ▣ brag, boast

Bee Gone will keep pests away and help your garden **flourish**.

Bee Gone은 해충을 쫓아내고 정원이 잘 자라도록 도와줄 것이다.

05

patron★★★

[péitrən 페이트뤈]

patronize 동 후원하다, 애용하다
patronage 명 후원, 단골

명 1. 후원자 ▣ supporter, advocate

명 2. 단골 손님, 고객 ▣ customer

Several wealthy **patrons** were invited to the gallery opening.

몇몇 부유한 후원자들이 미술관 개관식에 초대되었다.

06

report★★★

[ripɔ́:rt 뤼포-트]

reportable 형 보고할 만한
reportedly 부 전하는 바에 따르면

동 1. 알리다, 보고하다 ▣ announce

동 2. 출두하다 ▣ appear

명 보고(서), 보도, 기록

Movement Team would like to **report** that our newest watch is the best model yet.

Movement Team은 최신 손목시계가 지금까지 것들 중 최고의 모델임을 알리고 싶어한다.

07

provide★★★

[prəváid 프뤄봐이드]

동 제공하다, 지급하다 ▣ supply, offer, grant, furnish

The camera app **provides** many different filters.

그 카메라 앱은 많은 다양한 필터를 제공한다.

★★★ = 출제율 최상 ★★ = 출제율 상 ★ = 출제율 중

08

spread★★★

[spred 스프뤠드]

동 퍼지다, 펼치다 ■ scatter, expand

명 확산, 전파 ■ expansion

If cockroaches are **spreading** in your home, call us and we'll take care of it.

만약 바퀴벌레가 집안에 퍼지고 있다면, 저희를 부르시면 바로 처리해 드리겠습니다.

09

strategy★★★

[strǽtədʒi 스트뢔터쥐]

strategic 형 전략적인
strategically 부 전략적으로

명 계획, 전략 ■ plan, tactic

Our **strategy** for expansion includes opening new stores around the city.

우리의 확장 계획은 도시 곳곳에 새로운 지점을 여는 것을 포함한다.

10

succeed★★★

[səksíːd 썩씨-드]

success 명 성공, 성과
successor 명 후계자, 후임자
succeeding 형 계속되는, 다음의

동 1. 성공하다 ■ triumph

동 2. 뒤를 잇다 ■ follow

The newly formed company has great potential to **succeed**.

새로 생긴 그 회사는 성공할 가능성이 크다.

11

impression★★★

[impréʃn 임프뤠션]

impress 동 깊은 인상을 주다
impressive 형 인상적인

명 1. 인상, 느낌 ■ feeling, opinion

명 2. 영향, 효과 ■ influence, effect

Your first **impression** of our latest sports car will be amazement.

저희의 최신 스포츠카에 대한 당신의 첫인상은 놀라움일 것입니다.

12
guarantee***

[gæ̀rəntíː 개런티]

동 보장하다, 확신하다	■ warrant, ensure, assure, promise
명 1. 보증(서), 담보	■ warranty, security
명 2. 굳은 약속	■ assurance, promise

We **guarantee** that all orders will be delivered within three days.

우리는 모든 주문이 3일 이내에 배송될 것을 보장합니다.

13
launch***

[lɔːntʃ 런-취]

명 개업, 출시

동 1. (상품을) 출시하다	■ introduce, release
동 2. 시작하다, 개시하다	■ start, commence
동 3. 발사하다	■ dispatch, fire

The fashion designer **launched** a new line of clothing for autumn.

그 패션 디자이너는 새로운 가을 의류 라인을 출시했다.

14
benefit***

[bénifit 베니퓟]

beneficial 형 이로운, 유익한

명 혜택, 이득	■ advantage
동 이익을 얻다, 이익을 주다	■ profit, aid

The Shoppers' Club offers many **benefits** to its members.

Shoppers' Club은 회원들에게 많은 혜택을 제공한다.

지텔프 출제 포인트

be of benefit to ~에 유익하다, ~에게 도움이 되다

★★★ = 출제율 최상 ★★ = 출제율 상 ★ = 출제율 중

15

essential★★★

[isénʃl 이쎈셜]

essence 명 본질, 정수
essentially 부 본질적으로

형 1. 필수의, 중요한 — ■ necessary, vital

형 2. 본질적인, 근본적인 — ■ intrinsic, fundamental

These vitamins will make sure your children get the **essential** nutrients.

이 비타민은 당신의 자녀들이 필수 영양소를 섭취할 수 있도록 해줄 것입니다.

지텔프 출제 포인트

essential that + 주어 (+ should) + 동사원형
당위성을 나타내는 형용사 essential 뒤에 that절이 오면 that절에서는 should가 생략되어 동사원형을 쓴다.

16

grant★★★

[grænt 그랜트]

명 보조금, 지원금

동 1. 수여하다, 주다 — ■ present, award, provide

동 2. 승인하다, 인정하다 — ■ allow, accept

The patent for the handheld computer was **granted** on April 27.

휴대용 컴퓨터에 대한 특허는 4월 27일에 수여되었다.

17

potential★★★

[pəténʃl 퍼텐셜]

potentially 부 잠재적으로

명 잠재력, 가능성

형 잠재적인, 가능한 — ■ possible, capable, prospective

A child's **potential** can only be developed through proper education.

어린이의 잠재력은 적절한 교육을 통해서만 발달될 수 있다.

18
remind★★★

[rimáind 뤼마인드]

reminder 명 상기시키는 것

동 **일깨우다, 상기시키다**

Remind your mom how much you love her with a fruit bouquet for Mother's Day.

어머니 날을 맞이하여 과일로 된 꽃다발로 당신이 얼마나 그녀를 사랑하는지 일깨워주세요.

지텔프 출제 포인트

remind + 목적어 + to -가 ~하는 것을 생각나게 하다
remind는 to부정사를 목적격 보어로 취하는 동사이다.

19
commercial★★

[kəmə́:rʃl 커멀-셜]

commerce 명 상업, 무역

형 **상업의, 상업적인** 🅔 promotional, financial

명 **광고 방송**

The **commercial** line of washers and dryers comes with a lifetime warranty.

상업용 세탁기와 건조기에는 평생 보증이 제공된다.

20
review★★

[rivjú: 뤼뷰]

동 **1. 논평하다, 비평하다**

동 **2. 복습하다, 검토하다**

명 **평론, 복습**

Almost everyone who **reviews** our resorts gives them five stars.

저희 리조트에 대해 논평하는 거의 모든 사람들은 별점 5점을 줍니다.

★★★ = 출제율 최상 ★★ = 출제율 상 ★ = 출제율 중

21

persuade**

[pərswéid 퍼스웨이드]

persuasion 명 설득, 확신
persuasive 형 설득력 있는

동 **설득하다, 납득시키다** | ■ convince, induce

He was skilled at **persuading** audiences to buy the products he had designed.

그는 그가 설계한 물건을 사도록 청중을 설득하는 것에 능숙했다.

22

amount**

[əmáunt 어마운트]

명 **1. 양, 수준** | ■ level

명 **2. 총액** | ■ sum

동 **(총계가) ~에 달하다**

The new hard drives have the capacity to hold large **amounts** of information.

새로운 하드 드라이브는 많은 양의 정보를 수용하는 용량을 지닌다.

23

client**

[kláiənt 클라이언트]

명 **고객, 의뢰인** | ■ customer, buyer

Simpson & Associates provides **clients** with innovative solutions to their needs.

Simpson & Associates사는 고객 필요에 맞는 혁신적인 해법을 제공한다.

24

campaign**

[kæmpéin 캠페인]

명 **캠페인, 운동** | ■ movement

동 **캠페인을 벌이다**

Our **campaign** seeks donations to help fight hunger.

저희 캠페인은 기아 퇴치를 돕기 위해 기부금을 모금합니다.

■ 정답이 되는 유의어

25

depict★★

동 묘사하다, 그리다

■ illustrate, describe, highlight

[dipíkt 디픽트]

depiction 명 묘사, 서술
depictive 형 묘사적인

The movie **depicts** the story of early humans migrating to North America.

그 영화는 북미로 이주하는 초기 인류의 이야기를 묘사한다.

26

discount★★

명 할인, 할인가

[dískaunt 디스카운트]

discounted 형 할인된

Repeat clients are eligible for a 30-percent **discount** on all items.

단골 고객들은 모든 품목에 대해 30퍼센트 할인을 받을 자격이 있다.

27

distribute★★

동 배포하다, 분배하다

■ spread, allot, issue

[distríbjuːt 디스트뤼뷰-트]

distribution 명 배포, 분배
distributor 명 배급업자

Our ships can safely **distribute** goods to over 50 different countries.

저희 선박들은 50개 나라에 안전하게 상품을 배포할 수 있습니다.

28

predict★★

동 예측하다, 예언하다

■ prophesy, foresee

[pridíkt 프뤼딕트]

prediction 명 예측, 예견
predictable 형 예측할 수 있는

This new program uses the latest technology to **predict** the weather.

이 새로운 프로그램은 날씨를 예측하기 위하여 최신 기술을 사용한다.

29

thrive★★

동 번창하다, 번성하다

■ flourish, excel, boom

[θraiv 쓰롸이브]

The business had **thrived** for so long because of its effective marketing strategies.

그 사업은 효과적인 마케팅 전략 덕분에 오랫동안 번창할 수 있었다.

★★★ = 출제율 최상 ★★ = 출제율 상 ★ = 출제율 중

30
quality★★
[kwɑ́:ləti 퀄-러티]

명 1. 품질 ■ grade

명 2. 특성, 특색 ■ feature

형 양질의, 고급의

The **quality** of our hiking boots is second to none.
저희 등산화의 품질은 그 무엇에도 뒤지지 않습니다.

31
fascinate★★
[fǽsineit 퐤씨네잇]

fascination 명 매력, 매혹
fascinated 형 매혹된

동 매혹하다 ■ captivate, attract

Come to the city zoo where the animals will **fascinate** you.
동물들이 당신을 매혹할 도시 동물원으로 오십시오.

32
symbol★★
[símbl 씸블]

명 상징, 기호

The maple leaf is Canada's official **symbol**.
단풍잎은 캐나다의 공식적인 상징이다.

33
substantial★★
[səbstǽnʃl 썹스탠셜]

substance 명 실체, 물질
substantially 부 사실상, 충분히

형 1. 상당한, 많은 ■ significant, considerable

형 2. 실질적인 ■ actual, concrete

형 3. 튼튼한, 견고한 ■ durable, solid

The Abbey Bookstore is having a **substantial** holiday sale tomorrow.
Abbey 서점은 내일 연휴를 맞이하여 상당한 폭의 할인을 할 것이다.

34
confidents★★

[ká:nfidənt 컨-퓌던트]

confidence 명 확신, 자신

형 1. 확신하는 — assertive, certain

형 2. 자신 있는 — self-assured

We are **confident** that you will enjoy your stay at White Sands Beach Resort.

우리는 귀하가 White Sands Beach 리조트에 머무는 동안 즐거울 것이라고 확신합니다.

35
prize★★

[praiz 프라이즈]

명 상(품) — award

동 귀하게 여기다 — value

Our team won the tournament's grand **prize**.

저희 팀은 그 대회의 최우수상을 탔습니다.

36
upcoming★★

[ʌ́pkʌmiŋ 업커밍]

형 다가오는, 곧 있을 — forthcoming, approaching

Reserve your tickets now for the **upcoming** music festival.

다가오는 음악 축제를 위한 표를 지금 예약하세요.

37
fashion★

[fǽʃn 패션]

명 1. 유행 — trend

명 2. 방식 — way, manner

동 만들다, 형성하다 — shape, create

Our shop stays up to date with the latest **fashions**.

우리 가게는 최신 유행을 유지한다.

★★★ = 출제율 최상 ★★ = 출제율 상 ★ = 출제율 중

38
heighten*

[háitn 하이튼]

동 고조시키다, 높이다 ■ increase, enhance

The virtual reality game **heightens** the thrills and the fun.

그 가상현실 게임은 스릴과 재미를 고조시킨다.

39
obscure*

[əbskjúr 업스큐어]

obscurity 명 불분명, 모호

형 1. 분명치 않은, 모호한 ■ vague, unclear

형 2. 잘 알려져 있지 않은 ■ little-known

동 가리다, 덮다 ■ hide, conceal

If you have any **obscure** aches or pains, visit the Wellness Center for a free consultation.

분명치 않은 아픔이나 고통이 있다면, Wellness Center를 방문하여 무료 상담을 받아보세요.

40
appeal*

[əpí:l 어피-일]

appealing 형 매력적인

명 1. 매력 ■ attraction, charm

명 2. 애원, 간청 ■ plea, request

동 1. 간청하다, 호소하다 ■ plead, beg

동 2. 흥미를 끌다 ■ attract, allure

The department store's **appeal** is its wide selection of women's clothing.

그 백화점의 매력은 다양한 종류의 여성복이다.

41

assure★

동 **보장하다, 확신시키다** = guarantee, convince, promise

[əʃúr 어슈어]

assurance 명 보증, 확신

Season ticket holders are **assured** of a seat.

정기권 소지자들은 좌석이 보장된다.

42

convince★

동 **설득하다, 납득시키다** = persuade, assure

[kənvíns 컨빈스]

convincing 형 설득력 있는
convinced 형 확신하는

If our salespeople don't **convince** you, our products will.

만약 저희의 판매원이 당신을 설득하지 못한다면, 저희 제품이 할 것입니다.

지텔프 출제 포인트

convince A of B A에게 B를 납득시키다

43

demonstrate★

동 **설명하다, 입증하다** = prove, explain, showcase

[démənstreit 데먼스트뤠잇]

demonstration 명 증명, 설명
demonstrative 형 시위적인, 노골적인

The video on the website will **demonstrate** how to use your new photocopier.

웹사이트에 있는 영상이 새로운 복사기를 사용하는 방법을 설명해줄 것입니다.

44

durable★

형 **내구성이 좋은, 튼튼한** = enduring, lasting

[dúrəbl 듀러블]

durability 명 내구성

Our company's products are made of **durable** materials.

저희 회사의 제품들은 내구성이 좋은 소재로 만들어졌습니다.

★★★ = 출제율 최상 ★★ = 출제율 상 ★ = 출제율 중

45
endorse*

[indɔ́:rs 인도-스]

endorsement 명 지지, 보증

동 1. (공개적으로) 지지하다 ■ back, support

동 2. 보증하다, 홍보하다 ■ promote

The Starfield Company **endorses** multiple charity organizations.

Starfield 회사는 여러 자선 단체를 지지한다.

46
renowned*

[rináund 뤼나운드]

renown 명 명성

형 유명한, 명성 있는 ■ famous, celebrated

This restaurant is **renowned** for its five-star chef and excellent service.

이 식당은 5성급 주방장과 훌륭한 서비스로 유명하다.

47
boast*

[boust 보우스트]

boastful 형 자랑하는

동 자랑하다, 뽐내다 ■ show off, brag

명 자랑

Paris **boasts** several famous and widely visited landmarks.

파리는 유명하고 많이 방문되는 역사적인 장소들을 자랑한다.

48
excel*

[iksél 익쎌]

excellence 명 우수, 장점
excellent 형 우수한

동 뛰어나다, 탁월하다 ■ surpass, outdo

All of our employees **excel** in cyber security and preventing identity theft.

저희 직원들 모두가 사이버 보안과 신원 도용 방지에 뛰어납니다.

49

inform★

[infɔ́:rm 인풤-엄]

동 **알리다, 통지하다** ■ notify, tell

information 명 정보
informative 형 정보를 주는, 유익한

Apollo Gym would like to **inform** its members of new Pilates, yoga, and CrossFit classes.

Apollo 체육관은 회원들에게 새로운 필라테스, 요가, 그리고 크로스핏 수업에 대해 알리고 싶습니다.

50

notable★

[nóutəbl 노우터블]

형 **주목할 만한, 중요한** ■ remarkable, important

notably 부 특히, 현저히

The Wandering Travel Agency is **notable** for its cheap prices.

Wandering 여행사는 저렴한 가격으로 주목할 만하다.

★★★ = 출제율 최상 ★★ = 출제율 상 ★ = 출제율 중

DAY 17 DAILY TEST

단어의 뜻을 오른쪽 보기에서 찾아 연결하세요.

01 release •

02 patron •

03 guarantee •

04 impression •

05 obscure •

• (a) 분명치 않은, 모호한

• (b) 보장하다, 확신하다

• (c) 설명하다, 입증하다

• (d) 후원자

• (e) 계획, 전략

• (f) 출시하다, 공개하다

• (g) 인상, 느낌

문장의 문맥에서 밑줄 친 단어의 유의어를 고르세요.

06 Few businesses can **flourish** without advertising their products.

(a) host (b) thrive (c) start (d) create

07 We are pleased to **report** that our sales have increased.

(a) receive (b) accept (c) announce (d) learn

08 Marketing with social media is **essential** in today's society.

(a) necessary (b) skeptical (c) optional (d) trustworthy

09 The restaurant hopes to **persuade** people that their pizza is the best.

(a) believe (b) require (c) respond (d) convince

10 They are busy publicizing the **upcoming** grand opening.

(a) splendid (b) approaching (c) prior (d) ultimate

정답 및 해석 p.352

지텔프 완성 단어

□ celebration	명 축하, 기념행사
□ press	명 언론(계), 보도기관 = media
□ superb	형 최고의, 뛰어난 = excellent, outstanding
□ bargain	명 특가품, 흥정 = deal 동 흥정하다 = haggle
□ charity	명 자선 (단체) = fund
□ markedly	부 현저하게, 두드러지게 = noticeably
□ high-profile	형 세간의 이목을 끄는 = notable, prominent
□ representative	명 대표자, 하원 의원 형 대표하는, 상징하는
□ superior	형 뛰어난, 우수한, 상위의 = better, excellent
□ unconventional	형 관습에 얽매이지 않은, 독특한 = unusual
□ urgent	형 긴급한, 다급한 = desperate, imperative
□ versatile	형 다방면의 = multipurpose, flexible
□ commodity	명 상품, 물품 = goods, product
□ debut	명 데뷔, 첫 출연
□ dramatically	부 극적으로 = substantially, significantly
□ formidable	형 어마어마한, 가공할 = impressive
□ forthcoming	형 다가오는 = upcoming
□ host	명 주인, 주최자 동 (대회 등을) 주최하다
□ merchandise	명 상품, 제품 = goods
□ presentation	명 발표, 프레젠테이션
□ reputation	명 평판, 명성
□ vendor	명 노점상, 가판대, 판매업체
□ advertise	동 광고하다, 홍보하다 = promote
□ dazzling	형 눈부신, 휘황찬란한
□ foremost	형 으뜸가는 = preeminent, supreme
□ supreme	형 최고의, 최상의 = ultimate, superb
□ incredible	형 믿을 수 없는, 놀라운 = unbelievable, amazing, stunning
□ peak	명 정점, 절정 = summit, climax, top 형 절정의 = high
□ publicize	동 홍보하다, 알리다
□ triumph	명 승리, 대성공 = victory, hit, success

DAY 18 인사

무료 MP3 바로듣기

점점 끝이 보이네요. 조금만 더 가봅시다!

■ 정답이 되는 유의어

01

apply★★★

[əplái 어플라이]

application 명 신청, 적용
applicant 명 지원자

동 1. 지원하다, 신청하다

동 2. 적용하다, 사용하다 ■ use, patronize

Marie **applied** for a job that will make use of her Spanish skills.

Marie는 그녀의 스페인어 능력을 사용할 수 있는 직업에 지원했다.

02

promote★★★

[prəmóut 프뤄모우트]

promotion 명 승진, 진급, 판촉

동 1. 촉진하다, 장려하다 ■ encourage, boost, uphold

동 2. 승진시키다 ■ raise

동 3. 홍보하다 ■ advertise, market

Managers need to **promote** better communication among employees.

관리자는 직원들 간의 더 나은 의사소통을 촉진할 필요가 있다.

03

replace★★★

[ripléis 뤼플레이스]

replacement 명 대체, 교체

동 교체하다, 대신하다 ■ substitute, change

The marketing director was **replaced** by an advertisement specialist.

그 마케팅 책임자는 광고 전문가로 교체되었다.

04
seek★★★

[siːk 씨-익]

동 1. 찾다, 구하다 ■ search, pursue, request

동 2. (~하려고) 노력하다 ■ try

Fenway Bank is **seeking** a new manager for its Phoenix branch.

Fenway 은행은 피닉스 지점의 새로운 지점장을 찾고 있다.

05
document★★★

[dάːkjumənt 다-큐먼트]

documentary 명 기록물, 다큐멘터리
documentation 명 기록, 서류, 증거 자료

명 서류, 문서, 기록 ■ record

동 1. 기록하다

동 2. (서류로) 입증하다 ■ verify, support

Job applicants must submit the required **documents** by February 26.

취업 지원자들은 구비 서류를 2월 26일까지 제출해야 한다.

06
necessary★★★

[nésəseri 네써쎄뤼]

necessity 명 필수품, 필요성

형 필요한, 필수적인 ■ essential, vital

New teachers are **necessary** for the following school year.

내년 학기를 위한 새로운 교사들이 필요하다.

★ 지텔프 출제 포인트

necessary that + 주어 (+ should) + 동사원형
주장을 나타내는 형용사 necessary 뒤에 that절이 오면 that절에서는 should가 생략되어 동사원형을 쓴다.

★★★ = 출제율 최상 ★★ = 출제율 상 ★ = 출제율 중

07
outstanding★★★

[autstǽndiŋ 아웃스탠딩]

형 1. 우수한, 뛰어난	≡ excellent
형 2. (부채 등이) 미지불된	≡ overdue, unpaid

The fifth applicant had **outstanding** grades and did well during the interview.

다섯 번째 지원자는 성적이 우수했고 면접에서도 잘 했다.

08
prompt★★★

[prɑːmpt 프롬-프트]

형 신속한, 즉각적인	≡ immediate
동 촉발하다, 유도하다	≡ motivate, cause

All applicants for the position will receive a **prompt** reply.

그 직무의 모든 지원자들은 신속한 답변을 받을 것이다.

지텔프 출제 포인트

prompt + to ~을 촉발하다
prompt가 동사로 쓰이면 to부정사를 목적어로 취한다.

09
wage★★★

[weidʒ 웨이쥐]

명 임금, 급여, 급료	≡ salary, payment
동 (전쟁·투쟁 등을) 하다	

The new minimum **wage** approved by Congress will benefit entry-level workers.

의회에서 승인된 새 최저 임금은 신입 사원들에게 이익이 될 것이다.

10

order★★★

[ɔ́:rdər 오-더]

동 1. 지시하다, 명령하다 ▣ command

동 2. 주문하다, 요구하다 ▣ request

명 1. 명령, 주문

명 2. 순서 ▣ sequence

The CEO **ordered** the HR department to put out an advertisement for summer interns.

그 최고 경영자는 인사과에 여름 인턴에 대한 광고를 내라고 지시했다.

지텔프 출제 포인트

order that + 주어 (+ should) + 동사원형

명령을 나타내는 동사 order 뒤에 that절이 오면 that절에서는 should가 생략되어 동사원형을 쓴다.

11

reliable★★★

[riláiəbl 릴라이어블]

rely 동 의지하다, 신뢰하다

형 믿을 만한 ▣ dependable, stable

Ms. Fletcher's assistant is smart and **reliable**.

Ms. Fletcher의 조수는 똑똑하고 믿을 만하다.

12

resign★★★

[rizáin 뤼자인]

resignation 명 사임, 사직(서), 포기

동 사임하다, 물러나다 ▣ quit, retire

The president will **resign** from the company at the end of the year.

그 회장은 연말에 회사에서 사임할 것이다.

★★★ = 출제율 최상 ★★ = 출제율 상 ★ = 출제율 중

13
land★★★

[lænd 랜드]

동 1. (얻어) 가지다, 획득하다 ■ get

동 2. 착륙하다

명 땅, 토지 ■ territory, field

Damon **landed** his dream job when he was hired by the gaming company.

Damon은 게임 회사에 고용되면서 꿈꾸던 직업을 가지게 되었다.

지텔프 출제 포인트

land a job 직장을 구하다 = get a job

14
accept★★★

[əksépt 억셉트]

acceptance 명 수락

↔ reject 동 거절하다

동 수락하다, 받아들이다 ■ receive, adapt

When Nathan was offered a larger office, he readily **accepted** it.

Nathan은 더 넓은 사무실을 제안받았을 때, 그것을 기꺼이 수락했다.

15
contract★★★

동 [kəntrǽkt 컨트랙트]
명 [kɑ́:ntrækt 컨-트랙트]

contractor 명 계약자, 하청업자
contraction 명 수축

동 계약하다 ■ hire

명 계약(서) ■ agreement

The company **contracted** IBSC to deliver its cargo.

그 회사는 화물을 배달하기 위해 IBSC사와 계약했다.

지텔프 출제 포인트

make a contract 계약을 맺다

16
title★★★

[táitl 타이틀]

명 1. 서적, 출판물 ▣ book

명 2. 제목, 표제 ▣ caption

동 제목을 붙이다 ▣ label

We are looking for writers who have already published several **titles**.

우리는 이미 여러 서적을 출판한 작가들을 찾고 있다.

17
require★★

[rikwáiər 뤼콰이어]

requirement 명 요구
required 형 필수의

동 요구하다, 필요로 하다 ▣ insist, demand

Staff are **required** to attend the insurance provider's presentation on benefits.

직원들은 보험금에 대한 보험 회사의 발표회에 참석하도록 요구된다.

지텔프 출제 포인트

require + 목적어 + to -가 ~하기를 요구하다
require + -ing ~을 필요로 하다
require는 to부정사를 목적격 보어로 취하고, 동명사를 목적어로 취한다.

18
establish★★

[istǽbliʃ 이스태블리쉬]

establishment 명 설립

동 1. 설립하다, 수립하다 ▣ build, erect

동 2. 확립하다, 정하다 ▣ ascertain, settle

The businessman needs new employees for the offshore company he **established**.

그 사업가는 그가 설립한 역외회사에 새로운 직원들이 필요하다.

★★★ = 출제율 최상 ★★ = 출제율 상 ★ = 출제율 중

19
position**

[pəzíʃn 퍼지션]

명 1. 직책, 지위, 자리 ■ duty

명 2. 자세 ■ posture, stance

명 3. 위치 ■ place

The advertised **position** provides health care and other benefits.

공시된 직책은 의료 서비스와 다른 혜택들을 제공한다.

20
propose**

[prəpóuz 프뤄포우즈]

proposition 명 (사업상의) 제안, 건의

↔ withdraw 동 물러나다, 중단하다

동 1. 제안하다, 제의하다 ■ suggest

동 2. 청혼하다

Josh **proposed** that the company hire a new clothing designer.

Josh는 회사에 새로운 의상 디자이너를 고용할 것을 제안했다.

지텔프 출제 포인트

propose that + 주어 (+ should) + 동사원형
제안을 나타내는 동사 propose 뒤에 that절이 오면 that절에서는 should가 생략되어 동사원형을 쓴다.

21
qualify**

[kwɑ́:lifai 콸-리파이]

qualification 명 자격, 자질, 면허

동 자격이 있다, 자격을 주다 ■ certify

Only two applicants **qualify** for the position.

오직 두 명의 지원자들만이 그 직책에 자격이 있다.

22
quit★★

[kwit 큇]

동 **그만두다, 중지하다** ■ resign

Carrie **quit** her old job because she was recruited by a rival company.

Carrie는 경쟁사로부터 입사 제의를 받았기 때문에 예전 직장을 그만두었다.

지텔프 출제 포인트

quit + -ing ~을 중단하다
quit은 동명사를 목적어로 취하는 동사이다.

23
anticipate★★

[æntísipeit 앤티시페잇]

anticipation 명 기대, 예상

동 **예상하다, 기대하다** ■ expect, predict

Michelle did not prepare much for the interview, so she did not **anticipate** such an excellent result.

Michelle은 면접 준비를 많이 하지 못해서, 그런 훌륭한 결과를 예상하지 못했다.

24
advantage★★

[ədvǽntidʒ 어드밴티쥐]

advantageous 형 유리한

명 **이점, 장점** ■ edge, benefit

Personal connections are a great **advantage** when searching for jobs.

인맥은 구직활동을 할 때 큰 이점이다.

지텔프 출제 포인트

take advantage of ~을 이용하다

★★★ = 출제율 최상 ★★ = 출제율 상 ★ = 출제율 중

25

candidate**

[kǽndidət 캔디덧]

명 **후보자, 지원자** ▣ applicant

He is the top **candidate** for the CEO position.

그는 대표이사 자리에 가장 유력한 후보자이다.

26

debate**

[dibéit 디베잇]

명 **토론, 논쟁** ▣ argument, discussion

동 **토론하다** ▣ argue, discuss

The project managers had a **debate** over how many team members they needed.

프로젝트 매니저들은 몇 명의 팀원이 필요한지에 대해 토론했다.

27

exceptional**

[iksépʃənl 익셉셔널]

exceptionally 부 유난히

형 **1. 뛰어난** ▣ remarkable

형 **2. 예외적인, 예외의** ▣ unprecedented

Paul showed **exceptional** talent in computer programming.

Paul은 컴퓨터 프로그래밍에 뛰어난 재능을 보였다.

28

firm**

[fəːrm 풔-엄]

firmly 부 단단히, 굳게

명 **회사** ▣ company, organization

형 **단단한, 굳은** ▣ hard, rigid

The law **firm** is looking to hire four new lawyers.

그 법률 회사는 4명의 새로운 직원들을 구인하고 있다.

29

institution★★

[ìnstitú:ʃn 인스티튜-션]

명 1. 기관, 시설, 협회 ≡ organization

명 2. 제도, 관습

Simon hopes to work at Harvard because it is such a well-respected **institution**.

Simon은 하버드가 높이 평가되는 기관이기 때문에 그곳에서 일하고 싶어 한다.

30

loyal★★

[lɔ́iəl 러열]

loyalty 명 충실, 충성(심)

형 충실한, 충성스러운 ≡ faithful, devoted

Neil has been one of the firm's most **loyal** staff members.

Neil은 회사의 가장 충실한 직원들 중 한 명이었다.

지텔프 출제 포인트

be loyal to ~에 충성을 다하다

loyal customer 단골 고객

31

personnel★★

[pə̀:rsənél 퍼-서넬]

명 1. (집합적) 직원, 인원 ≡ staff, employees

명 2. 인사과 ≡ human resources

We often use an agency to find reliable temporary **personnel**.

우리는 믿을 만한 임시 직원을 구하기 위해 중개업소를 자주 이용한다.

★★★ = 출제율 최상 ★★ = 출제율 상 ★ = 출제율 중

32

productive★★

[prədʌ́ktiv 프뤄덕티브]

produce 동 생산하다
product 명 상품, 제품

형 1. 생산적인 | 🅔 effective, prolific

형 2. 비옥한, 다산의 | 🅔 fertile

The director recognizes **productive** employees and rewards them.

그 관리자는 생산적인 직원을 인정하고 그들을 포상한다.

33

prevail★★

[privéil 프뤼붸일]

prevalent 형 널리 퍼진, 유행하고 있는
prevailing 형 널리 퍼진, 만연한

동 1. 이기다 | 🅔 triumph

동 2. 우세하다, 만연하다 | 🅔 dominate

The best candidate for the position will **prevail**.

그 자리에 가장 적합한 후보자가 이길 것이다.

34

supervise★★

[sú:pərvàiz 수-퍼봐이즈]

supervisor 명 감독관, 관리자

동 감독하다, 지도하다 | 🅔 oversee

Construction must be **supervised** at all times for everyone's safety.

공사는 모두의 안전을 위해 항상 감독되어야 한다.

35

task★★

[tæsk 태스크]

명 업무, 일, 과제 | 🅔 duty, job

The HR director had the **task** of looking over more than 100 résumés.

그 인사 책임자는 100개가 넘는 이력서를 살펴봐야 하는 업무가 있었다.

36

welfare★★

[wélfer 웰풰어]

명 **복지, 후생** ■ benefit

Unfortunately, new employees cannot take advantage of the company's **welfare** benefits.

안타깝게도, 신입 사원들은 회사의 복지 혜택을 이용할 수 없다.

37

engage★

[ingéidʒ 인게이쥐]

engagement 명 약속, 계약, 고용

동 **1. 관여하다, 종사하다** ■ involve, partake

동 **2. 고용하다** ■ hire, employ

동 **3. 끌어들이다** ■ attract

Each intern will be **engaged** in at least two projects.

각 인턴사원은 최소 두 프로젝트에 관여할 것이다.

지텔프 출제 포인트

engage with ~와 협상하다, 교제하다

38

executive★

[igzékjətiv 익제큐티브]

execution 명 실행, 처형

형 **경영의, 실행의** ■ administrative

명 **경영진, 임원** ■ administrator

Mr. Fulton will be retiring from an **executive** position at Greenway Bank.

Mr. Fulton은 Greenway 은행의 경영직에서 사임할 것이다.

★★★ = 출제율 최상 ★★ = 출제율 상 ★ = 출제율 중

39

hire*

[haiər 하이어]

동 **1. 고용하다** ▣ employ

동 **2. 임대하다, 임차하다** ▣ rent

The company expects to **hire** several new employees next month.

회사는 다음 달에 신입사원 몇 명을 고용할 계획이다.

40

desirable*

[dizáiərəbl 디자이어러블]

형 **바람직한, 가치 있는** ▣ advantageous

A poll showed that many teenagers think working at YouTube is a **desirable** career.

여론 조사는 많은 십대들이 유튜브에서 일하는 것을 바람직한 직업이라고 생각한다는 것을 보여주었다.

41

detail*

명 [dí:teil 디-테일]
동 [ditéil 디테일]

detailed 형 상세한

명 **세부 사항, 항목** ▣ particular

동 **상술하다, 열거하다** ▣ explain, specify

The **details** about your salary and benefits is in the attached contract.

연봉과 복리후생에 대한 세부 사항들은 첨부된 계약서에 있습니다.

42

optimistic*

[ɑ̀:ptimístik 압-티미스틱]

optimist 명 낙관주의자

형 **낙관적인** ▣ positive

She is **optimistic** about her future job prospects.

그녀는 자신의 미래 취업 전망에 대해 낙관적이다.

43
organization*

[ɔ̀rgənəzéiʃn 올거너제이션]

organize 동 조직하다

명 1. 단체, 기구 ▣ association

명 2. 구성, 준비 ▣ planning

Next Step is a nonprofit **organization** that helps out-of-work people find jobs.

Next Step은 실직자들이 일자리를 찾는 것을 도와주는 비영리 단체이다.

44
orientation*

[ɔ̀:riəntéiʃn 어뤼엔테이션]

명 1. 오리엔테이션, 예비 교육 ▣ introduction

명 2. 방향 ▣ direction

명 3. 성향, 경향 ▣ perspective, disposition

The receptionist directed new employees to the auditorium where **orientation** will be held.

접수원은 신입 직원들을 오리엔테이션이 열릴 강당으로 안내했다.

45
prior*

[práiər 프롸이어]

priority 명 우선 사항, 우선(권)

형 이전의, 먼저의 ▣ earlier

Please write down any **prior** experience you have working in trade.

무역 쪽에서 일했던 이전의 경험이 있다면 적어주세요.

지텔프 출제 포인트

prior to ~에 앞서, ~하기 전에

★★★ = 출제율 최상 ★★ = 출제율 상 ★ = 출제율 중

46
professional*

[prəféʃənl 프뤄풰셔널]

professionally 부 전문적으로

명 **전문가** = expert

형 **전문적인, 직업의** = skilled

Merseyside Hospital is looking for a certified health **professional**.

Merseyside 병원은 자격증이 있는 의료 전문가를 찾고 있습니다.

47
untimely*

[ʌntáimli 언타임리]

형 **때 이른, 시기상조의** = early

November is an **untimely** month for hiring because college students have not graduated yet.

11월은 대학생들이 아직 졸업하기 전이라 채용을 하기에는 이른 때이다.

48
appoint*

[əpɔ́int 어포인트]

appointment 명 임명, 지명, 약속

동 **1. 임명하다, 지정하다** = assign

동 **2. (시간·장소를) 정하다** = fix

Stephanie was **appointed** as the new head of the school board last week.

Stephanie는 지난주에 학교 이사회의 신임 회장으로 임명되었다.

49
prospective*

[prəspéktiv 프뤄스펙티브]

prospect 명 전망, 가능성, 기대

형 **장래의, 유망한** = future, potential

Prospective employees were asked to come in for a second interview.

장래의 직원들은 2차 면접을 보러 오라고 요청받았다.

50

practical★

[prǽktikl 프랙티컬]

practicality 명 현실성

■ 정답이 되는 유의어

형 **1. 실용적인** ■ sensible, useful, reasonable

형 **2. 현실적인, 실제적인**

Sometimes, it is more **practical** to hire a freelancer rather than having a permanent employee.

때때로, 정규직보다 프리랜서를 고용하는 것이 더 실용적이다.

★★★ = 출제율 최상 ★★ = 출제율 상 ★ = 출제율 중

DAY 18 DAILY TEST

단어의 뜻을 오른쪽 보기에서 찾아 연결하세요.

01 replace •		• (a) 설립하다, 수립하다
02 necessary •		• (b) 수락하다, 받아들이다
03 prompt •		• (c) 필요한, 필수적인
04 accept •		• (d) 교체하다, 대신하다
05 advantage •		• (e) 이점, 장점
		• (f) 장래의, 유망한
		• (g) 신속한, 즉각적인

문장의 문맥에서 밑줄 친 단어의 유의어를 고르세요.

06 Let's try to **apply** the same methods we learned during training.

(a) review (b) make (c) use (d) admit

07 The hotel is seeking a **reliable** person for the front desk position.

(a) dependable (b) valuable (c) essential (d) kind

08 She will be able to discuss the **wage** after the interview.

(a) position (b) salary (c) feedback (d) step

09 The department has received an **exceptional** number of applications.

(a) normal (b) insufficient (c) expected (d) unprecedented

10 We will let you know the **details** of the workshop soon.

(a) supplies (b) topics (c) colleagues (d) particulars

정답 및 해석 p.353

지텔프 완성 단어

□ **opening**	명 공석, 기회 = opportunity
□ **rotate**	동 교대하다 = relieve 회전하다 = revolve
□ **eligible**	형 적격의, ~을 할 수 있는 = qualified
□ **resume**	동 재개하다 = continue 명 이력서 (résumé)
□ **shift**	명 교대 근무, 변화 = change 동 바꾸다 = switch
□ **administration**	명 경영, 관리 = management
□ **certificate**	명 증명서, 면허증, 자격증 = license
□ **corporate**	형 법인의, 회사의, 기업의
□ **employ**	동 고용하다 = hire 사용하다 = use
□ **privilege**	명 특전, 영광 = honor
□ **peer**	명 동료, 친구 = colleague
□ **recruit**	동 모집하다 = enlist 명 신입 회원
□ **reference**	명 추천서, 추천인 = recommendation
□ **spacious**	형 넓은 = roomy
□ **strength**	명 힘, 체력 = energy, power
□ **search**	동 찾다 = seek 명 수색 = examination
□ **department**	명 부서 = division, branch
□ **enthusiastic**	형 열렬한, 열성적인 = eager, passionate
□ **meticulous**	형 꼼꼼한 = thorough, precise
□ **precious**	형 귀중한 = valuable, priceless
□ **temporary**	형 일시적인, 임시의 = momentary
□ **obstacle**	명 장애물, 장애, 방해 = barrier
□ **surveillance**	명 감시 = supervision
□ **update**	동 최신의 것으로 만들다, 갱신하다 = renew, modernize
□ **utility**	명 공공시설, 실용성 = practicality, useful
□ **chief**	명 최고위자 = head 형 주된, 최고의 = major
□ **intake**	명 채용 인원 수, 섭취(량), 흡입 = absorption
□ **valid**	형 유효한 = effective 타당한, 정확한 = reasonable
□ **vice**	형 대리의, 부
□ **diligent**	형 근면한, 부지런한 = persevering, hard-working

DAY 19 사무

무료 MP3 바로듣기

계획이 용두사미로 끝나지 않게 마지막까지 열심히 공부해요!

▣ 정답이 되는 유의어

01

receive***

[risíːv 뤼시-브]

receipt 명 영수증, 수령
reception 명 (호텔 등의) 접수처

동 **받다, 수령하다** ▣ get, accept

The plan **received** unanimous approval.
그 계획은 만장일치의 승인을 받았다.

지텔프 출제 포인트

receive an idea 어떤 생각을 받아들이다

02

associate***

동 [əsóuʃieit 어쏘우쉬에잇]
명 [əsóuʃiət 어쏘우쉬엇]

association 명 협회, 연합
associative 형 연합의, 조합의

동 **1. 관련시키다, 연상하다** ▣ connect, link, relate

동 **2. 연합하다, 제휴하다** ▣ join, unite

명 **동료, 제휴자** ▣ colleague, companion

Two of the applicants were **associated** with a competitor.
지원자 중 두 명은 경쟁사와 관련되어 있었다.

지텔프 출제 포인트

be associated with ~과 관련되다
in association with ~과 제휴하여

03
attach★★★
[ətǽtʃ 어태취]

attachment 명 부착, 애착
attached 형 첨부된

동 1. 붙이다, 첨부하다 ■ add, append, fix

동 2. (단체 등에) 소속시키다 ■ associate, join

Carefully **attach** the address label to the package.
주소 라벨을 소포에 조심스럽게 붙이세요.

지텔프 출제 포인트

attached + schedule/document/file
첨부된 일정표/문서/파일

04
convert★★★
[kənvə́:rt 컨붜-트]

conversion 명 전환, 개조
converted 형 전환된, 개조된

동 전환하다, 개조하다 ■ change, turn

He **converted** the bedroom into an office.
그는 그 침실을 사무실로 전환했다.

지텔프 출제 포인트

convert A into B A를 B로 전환하다

05
examine★★★
[igzǽmin 익재민]

examination 명 조사, 시험

동 조사하다 ■ inspect, analyze

The research and development team will **examine** food consumption trends in foreign markets.
연구 개발 부서가 해외 시장에서의 식품 소비 경향을 조사할 것이다.

★★★ = 출제율 최상 ★★ = 출제율 상 ★ = 출제율 중

06

realize***

[ríːəlaiz 뤼-얼라이즈]

realization 명 깨달음, 실현

동 1. 달성하다, 실현하다	⊟ achieve, fulfill, accomplish
동 2. 깨닫다, 이해하다	⊟ recognize, understand

It often takes several years for new businesses to **realize** a profit.

새로운 사업이 수익을 달성하는 데는 종종 수년이 걸린다.

07

withdraw***

[wiðdrɔ́ː 윋드뤄]

withdrawal 명 철수, 인출

동 1. 물러나다, 철수하다	⊟ pull back, retire, depart
동 2. (예금 등을) 인출하다	⊟ draw out

Stanton has completely **withdrawn** from public life to devote himself to his books.

Stanton은 책 쓰는 일에 전념하기 위해 공적인 생활에서 완전히 물러났다.

08

complete***

[kəmplíːt 컴플리-트]

completion 명 완성, 완료
completely 부 완전히

동 완료하다, 완성하다	⊟ accomplish, finish
형 완전한, 완벽한	⊟ entire, whole, total

Each time he **completed** a task, he crossed it off the list.

그가 업무를 완료했을 때마다, 그는 목록에서 그것을 지웠다.

09

discuss***

[diskʌ́s 디스커스]

discussion 명 논의, 토론

동 논의하다, 토론하다	⊟ talk, argue, debate

Jeremy **discussed** the design proposal with his colleagues.

Jeremy는 그의 동료들과 함께 디자인 안을 논의했다.

10

mark★★★

[maːrk 마-크]

동 표시하다, 채점하다

명 1. 자국, 표시, 흠집 ■ stain, spot

명 2. 점수 ■ rating

The accounting department is **marked** on the building map.

회계 부서는 건물 지도에 표시되어 있다.

11

disclose★★★

[disklóuz 디스클로우즈]

disclosure 명 폭로, 발표

동 밝히다, 드러내다 ■ reveal, tell

Employees must not **disclose** their salaries to their colleagues.

직원들은 동료들에게 자신의 급여를 밝히지 않아야 한다.

지텔프 출제 포인트

disclose + -ing ~을 드러내다

disclose는 동명사를 목적어로 취하는 동사이다.

12

manufacture★★★

[mæ̀njufǽktʃər 매뉴팩쳐]

manufacturing 명 제조 형 제조의

manufacturer 명 제조사, 제조업자

동 제조하다, 생산하다 ■ produce, create

명 1. 제조(업), 생산 ■ production, construction

명 2. 제품 ■ product, commodity

The company **manufactures** the finest optical equipment.

그 회사는 최고의 광학 장비를 제조한다.

★★★ = 출제율 최상 ★★ = 출제율 상 ★ = 출제율 중

13
vehicle★★★
[víːhikl 뷔-히클]

명 1. 차량, 운송 수단 ■ car

명 2. 수단, 매체 ■ means, instrument

All **vehicles** in the office garage must have a parking pass.

사무실 차고에 있는 모든 차량은 주차권이 있어야 한다.

14
classify★★
[klǽsifai 클래시파이]

class 명 종류
classification 명 분류

동 분류하다 ■ categorize, sort, group

The company **classifies** increased stock prices as profit.

그 회사는 상승된 주가를 이익으로 분류한다.

15
acknowledge★★
[əknɑ́ːlidʒ 억날-리쥐]

acknowledgment 명 인정
acknowledged 형 인정된

동 인정하다 ■ admit, accept, credit, recognize

He **acknowledged** that the design was not very effective.

그는 디자인이 그렇게 효과적이지 않았다는 것을 인정했다.

지텔프 출제 포인트

acknowledge + -ing ~을 인정하다
acknowledge는 동명사를 목적어로 취하는 동사이다.

16
responsible★★
[rispɑ́ːnsəbl 뤼스판-서블]

responsibility 명 책임

형 책임이 있는, 책임져야 할 ■ liable

The director is **responsible** for making sure the teams are on schedule.

관리자는 팀이 일정대로 가고 있는지를 확실히 할 책임이 있다.

17
commute★★

[kəmjúːt 커뮤-트]

commuter 명 통근자

동 **통근하다**

명 **통근 (거리)**

Many city residents **commute** by subway every day.

많은 도시 거주자들은 매일 지하철로 통근한다.

18
face★★

[feis 페이스]

동 **1. (문제 등에) 직면하다** ▣ confront

동 **2. 향하다, 마주보다** ▣ encounter

Businesses are **faced** with the challenge of foreign competition.

기업들은 외국 경쟁사들의 도전에 직면해 있다.

19
favor★★

[féivər 페이버]

명 **호의, 친절, 부탁** ▣ kindness, aid

동 **1. 찬성하다** ▣ agree

동 **2. 편애하다** ▣ prefer

Sara brought some doughnuts as a **favor** to her coworkers.

Sara는 동료들에 대한 호의로 도넛을 좀 가져왔다.

지텔프 출제 포인트

favor + -ing ~에 찬성하다

favor가 동사로 쓰이면 동명사를 목적어로 취한다.

★★★ = 출제율 최상 ★★ = 출제율 상 ★ = 출제율 중

20
form**

[fɔːrm 포-엄]

동 구성하다, 만들다	
명 1. 형태, 모양	= type, structure
명 2. 문서, 서식	= document

The supervisor **formed** a new team to handle the project.

그 관리자는 프로젝트를 처리하기 위해서 새로운 팀을 구성했다.

21
illustrate**

[íləstreit 일러스트뤠잇]

illustration 명 설명, 삽화
illustrator 명 삽화가

동 1. 보여 주다, 설명하다	= represent, explain, demonstrate
동 2. 삽화를 넣다	

The line graph **illustrates** the rise in expenses.

선 그래프가 비용의 상승을 보여 준다.

22
implement**

[ímpləmənt 임플러먼트]

implementation 명 이행, 실행

동 이행하다, 수행하다	= carry out, perform
명 도구, 수단	= tool, device

The company's new policy will be **implemented** next month.

그 회사의 새로운 정책은 다음 달에 이행될 것이다.

23
discreetly**

[diskríːtli 디스크륏-리]

부 조심스럽게, 사려 깊게	= carefully

Tom left the office **discreetly** so he wouldn't disturb his coworkers.

Tom은 동료들을 방해하지 않으려고 조심스럽게 사무실에서 나갔다.

▣ 정답이 되는 유의어

24

modify★★

[mɑ́:difai 마-디파이]

modification 명 변경, 조절

동 **1. 수정하다, 변경하다** ▣ change, adjust

동 **2. 완화하다, 가감하다** ▣ lessen, reduce

The lawyers agreed to **modify** the wording of the contract.

변호사들은 계약서의 문구를 수정하는 데 동의했다.

25

statement★★

[stéitmənt 스테잇먼트]

state 동 말하다, 진술하다

명 **1. 성명, 진술**

명 **2. 입출금 내역서**

The CEO plans to make a **statement** regarding the recent layoffs.

최고경영자는 최근의 해고에 관한 성명을 발표할 계획이다.

26

encounter★★

[inkáuntər 인카운터]

동 **만나다, 맞닥뜨리다** ▣ confront, face, experience, brush

명 **만남, 마주침** ▣ meeting, confrontation

Bill **encountered** many obstacles that delayed his promotion.

Bill은 그의 승진을 늦추는 많은 장애를 만났다.

27

subsequent★★

[sʌ́bsikwənt 썹시퀀트]

subsequently 부 이후에

형 **이후의, 그 다음의** ▣ after, following

Some employees received severance pay **subsequent** to the company's closing.

몇몇 직원들은 회사의 폐업 이후에 퇴직 수당을 받았다.

★★★ = 출제율 최상 ★★ = 출제율 상 ★ = 출제율 중

28
colleague★★

[ká:li:g 칼-리-그]

명 동료 ▣ coworker, peer

Developing good relations with **colleagues** is essential for teamwork.

동료들과 좋은 관계를 유지하는 것은 팀워크를 위해 필수적이다.

29
conflict★★

[kənflíkt 컨플릭트]

conflicting 형 모순되는, 상반되는

명 충돌, 갈등, 분쟁 ▣ dispute, disagreement

동 충돌하다, 상반되다 ▣ clash

The executives had a **conflict** over when to expand the business internationally.

경영진은 언제 해외로 사업을 확장할지를 두고 충돌이 있었다.

30
existing★★

[igzístiŋ 익지스팅]

exist 동 존재하다, 실재하다
existence 명 존재

형 기존의, 현행의 ▣ present

The company is restructuring the **existing** benefits package.

회사는 기존의 복지 제도를 개혁하고 있다.

31
handle★★

[hǽndl 핸들]

handling 명 취급

동 처리하다, 다루다 ▣ cope, deal, manage

명 손잡이

The highly trained staff **handled** the network problem with ease.

고도로 훈련된 직원들은 네트워크 문제를 쉽게 처리했다.

32
initiate★★

[iníʃieit 이니쉬에잇]

initiative 명 새로운 계획, 진취성
형 처음의
initially 부 처음에

동 **1. 시작하다, 착수하다** ▣ start, launch

동 **2. 전하다, 전수하다** ▣ introduce, familiarize

Experts **initiated** a series of tests to determine what was wrong.

전문가들은 무엇이 잘못되었는지 알아내기 위해 일련의 검사를 시작했다.

33
object★★

동 [əbdʒékt 어브젝트]
명 [ɑ́:bdʒekt 아-브젝트]

objection 명 반대, 이의
objective 형 객관적인

동 **반대하다, 거절하다** ▣ protest, remonstrate

명 **물체, 대상, 목적** ▣ purpose, goal

No one **objected** to taking a short coffee break.

아무도 짧은 휴식 시간을 갖는 것에 반대하지 않았다.

34
verify★

[vérifɑi 붸뤼파이]

verification 명 확인

동 **1. 확인하다, 조회하다** ▣ check, monitor

동 **2. 증명하다, 입증하다** ▣ confirm, prove

The secretary called the airline to **verify** the flight reservation.

비서는 항공편 예약을 확인하기 위해 항공사에 전화했다.

35
malicious★

[məlíʃəs 멀리셔스]

malice 명 악의, 원한
maliciously 부 심술궂게

형 **악의적인, 심술궂은** ▣ hateful, mean

The employee who spread the **malicious** rumor was fired.

악의적인 소문을 퍼뜨린 그 직원은 해고되었다.

★★★ = 출제율 최상 ★★ = 출제율 상 ★ = 출제율 중

36

input*

[ínput 인풋]

명 조언, 투입, 입력

동 입력하다

Customer **input** is vital when making new cosmetic products.

고객의 조언은 새로운 화장품을 만들 때 필수적이다.

37

arrange*

[əréindʒ 어레인쥐]

arrangement 명 정돈

동 1. 정리하다, 배열하다 ▣ organize

동 2. 준비하다, 마련하다 ▣ plan, prepare, design

The files were **arranged** alphabetically by the customers' surnames.

서류들은 고객들의 성에 따라 알파벳 순으로 정리되어 있었다.

38

due*

[du: 듀]

형 1. ~하기로 되어 있는 ▣ scheduled

형 2. 지불 기일이 된

She is **due** to give a presentation next week.

그녀는 다음 주에 프레젠테이션을 하기로 되어 있다.

지텔프 출제 포인트

due to ~ 덕분에, ~ 때문에 = caused by, because of

39
rectify★
[réktifai 렉티파이]

동 **바로잡다, 고치다** = correct

It took the corporation several years to **rectify** their bad public image.
그 기업이 안 좋은 대외 이미지를 바로잡는 데는 수년이 걸렸다.

40
materialize★
[mətíəriəlaiz 머티어리얼라이즈]

동 **나타나다, 실현되다** = appear, emerge

The money the boss spent on advertising hasn't **materialized** into profits yet.
사장이 광고에 지출한 비용은 아직 수익으로 나타나지 않았다.

41
preliminary★
[prilímineri 프뤼리미너뤼]

형 **예비의, 준비의** = initial, introductory

명 **예비 단계, 사전 준비** = prelude, introduction

Workers must pass a **preliminary** exam to apply for a managerial position.
직원들은 관리 직책에 지원하기 위해 예비 시험을 통과해야만 한다.

42
embark★
[imbá:rk 임바-크]

동 **1. 착수하다, 시작하다** = start (on), commence

동 **2. 승선하다** = board

After two months of preparation, Bernie **embarked** on his conference tour.
두 달간의 준비 후, Bernie는 순회 학회에 착수했다.

★★★ = 출제율 최상 ★★ = 출제율 상 ★ = 출제율 중

43
conform★

[kənfɔ́:rm 컨포-엄]

conformity 명 순응, 일치

동 1. 따르다, 순응하다 — ≡ follow, adapt, comply

동 2. 일치하다 — ≡ correspond, agree

Many companies expect their employees to **conform** to a strict dress code.

많은 회사들은 직원들이 엄격한 복장 규정을 따르기를 원한다.

44
dispute★

[dispjú:t 디스퓨-트]

명 논쟁, 분쟁 — ≡ argument, conflict

동 1. 논쟁하다, 논의하다 — ≡ argue, debate, clash

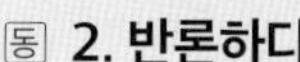

동 2. 반론하다 — ≡ question, refute

There was a major **dispute** over the project.

그 프로젝트에 대한 큰 논쟁이 있었다.

45
outcome★

[áutkʌm 아웃컴]

명 결과, 성과 — ≡ result, effect, product, consequence

Most representatives were pleased with the **outcome** of the conference.

대다수의 대표들이 회의의 결과에 만족했다.

46
produce★

[prədú:s 프뤄듀-스]

product 명 제품
production 명 생산, 제조

동 1. 생산하다, 제조하다 — ≡ manufacture, generate, yield

동 2. 야기하다, 초래하다 — ≡ cause

The new machinery **produces** 1,000 units per hour.

새 기계는 시간당 천 개의 제품을 생산한다.

47
incorporate*

[inkɔ́:rpəreit 인커-퍼레잇]

incorporation 명 회사, 합병

동 **1. 통합하다, 편입하다** ■ integrate, merge

동 **2. 포함하다** ■ include, contain

The president decided to **incorporate** TV and radio into one department.

그 회장은 TV와 라디오 부서를 하나로 통합하기로 결정했다.

48
meditate*

[méditeit 메디테잇]

meditation 명 명상, 묵상

동 **1. 깊이 생각하다, 숙고하다** ■ contemplate, ponder

동 **2. 꾀하다, 계획하다** ■ plan, purpose

David **meditated** on his manager's question before answering.

David는 그의 부장의 질문에 대답하기 전에 깊이 생각했다.

49
explain*

[ikspléin 익스플레인]

explanation 명 설명, 해명, 이유

동 **설명하다** ■ clarify, describe

The boss **explained** the new regulations to everyone in the department.

그 사장은 부서의 모든 사람들에게 새로운 규정을 설명했다.

50
smooth*

[smu:ð 스무-드]

동 **진정시키다** ■ fix

형 **순조로운** ■ uneventful

Mr. Benson helped **smooth** over a disagreement between the two employees.

Mr. Benson은 두 직원 간의 다툼을 진정시키는 데 도움을 주었다.

★★★ = 출제율 최상 ★★ = 출제율 상 ★ = 출제율 중

DAY 19 DAILY TEST

단어의 뜻을 오른쪽 보기에서 찾아 연결하세요.

01 associate •

02 examine •

03 acknowledge •

04 existing •

05 rectify •

• (a) 기존의, 현행의

• (b) 완료하다, 완성하다

• (c) 책임이 있는, 책임져야 할

• (d) 관련시키다, 연상하다

• (e) 바로잡다, 고치다

• (f) 조사하다

• (g) 인정하다

문장의 문맥에서 밑줄 친 단어의 유의어를 고르세요.

06 The company must grow much more to **realize** its potential.

(a) prepare (b) fulfill (c) finish (d) ignore

07 Gary still has not **disclosed** his plan to retire.

(a) denied (b) allowed (c) invested (d) told

08 The workers had a **conflict** with management over paid sick leave.

(a) profit (b) choice (c) disagreement (d) confidence

09 Our shipping and receiving staff **handle** all incoming deliveries.

(a) manage (b) punish (c) discuss (d) lose

10 The **outcome** of the board meeting was very positive.

(a) event (b) benefit (c) effect (d) session

정답 및 해석 p.354

지텔프 완성 단어

☐ **manage**	동 경영하다, 관리하다 = administer, handle, control, run 해내다 = succeed
☐ **portion**	명 부분 = part, segment 동 나누다, 분배하다
☐ **fruition**	명 성과, 결실
☐ **part-time**	형 시간제의, 파트타임의
☐ **telegraph**	명 전신, 전보 동 전보를 보내다
☐ **remote**	형 원격의, 멀리 떨어진 = distant, far, isolated
☐ **tardiness**	명 지각, 느림 = lateness, delay
☐ **ascertain**	동 확인하다 = confirm, verify
☐ **excess**	명 초과
☐ **method**	명 방식, 방법 = way
☐ **plead**	동 간청하다 = appeal, ask 변론하다, 항변하다
☐ **precise**	형 정확한, 명확한 = accurate, exact
☐ **sequence**	명 순서, 차례 = order, series
☐ **weary**	동 지치게 하다 = exhaust, tire 형 지친
☐ **confer**	동 협의하다, 의논하다 = discuss, deliberate
☐ **consultation**	명 상담, 협의
☐ **counter**	동 반박하다 = oppose, refute, fight 형 반대의 = opposite 명 계산대
☐ **co-worker**	명 동료 = colleague
☐ **masterly**	형 노련한
☐ **overwork**	명 과로 동 과로하다
☐ **quarter**	명 사분기, 4분의 1, 지역, 지구
☐ **render**	동 ~하게 만들다 = make 주다, 제공하다 = provide, give
☐ **affair**	명 일, 사건 = matter
☐ **hectic**	형 바쁜, 정신 없는 = chaotic, busy
☐ **load**	명 짐 = cargo 동 태우다, 싣다 = fill, pack
☐ **patrol**	동 순찰하다, 순회하다 명 순찰대 = guard
☐ **sensation**	명 느낌, 감각 = feeling 세상을 떠들썩하게 하는 것 = hit
☐ **moderate**	형 적당한 = reasonable, appropriate 동 완화하다 = temper
☐ **scheme**	명 책략, 계획 = plot 동 책략을 꾸미다 = plan
☐ **thorough**	형 빈틈없는, 철저한 = complete

DAY 20 안내

드디어 보카 여행이 끝나가네요. 파이팅!

■ 정답이 되는 유의어

01

prohibit***

동 금지하다, 방해하다

■ forbid, ban, disallow, outlaw

[prouhíbit 프뤄히빗]

prohibition 명 금지

The museum **prohibits** visitors from taking pictures.

그 박물관은 방문객들의 사진 촬영을 금지한다.

지텔프 출제 포인트

prohibit + -ing ~을 금지하다

prohibit은 동명사를 목적어로 취하는 동사이다.

02

term***

[təːrm 터-엄]

명 1. 조건 ■ condition

명 2. 기간, 임기 ■ period

명 3. 용어, 말

Please be advised that the **terms** of the lease have been changed.

임대 계약 조건이 변경되었음을 알려드립니다.

지텔프 출제 포인트

in terms of ~에 관하여

03

notice★★★

[nóutis 노우티스]

notify 동 통지하다, 통보하다

명 **통지, 공지, 알림** = announcement

동 **알아차리다, 인지하다** = observe, recognize

The prices listed in the catalog are effective until further **notice**.

카탈로그에 명시된 가격은 추후 통지가 있을 때까지 유효합니다.

04

state★★★

[steit 스테잇]

statement 명 진술, 발언, 명세서

동 **명시하다, 말하다** = declare, say

명 **상태** = condition

The submitted form should **state** the traveler's name, birth date, and nationality.

제출된 서류는 여행자의 이름, 생년월일, 그리고 국적을 명시해야 한다.

05

foundation★★★

[faundéiʃn 파운데이션]

found 동 설립하다

명 **기초, 토대, 근거** = basis

The building's **foundation** will take about a month to construct.

그 건물의 기초가 건설되는 데는 약 한 달이 걸릴 것이다.

06

terminate★★★

[tə́:rmineit 터-미네잇]

termination 명 종료

↔ initiate 동 시작하다

동 **끝내다, 종결시키다** = end

The postal company **terminated** its express delivery service.

그 우편 회사는 속달 우편 서비스를 끝냈다.

★★★ = 출제율 최상 ★★ = 출제율 상 ★ = 출제율 중

07

overdue★★★

[òuvərdú: 오버듀]

형 **기한이 지난**

■ outstanding, delayed

The bill for October is **overdue** and must be paid soon.

10월 청구서는 지불 기한이 지났으므로 곧 납부되어야 한다.

08

pending★★★

[péndiŋ 펜딩]

형 **미결인, 보류 중인**

■ unfinished

전 **~ 동안에, ~까지**

The **pending** order from the factory was delayed again.

공장의 미결인 주문이 다시 지연되었다.

09

plummet★★★

[plʌ́mit 플러밋]

↔ soar 동 폭등하다, 높이 치솟다

동 **폭락하다**

■ drop, crash, fall

The product will be on sale because the price of materials has **plummeted**.

재료 가격이 폭락했기 때문에 그 제품은 할인될 것이다.

10

ban★★★

[bæn 밴]

동 **금지하다**

■ prohibit

명 **금지**

The company **banned** the use of the Internet for personal purposes.

회사는 개인적인 목적을 위한 인터넷 사용을 금지했다.

11
attend★★★

[ətέnd 어텐드]

동 **참석하다, 출석하다** ▣ participate

attendance 명 참석, 출석
attendee 명 참석자

Staff were urged to **attend** weekend software courses.
직원들은 주말 소프트웨어 강좌에 참석하도록 권고받았다.

12
announce★★★

[ənáuns 어나운스]

동 **발표하다, 알리다** ▣ declare, report

announcement 명 발표

The chairperson **announced** plans to increase overseas production.
그 의장은 해외 생산을 증가시킬 계획을 발표했다.

13
request★★★

[rikwέst 리퀘스트]

명 **요청, 부탁, 요구** ▣ demand

동 **요청하다, 요구하다** ▣ seek

Factory tours are available upon **request**.
공장 견학은 요청 시에 가능합니다.

지텔프 출제 포인트

request that + 주어 (+ should) + 동사원형
요구를 나타내는 동사 request 뒤에 that절이 오면 that절에서는 should가 생략되어 동사원형을 쓴다.

14
attention★★

[ətέnʃn 어텐션]

명 **주목, 주의, 경청** ▣ notice, caution

attentive 형 경청하는

Can I have your **attention**, please?
잠시 주목해 주시겠어요?

★★★ = 출제율 최상 ★★ = 출제율 상 ★ = 출제율 중

15
policy★★

[pɑ́:ləsi 팔-러씨]

명 1. 제도, 정책, 규정 ▣ measure, plan

명 2. 보험 증권

The employee benefit **policy** will be expanded next year.

직원 복지 제도는 내년에 확대될 것이다.

16
approve★★

[əprú:v 어프루-브]

approval 명 승인

↔ refuse 동 거절하다

동 1. 찬성하다, 승인하다 ▣ accept, allow

동 2. 좋다고 인정하다 ▣ credit

Both parties **approved** the merger after weeks of negotiations.

몇 주간의 협상 끝에 양측 모두 그 합병에 찬성했다.

지텔프 출제 포인트

approve + -ing ~을 승인하다
approve는 동명사를 목적어로 취하는 동사이다.

17
board★★

[bɔ:rd 보-올드]

boarding 명 탑승

동 탑승하다

명 위원회

People with disabilities can **board** the plane first.

장애인분들은 비행기에 먼저 탑승하실 수 있습니다.

18
legal★★

[lí:gl 리-걸]

legalize 동 합법화하다

형 **법률의, 합법적인** ■ judicial

Our **legal** advisor will go over the new contract with us.

우리의 법률 고문은 우리와 함께 새 계약서를 검토할 것이다.

19
negotiate★★

[nigóuʃieit 니고우쉬에잇]

negotiation 명 협상, 교섭

동 **1. 협상하다, 교섭하다** ■ bargain

동 **2. 성사시키다, 타결하다**

Management is **negotiating** a better deal with the suppliers.

경영진은 공급업체들과 더 나은 거래를 협상하고 있다.

20
regard★★

[rigá:rd 뤼가-드]

regarding 전 ~에 관하여

동 **1. ~으로 여기다** ■ consider

동 **2. 존중하다, 평가하다** ■ judge

명 **주의, 관심 존경** ■ respect

Using a smartphone during class is **regarded** as rude behavior.

수업 중에 스마트폰을 사용하는 것은 무례한 행동으로 여겨진다.

지텔프 출제 포인트

regard A as B A를 B라고 여기다

★★★ = 출제율 최상 ★★ = 출제율 상 ★ = 출제율 중

21

strike**

명 **파업, 쟁의**

동 **치다, 공격하다** ■ beat, batter

[straik 스트롸이크]

striking 형 두드러진, 인상적인

Company officials will negotiate with the union to end the workers' **strike**.

회사 임원들은 노동자들의 파업을 막기 위해 노동 조합과 협상할 것이다.

22

ask**

동 **1. 묻다, 질문하다** ■ question

동 **2. 요구하다, 요청하다** ■ request, demand

[æsk 애스크]

Please **ask** the librarian before using a computer.

컴퓨터를 사용하기 전에 사서에게 물어보세요.

지텔프 출제 포인트

ask that + 주어 (+ should) + 동사원형
요구를 나타내는 동사 ask 뒤에 that절이 오면 that절에서는 should가 생략되어 동사원형을 쓴다.

ask + 목적어 + to -가 ~하도록 요청하다
ask는 to부정사를 목적격 보어로 취하는 동사이다.

23

declare**

동 **1. 선언하다, 공표하다** ■ announce

동 **2. (세관에서) 신고하다**

[diklέr 디클레어]

declaration 명 신고, 선언

The politician **declared** his intention to run for senator.

그 정치인은 상원 의원으로 출마하고자 하는 자신의 의사를 선언했다.

24

delay★★

[diléi 딜레이]

동 **지체시키다, 연기하다** — postpone, procrastinate

명 **지연, 연기** — postponement

Road construction will **delay** traffic between 8 p.m. and 6 a.m.

도로 공사는 오후 8시에서 오전 6시 사이에 교통을 지체시킬 것이다.

지텔프 출제 포인트

delay + -ing ~을 연기하다
delay는 동명사를 목적어로 취하는 동사이다.

25

election★★

[ilékʃn 일렉션]

elect 동 선출하다

명 **선거, 투표** — vote, referendum

The **election** for city council is scheduled for September 15.

시의회 선거는 9월 15일로 예정되어 있다.

26

entire★★

[intáiər 인타이어]

entirely 부 완전히

형 **전체의, 전부의** — total

The **entire** team gathers every Monday morning to discuss plans for the week.

팀 전체는 그 주의 계획을 논의하기 위해 매주 월요일 아침에 모인다.

27

emergency★★

[imə́:rdʒənsi 이머-전시]

명 **비상(사태), 위급** — crisis

In case of **emergency**, oxygen masks will automatically drop from above.

비상시에는, 산소마스크가 위에서 자동으로 내려올 것입니다.

★★★ = 출제율 최상 ★★ = 출제율 상 ★ = 출제율 중

28

payment**

명 **지불(금), 납입** ■ fee

[péimənt 페이먼트]

Once **payment** has been received, the books will be delivered.

일단 지불금이 결제되면, 책들이 배달될 것입니다.

29

plan**

명 **계획, 개요** ■ scheme, strategy, outline, procedure

동 **계획을 세우다** ■ design

[plæn 플랜]

The **plan** is expected to be implemented next month.

그 계획은 다음 달부터 실행될 것으로 예상된다.

30

delegate**

동 **위임하다** ■ assign

명 **대표, 대리인** ■ representative

동 [déligeit 델리게잇]
명 [déligət 델리것]

delegation 명 (집합적) 대표단, (권한의) 위임

The mayor will **delegate** the highway construction project to the department of transportation.

그 시장은 고속도로 건설 프로젝트를 교통부에 위임할 것이다.

31

postpone**

동 **연기하다, 미루다** ■ put off, delay, suspend

[pouspóun 포우스포운]

Organizers **postponed** the conference on management strategies because of bad weather.

주최 측은 악천후 때문에 경영 전략에 관한 회의를 연기했다.

32

purpose★★

명 **목적, 의도, 취지**

▣ aim, goal, cause, intention

[pə́:rpəs 퍼-얼퍼스]

purposely 부 고의로, 일부러

The **purpose** of the training is to familiarize the staff with the new networking system.

그 교육의 목적은 직원들이 새 네트워크 시스템에 익숙해지도록 하는 것이다.

33

discharge★★

동 **방출하다**

▣ release

명 **방출, 분비물**

동 [distʃɑ́:rdʒ 디스차-쥐]

명 [dístʃɑ:rdʒ 디스차-쥐]

It is illegal to **discharge** industrial chemicals into the environment.

산업용 화학 물질을 자연환경으로 방출하는 것은 불법이다.

34

warn★★

동 **경고하다**

▣ alert

[wɔ:rn 워-언]

warning 명 경고

The sign **warns** people not to enter.

그 표지판은 사람들에게 들어가지 말라고 경고한다.

35

authorize★

동 **인가하다, 권한을 부여하다**

▣ entitle, allow

[ɔ́:θəraiz 어-써롸이즈]

authorization 명 허가

authorized 형 공인된

Allocations of funds must be **authorized** by management.

자금 할당은 경영진에 의해 인가되어야 한다.

★★★ = 출제율 최상 ★★ = 출제율 상 ★ = 출제율 중

36

principle★

[prínsəpl 프린서플]

명 **원칙, 신념** ■ standard

The website lists the company's **principles**.

웹사이트는 그 회사의 원칙들을 열거한다.

37

audience★

[ɔ́:diəns 어-디언스]

명 **청중, 관중** ■ crowd

We ask the **audience** to please refrain from taking pictures during the show.

우리는 청중들에게 공연 중 사진 촬영을 자제해 달라고 요청한다.

38

deadline★

[dédlain 데드라인]

명 **마감일**

The **deadline** for the team project is next Friday.

팀 프로젝트의 마감일은 다음 주 금요일이다.

지텔프 출제 포인트

meet a deadline 마감 기한을 맞추다

39

consent★

[kənsént 컨센트]

명 **동의, 허락, 허가** ■ authorization, permission

동 **동의하다** ■ agree

A sale of the business will require the **consent** of shareholders.

사업체의 매각은 주주들의 동의를 필요로 한다.

40
recite★
[risáit 뤼싸잇]

동 1. 낭독하다, 암송하다 ▤ declaim

동 2. 열거하다, 나열하다 ▤ narrate

New citizens are required to **recite** an oath before the judge.

새로운 시민들은 판사 앞에서 선서를 낭독해야 한다.

41
access★
[ǽkses 액쎄스]

accessible 형 접근할 수 있는

명 1. 접근, 접속 ▤ approach

명 2. 입장 ▤ entry, admission

동 접근하다, 이용하다

Only authorized personnel may gain **access** to client files.

오직 허가된 직원만 고객 파일 접근 권한을 얻을 수 있다.

42
vigilant★
[vídʒilənt 뷔쥘런트]

형 경계하는 ▤ alert, watchful

Due to several recent robberies, residents should remain **vigilant**.

최근 몇 차례의 강도 사건으로 인해, 주민들은 계속 경계해야 한다.

43
designated★
[dézignèitid 데직네이티드]

designation 명 지정, 지명

형 지정된 ▤ named, assigned

Parking is restricted to **designated** spots.

주차는 지정된 장소로 제한되어 있다.

★★★ = 출제율 최상 ★★ = 출제율 상 ★ = 출제율 중

44
dismiss★

[dismís 디스미쓰]

dismissal 명 해고, 묵살

동 1. 해고하다, 해임하다 ■ fire

동 2. 무시하다, 묵살하다 ■ ignore, disregard

Those staff found in violation of company regulations may be **dismissed**.

회사 규정을 위반한 것으로 확인된 직원들은 해고될 수도 있다.

45
setback★

[sétbæk 쎗백]

명 차질, 방해 ■ misfortune

Despite several **setbacks**, the Willow Creek Mall will open as planned.

여러 차질에도 불구하고, Willow Creek 백화점은 계획대로 개점할 것이다.

46
solicit★

[səlísit 썰리씻]

solicitude 명 염려, 배려

동 요청하다, 간청하다 ■ ask, seek

Our charitable organization will be **soliciting** help from volunteers in the community soon.

저희 자선단체는 곧 지역사회의 자원봉사자들에게 도움을 요청할 것입니다.

47
apparent★

[əpǽrənt 어패런트]

apparently 부 보아하니

형 1. 명백한, 분명한 ■ obvious, distinct

형 2. 외견상의, 그럴듯한 ■ seeming

It is becoming more **apparent** that the same problems are going to continue.

똑같은 문제들이 계속 될 것이라는 게 점점 더 명백해지고 있다.

48
expire★
동 **만료되다, 끝나다** ⊟ end

[ikspáiər 익스파이어]

expiration 명 만료, 만기, 종결

The coupon **expires** in six weeks.

그 쿠폰은 6주 후에 만료된다.

49
inspect★
동 **점검하다, 조사하다** ⊟ check, examine

[inspékt 인스펙트]

inspection 명 점검, 검사, 조사

The head researcher **inspects** all equipment in the laboratory daily to ensure safety.

수석 연구원은 안전을 보장하기 위해 연구실의 모든 장비를 매일 점검한다.

50
permit★
동 **허용하다, 허가하다** ⊟ allow

명 **허가, 허가증** ⊟ license

동 [pərmít 퍼밋]

명 [pə́:rmit 퍼-밋]

permission 명 허락

↔ forbid 동 금하다

Only residents are **permitted** to enter this park.

오직 주민들만 이 공원에 들어오는 것이 허용된다.

★★★ = 출제율 최상 ★★ = 출제율 상 ★ = 출제율 중

DAY 20 DAILY TEST

단어의 뜻을 오른쪽 보기에서 찾아 연결하세요.

01 discharge •

02 pending •

03 announce •

04 purpose •

05 designated •

• (a) 조건

• (b) 방출하다

• (c) 발표하다, 알리다

• (d) 지정된

• (e) 명백한, 분명한

• (f) 미결인, 보류 중인

• (g) 목적, 의도, 취지

문장의 문맥에서 밑줄 친 단어의 유의어를 고르세요.

06 Taking photographs is **prohibited** during the entire tour.

(a) recognized (b) claimed (c) disallowed (d) launched

07 Due to safety concerns, completion of the new bridge is **overdue**.

(a) accepted (b) delayed (c) prevented (d) released

08 A team leader will **delegate** all tasks to the volunteers.

(a) refuse (b) help (c) assign (d) obey

09 The city is no longer **authorizing** people to ride scooters on the sidewalks.

(a) allowing (b) imposing (c) observing (d) changing

10 All bags will be **inspected** before boarding the plane.

(a) blocked (b) improved (c) delayed (d) checked

정답 및 해석 p.355

지텔프 완성 단어

□ **beforehand**	부 미리, 사전에 = earlier
□ **formal**	형 공식적인, 격식을 차린 = official
□ **imperative**	형 필수적인, 긴급한 = vital, urgent 명 의무 사항
□ **merge**	동 합병하다, 병합하다 = incorporate
□ **sue**	동 고소하다 = prosecute
□ **venue**	명 장소, 개최지 = location
□ **afterward**	부 후에, 나중에 = later
□ **alert**	형 기민한, 민첩한 = agile 동 경고하다 = warn
□ **allocate**	동 할당하다, 배분하다 = assign
□ **assign**	동 할당하다, 임명하다 = appoint 주다, 부여하다 = administer
□ **committee**	명 위원회
□ **concise**	형 간결한 = compact, brief
□ **council**	명 이사회, 의회 = board
□ **branch**	명 지사, 지점 = department 나뭇가지 = twig
□ **mention**	동 언급하다, 말하다 = refer to 명 언급 = reference
□ **uphold**	동 지지하다, 받치다 = maintain, support
□ **violate**	동 위반하다 = disobey
□ **channel**	명 수단, 방법 = means, way 동 (어떤 방향으로) 돌리다 = direct
□ **command**	명 명령, 지휘 = order 동 명령하다 = control
□ **entitle**	동 자격을 주다 = authorize 칭하다 = label
□ **regulation**	명 규정, 규제 = rule, control
□ **stylize**	동 양식화하다, 틀에 박히게 하다 = formalize
□ **summit**	명 정상, 꼭대기 = peak, climax
□ **unnoticed**	형 간과되는, 눈에 띄지 않는 = ignored
□ **confidential**	형 기밀의 = secret
□ **memorandum**	명 비망록, 기록
□ **precaution**	명 예방책, 조심 = safeguard, prevention
□ **assent**	동 동의하다, 찬성하다 = agree 명 동의, 승인 = agreement
□ **mandate**	동 명령하다, 지시하다 명 권한, 지시 = command
□ **post**	동 공고하다, 게시하다 = put up 명 우편물

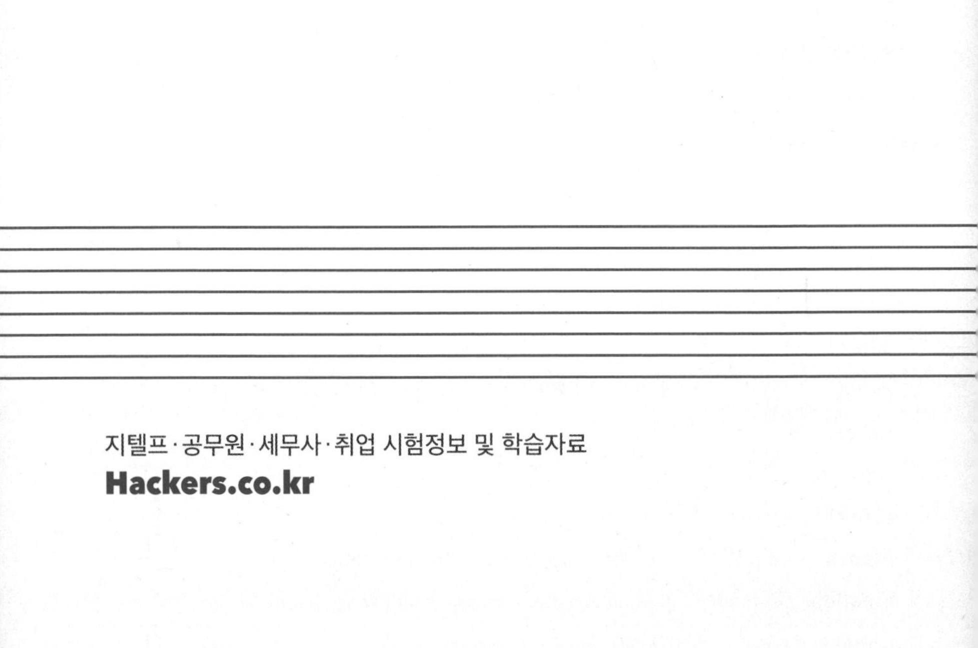

해커스 **지텔프 기출 보카**

정답 및 해석

DAY 01~20
DAILY TEST

DAY 01 DAILY TEST

p.28

01	(e)	**02**	(a)	**03**	(b)	**04**	(g)	**05**	(f)
06	(a)	**07**	(c)	**08**	(c)	**09**	(a)	**10**	(b)

01 appear (e) 나타나다, 출현하다

02 decide (a) 결정하다, 결심하다

03 head (b) 가다, 향하다

04 reserve (g) 예약하다, 지정하다

05 ordinary (f) 보통의, 평범한

오답 (c) 얻다, 늘리다 gain (d) 단지, 그저 merely

06 그 버스 운전사는 사고에 대한 책임을 져야 한다.
(a) 지다 (b) 시도하다 (c) 여기다 (d) 추측하다

07 과일과 채소의 유통기한을 연장하기 위해 화학물질이 첨가된다.
(a) 발전하다 (b) 계속하다 (c) 연장하다 (d) 퍼뜨리다

08 Jim과 나는 몇 달 동안 함께 일한 뒤 친밀해졌다.
(a) 봉인된 (b) 비슷한 (c) 친밀한 (d) 끝난

09 그 등산객의 무릎은 그가 넘어졌을 때 다쳤다.
(a) 다친 (b) 떠난 (c) 한정된 (d) 잘못된

10 모두가 제시간에 도착해야 하지만, 그들은 그의 경우는 예외로 했다.
(a) 결론 (b) 상황 (c) 결정 (d) 제안

DAY 02 DAILY TEST

p.44

01	(b)	**02**	(d)	**03**	(a)	**04**	(g)	**05**	(e)
06	(d)	**07**	(a)	**08**	(c)	**09**	(c)	**10**	(d)

01 garner (b) 얻다, 모으다

02 right (d) 권리

03 recommend (a) 권고하다, 추천하다

04 interrupt (g) 저지하다, 방해하다

05 critical (e) 중요한, 결정적인

오답 (c) 경의, 명예, 영광 honor (f) 요구가 많은, 힘든 demanding

06 명랑함은 그녀의 가장 좋은 특징이다.

(a) 기분 (b) 어조 (c) 독특함 (d) 특징

07 교사가 되기 전에 그의 이전 직업은 기술자였다.

(a) 이전의 (b) 분명한 (c) 남아있는 (d) 전시의

08 그녀는 패션쇼에 참가한 뒤 모델이 되고 싶다는 동기를 부여받았다.

(a) 강화된 (b) 넘어선 (c) 유도된 (d) 약속된

09 그 배우는 관객들로부터 큰 찬사를 받았다.

(a) 안내 (b) 신뢰 (c) 칭찬 (d) 아량

10 그는 부모님과 친구들로부터 많은 영향을 받았다.

(a) 주장하는 (b) 줄어든 (c) 결합된 (d) 영향을 받은

DAY 03 DAILY TEST

p.60

01	(f)	**02**	(b)	**03**	(d)	**04**	(c)	**05**	(a)
06	(b)	**07**	(d)	**08**	(b)	**09**	(c)	**10**	(a)

01 approach (f) 근접하다, 다가가다

02 involve (b) 포함하다, 관련시키다

03 status (d) 지위, 신분

04 reinforce (c) 강화하다, 보강하다

05 circumstance (a) 상황, 환경

오답 (e) 기념하다 commemorate (g) 지배하다, 통치하다 rule

06 200명의 직원들은 계획을 실행시키기 위해 5일 동안 일해야 했다.
(a) 고통받다 (b) 실행하다 (c) 정복하다 (d) 나타내다

07 1950년대까지는 많은 미국 학교들이 분리되어 있었다.
(a) 선고한 (b) 유래된 (c) 몰락한 (d) 구별된

08 그녀는 좋은 목적으로 소정의 돈을 기부했다.
(a) 접근 (b) 목적 (c) 발생 (d) 피해자

09 달 착륙은 전 인류에게 중요한 사건이었다.
(a) 부정적인 (b) 신성한 (c) 중요한 (d) 이전의

10 캘리포니아 골드러시는 1848년과 1855년 사이에 미국에서 일어났다.
(a) 일어났다 (b) 저항했다 (c) 정복했다 (d) 해석했다

DAY 04 DAILY TEST

p.76

01	(b)	**02**	(g)	**03**	(e)	**04**	(f)	**05**	(c)
06	(a)	**07**	(c)	**08**	(d)	**09**	(a)	**10**	(b)

01 retain (b) 유지하다, 보유하다

02 conceal (g) 숨기다, 감추다

03 suspect (e) 의심하다

04 merit (f) 장점, 가치, 훌륭함

05 guilty (c) 유죄의, 죄책감이 드는

오답 (a) 저지르다 commit (d) ~이라고 여기다, 보다 view

06 PMP에 대한 수요는 스마트폰에 의해 줄어들었다.
(a) 줄어들었다 (b) 부정했다 (c) 증가했다 (d) 보여졌다

07 감자와 곡식은 서양 식단의 기본 식품이다.
(a) 공식적인 (b) 다른 (c) 기본적인 (d) 잠재적인

08 어머니는 아들의 변명에 회의적이었다.
(a) 지지하는 (b) 믿을 만한 (c) 배려하는 (d) 의심스러운

09 그 정치인의 연설은 다양한 주제를 다루었다.
(a) 다양한 (b) 비슷한 (c) 반대의 (d) 조심스러운

10 몇몇 학생들은 오직 소득 잠재력만을 바탕으로 전공을 선택하는 경향이 있다.
(a) 불완전하게 (b) 오로지 (c) 아마 (d) 동시에

DAY 05 DAILY TEST

p.90

01	(e)	**02**	(c)	**03**	(a)	**04**	(f)	**05**	(g)
06	(b)	**07**	(d)	**08**	(c)	**09**	(a)	**10**	(b)

01 identify (e) 확인하다, 알아보다

02 reduce (c) 줄이다, 감소시키다

03 unstable (a) 불안정한

04 accumulate (f) 모으다, 축적하다

05 risk (g) 위험

오답 (b) 위협, 협박 threat (d) 넘어서다, 능가하다 surpass

06 주식 시장은 앞으로 몇 주 동안 안정세를 유지할 것이다.
(a) 달라지다 (b) 유지하다 (c) 저장하다 (d) 진행하다

07 우리는 고객들에게 새로운 저축 계좌를 제공할 것이다.
(a) 따르다 (b) 묻다 (c) 제출하다 (d) 제공하다

08 해저에서 시추를 하는 동안 풍부한 석유 자원이 발견되었다.
(a) 부족한 (b) 안전한 (c) 풍부한 (d) 정확한

09 주주들은 경제 자료들을 면밀히 분석해서 매수할지 말지를 결정한다.
(a) 조사하다 (b) 통제하다 (c) 깨닫다 (d) 결합하다

10 정부는 콩 제품에 과중한 수입세를 부과했다.
(a) 의존했다 (b) 부과했다 (c) 수출했다 (d) 안도했다

DAY 06 DAILY TEST

p.106

01	(e)	**02**	(a)	**03**	(b)	**04**	(g)	**05**	(c)
06	(c)	**07**	(a)	**08**	(c)	**09**	(b)	**10**	(d)

01 certain (e) 확신하는, 확실한

02 manifest (a) 나타내다, 명백히 하다

03 conclusion (b) 결과, 결론

04 riddle (g) 수수께끼, 불가사의

05 disrupt (c) 지장을 주다, 방해하다

오답 (d) 폭발하다, 터지다 explode (f) 원천, 근원, 기원 source

06 천문학자들은 망원경을 들여다 보았을 때 먼 행성을 발견했다.

(a) 이용했다 (b) 무시했다 (c) 발견했다 (d) 바꾸었다

07 의사는 그녀에게 수면을 유발하기 위한 약을 처방했다.

(a) 야기하다 (b) 알리다 (c) 숙고하다 (d) 추정하다

08 그 실험의 비용은 계속 증가한다.

(a) 줄어들다 (b) 갱신하다 (c) 증가하다 (d) 소비하다

09 과학자들은 그 화산이 몇 년 안에 폭발할 것이라고 추측한다.

(a) 증명하다 (b) 추측하다 (c) 연구하다 (d) 예약하다

10 니켈을 철과 구리 같은 다른 금속과 결합한다면 합금을 만들 수 있다.

(a) 나누다 (b) 추정하다 (c) 구성되다 (d) 결합하다

DAY 07 DAILY TEST

p.122

01 (g)	02 (c)	03 (f)	04 (b)	05 (d)
06 (a)	07 (c)	08 (b)	09 (a)	10 (b)

01 endure (g) 견디다, 인내하다

02 demand (c) 요구하다

03 severe (f) 심한, 맹렬한

04 affect (b) 영향을 미치다

05 expertise (d) 전문 기술, 전문 지식

오답 (a) 제한하다, 통제하다 restrict (e) 범위, 영역 range

06 기업들은 세계 경제에서의 경쟁에 적응해야 한다.
(a) 적응하다 (b) 버리다 (c) 계획하다 (d) 세다

07 우리의 최신 기기는 경쟁사들의 것보다 우위를 차지한다.
(a) 결함 (b) 면허 (c) 이점 (d) 자원

08 스마트폰의 디자인은 지난 몇 년 동안 더욱 복잡해졌다.
(a) 효과적인 (b) 복잡한 (c) 실용적인 (d) 약한

09 자동차 제조업체들에게는 안전이 우선이다.
(a) 우선 (b) 유효함 (c) 열등함 (d) 확실성

10 원하신다면 이 네비게이터의 목소리를 바꿀 수 있습니다.
(a) 제공하다 (b) 바꾸다 (c) 연기하다 (d) 설계하다

DAY 08 DAILY TEST

p.138

01	(e)	**02**	(b)	**03**	(f)	**04**	(a)	**05**	(c)
06	(d)	**07**	(a)	**08**	(c)	**09**	(c)	**10**	(c)

01 maintain (e) 유지하다, 지키다

02 disregard (b) 무시하다

03 proximity (f) 근접, 가까움

04 contagious (a) 전염성의

05 reside (c) 살다, 거주하다

오답 (d) 손상시키다, 망치다 mar (g) 비옥한 fertile

06 건조한 기후는 사막이 시간이 지나면서 확장되게 했다.
(a) 보호하다 (b) 포함하다 (c) 적용하다 (d) 커지다

07 환경법은 모든 유형의 오염을 다룰 만큼의 범위를 가져야 한다.
(a) 범위 (b) 영향 (c) 목표 (d) 수집

08 숲 속의 꽃은 대부분 천연의 것이지만, 몇몇은 외래의 것이다.
(a) 기본적인 (b) 이국적인 (c) 천연의 (d) 인공의

09 물은 지구 표면의 상당한 부분을 차지한다.
(a) 작은 (b) 유명한 (c) 큰 (d) 약간의

10 열대우림은 풍부한 강수량으로 알려져 있다.
(a) 드문 (b) 중대한 (c) 풍부한 (d) 중요한

DAY 09 DAILY TEST

p.152

01	(c)	**02**	(a)	**03**	(g)	**04**	(f)	**05**	(b)
06	(b)	**07**	(d)	**08**	(c)	**09**	(a)	**10**	(d)

01 habitat (c) 서식지

02 store (a) 비축하다

03 scarce (g) 드문, 부족한

04 absorb (f) 흡수하다, 받아들이다

05 trait (b) 특징, 특성

오답 (d) 원산의, 모국의 native (e) 해치다, 훼손하다 harm

06 모든 말들은 에오히푸스라고 불리는 작은 포유류로부터 진화했다.
(a) 패배시켰다 (b) 발달했다 (c) 제의했다 (d) 결합했다

07 어린 새들은 날 수 있게 될 때까지 매우 연약하다.
(a) 관대한 (b) 활동적인 (c) 공격적인 (d) 무력한

08 그 국립공원은 멸종 위기에 처한 지역의 식물들을 보호하기 위해 만들어졌다.
(a) 자라다 (b) 개장하다 (c) 보호하다 (d) 입양하다

09 늑대는 충분한 먹이를 찾기 위해 넓은 지역에 서식해야 한다.
(a) 거주하다 (b) 공격하다 (c) 방치하다 (d) 줄이다

10 대부분의 파충류는 알을 낳은 후 그들의 둥지를 떠난다.
(a) 방어하다 (b) 지켜보다 (c) 살피다 (d) 떠나다

DAY 10 DAILY TEST

p.168

01	(c)	**02**	(g)	**03**	(e)	**04**	(f)	**05**	(b)
06	(a)	**07**	(c)	**08**	(b)	**09**	(d)	**10**	(a)

01 regular (c) 정기적인, 규칙적인

02 condition (g) 상태

03 decrease (e) 줄어들다, 감소하다

04 effect (f) 영향, 효과

05 proper (b) 적절한, 올바른

오답 (a) 저항하다 resist (d) 부족, 결핍 lack

06 그 병원의 청결은 환자들이 불평하기 전까지는 결코 심각한 문제가 아니었다.

(a) 문제 (b) 기원 (c) 발달 (d) 변화

07 불안하다고 느끼는 것은 스트레스, 고혈압, 심지어 우울증으로도 이어질 수 있다.

(a) 믿을 만한 (b) 침착한 (c) 걱정하는 (d) 타당한

08 만약 손의 혹이 붓기 시작하면, 의사를 부르세요.

(a) 유도하다 (b) 부풀다 (c) 발견하다 (d) 진화하다

09 네 번째이자 마지막 단계의 암이 가장 위험하다.

(a) 제한 (b) 결점 (c) 길이 (d) 단계

10 이 약은 즉각적인 통증의 완화를 제공하는 강한 약이다.

(a) 즉각적인 (b) 심각한 (c) 특출한 (d) 다음의

DAY 11 DAILY TEST

p.184

01	(b)	**02**	(a)	**03**	(g)	**04**	(f)	**05**	(c)
06	(b)	**07**	(a)	**08**	(c)	**09**	(d)	**10**	(a)

01 feature (b) 특징, 특색

02 conduct (a) 수행하다

03 praise (g) 칭찬하다, 찬미하다

04 magnificent (f) 훌륭한, 감명 깊은

05 vague (c) 명확하지 않은, 애매한

오답 (d) 성분, 구성 요소 component (e) 논란의 여지가 있는 controversial

06 그 유명한 화가는 젊은 사람들이 취미로 그림을 그리기 시작하도록 영감을 주었다.
(a) 설득했다 (b) 격려했다 (c) 조사했다 (d) 기쁘게 했다

07 전시회의 미술품들은 대부분 깨지기 쉬우니 만지지 마세요.
(a) 깨지기 쉬운 (b) 견고한 (c) 불안해하는 (d) 무거운

08 팝 아트는 예술과 대중문화를 혼합한 운동이었다.
(a) 해제한 (b) 노련한 (c) 혼합한 (d) 발전한

09 미켈란젤로 작품의 중요성을 과장한다는 것은 있을 수 없는 일이다.
(a) 설명하다 (b) 생산하다 (c) 나누다 (d) 과장하다

10 앤드루 와이어스의 그림 「Christina's World」는 한 여자가 들판에 있는 시골 풍경을 묘사한다.
(a) 묘사하다 (b) 시작하다 (c) 번영하다 (d) 제조하다

DAY 12 DAILY TEST

p.200

01	(d)	**02**	(a)	**03**	(g)	**04**	(e)	**05**	(b)
06	(c)	**07**	(b)	**08**	(b)	**09**	(a)	**10**	(c)

01 persist (d) 지속되다, 계속되다

02 taste (a) 취향

03 refuse (g) 거절하다, 거부하다

04 propel (e) 추진하다, 나아가게 하다

05 compelling (b) 설득력 있는

오답 (c) 특징짓다, 특징이 되다 characterize (f) 현상, 사건 phenomenon

06 1900년대 초반에, 재즈는 여전히 대부분의 사람들에게 새롭고 이질적이었다.
(a) 가까운 (b) 귀중한 (c) 낯선 (d) 위험한

07 불꽃놀이는 중국에서 유래되었고 새해 맞이 행사와 같은 축제에서 사용되었다.
(a) 지지했다 (b) 시작했다 (c) 제공했다 (d) 다뤄졌다

08 탱고는 한때 아르헨티나 고유의 것이었으나, 지금은 세계적으로 행해지는 춤이다.
(a) 신뢰하는 (b) 유일한 (c) 설득력 있는 (d) 효과적인

09 공공도서관 문에는 "지식"이라는 글자가 새겨져 있다.
(a) 새겨진 (b) 창작된 (c) 예상되는 (d) 기초한

10 Cinco de Mayo는 멕시코의 주요 명절인 5월 5일을 의미한다.
(a) 배우다 (b) 예상하다 (c) 의미하다 (d) 이해하다

DAY 13 DAILY TEST

p.216

01	(d)	**02**	(c)	**03**	(f)	**04**	(b)	**05**	(e)
06	(a)	**07**	(b)	**08**	(d)	**09**	(a)	**10**	(d)

01 advise (d) 조언하다, 충고하다

02 transfer (c) 옮기다, 이동하다

03 break (f) 휴식, 중단

04 adequate (b) 적절한, 알맞은

05 field (e) 분야

오답 (a) 재능, 재주 talent (g) 주요한, 중대한 major

06 교사들은 교실에서 일어나는 모든 문제를 처리할 수 있어야 한다.
(a) 처리하다 (b) 무시하다 (c) 예상하다 (d) 제안하다

07 Brian은 영어 과목에서는 보통이지만, 수학은 매우 잘한다.
(a) 긍정적인 (b) 보통의 (c) 유명한 (d) 소중한

08 내 꿈은 언젠가 의대에 진학하는 것이다.
(a) 역할 (b) 전공 (c) 필요 (d) 야망

09 그 학교 학생들의 소질은 매우 뛰어나다.
(a) 재능 (b) 점수 (c) 결석 (d) 수업료

10 우리의 프로그램은 교육에 대한 관심을 높이기 위해 기획되었다.
(a) 줄다 (b) 추측하다 (c) 수여하다 (d) 촉진하다

DAY 14 DAILY TEST

p.232

01	(g)	**02**	(a)	**03**	(e)	**04**	(d)	**05**	(c)
06	(a)	**07**	(c)	**08**	(b)	**09**	(b)	**10**	(d)

01 unfit (g) 적합하지 않은

02 activity (a) 활동, 운동

03 familiar (e) 친숙한, 익숙한

04 register (d) 등록하다, 기재하다

05 mutual (c) 공통의, 서로의

오답 (b) 재료, 성분 ingredient (f) 공공의, 대중의 public

06 등산객들은 산에서 힘든 시간을 겪었다.

(a) 경험했다 (b) 확인했다 (c) 행동했다 (d) 만들었다

07 우리는 그 마술사가 놀라운 마술 묘기를 보여주는 것을 보았다.

(a) 깨닫다 (b) 가리다 (c) 보이다 (d) 입다

08 토론 동아리 회의에 참여하고 싶다면 그건 정오에 있습니다.

(a) 따라가다 (b) 참석하다 (c) 들다 (d) 일하다

09 모두가 연을 날리기 위해 공원에 모였다.

(a) 달렸다 (b) 모였다 (c) 장식했다 (d) 골랐다

10 나는 진짜 1800년대의 동전들을 많이 수집했다.

(a) 독창적인 (b) 친밀한 (c) 이상한 (d) 진짜의

DAY 15 DAILY TEST

p.248

01	(b)	**02**	(e)	**03**	(f)	**04**	(c)	**05**	(d)
06	(d)	**07**	(b)	**08**	(c)	**09**	(b)	**10**	(a)

01 batter (b) 강타하다, 두드리다

02 draw (e) 끌다

03 habitual (f) 평소의, 습관적인

04 tolerate (c) 견디다, 참다

05 monitor (d) 관찰하다, 감독하다

오답 (a) 대체하다, 대신하다 substitute (g) 공격적인, 불쾌한 offensive

06 물론, 주된 목표는 경기에서 이기는 것이다.

(a) 사용 (b) 문제 (c) 장애물 (d) 목표

07 그 코치는 항상 긍정적인 태도로 선수들을 지원한다.

(a) 해산하다 (b) 지원하다 (c) 운동하다 (d) 부르다

08 파도가 매우 크다면 서핑은 위험할 수 있다.

(a) 꾸준한 (b) 재미있는 (c) 위험한 (d) 힘든

09 그의 다친 발은 마라톤 중에 문제를 일으켰다.

(a) 단계 (b) 문제 (c) 변화 (d) 경기

10 Nathan은 축구 실력에 있어서 많은 발전을 보여주었다.

(a) 발전 (b) 의문 (c) 재능 (d) 노력

DAY 16 DAILY TEST

p.266

01 (a)	**02** (g)	**03** (d)	**04** (b)	**05** (c)
06 (d)	**07** (b)	**08** (c)	**09** (c)	**10** (a)

01 offer (a) 제공하다, 제안하다

02 satisfy (g) 만족시키다, 충족시키다

03 reasonable (d) 합리적인, 적당한

04 admit (b) 인정하다, 시인하다

05 rude (c) 무례한, 예의 없는

오답 (e) 진지한, 심각한, 중대한 serious (f) 주장하다 insist

06 이 배터리들의 한 가지 결점은 재충전할 수 없다는 것이다.

(a) 요점 (b) 목표 (c) 범위 (d) 약점

07 우리의 승객들은 연착 문제에 대해 무료 비행으로 보상받을 것이다.

(a) 진화되다 (b) 보상받다 (c) 불평받다 (d) 설득되다

08 고객들은 우리가 무료 배송을 중단한 것에 대해 분개했다.

(a) 안심하다 (b) 즐기다 (c) 싫어하다 (d) 지지하다

09 웹사이트에 대한 아주 적은 불만들은 사소한 것이다.

(a) 두드러진 (b) 정직한 (c) 중요하지 않은 (d) 심각한

10 이 양식을 작성하시고 저희의 고객 서비스를 평가해주시기 바랍니다.

(a) 평가하다 (b) 움직이다 (c) 발전하다 (d) 허락하다

DAY 17 DAILY TEST

p.282

01 (f)	**02** (d)	**03** (b)	**04** (g)	**05** (a)
06 (b)	**07** (c)	**08** (a)	**09** (d)	**10** (b)

01 release (f) 출시하다, 공개하다

02 patron (d) 후원자

03 guarantee (b) 보장하다, 확신하다

04 impression (g) 인상, 느낌

05 obscure (a) 분명치 않은, 모호한

오답 (c) 설명하다, 입증하다 demonstrate (e) 계획, 전략 strategy

06 제품을 광고하지 않고 번창할 수 있는 사업은 거의 없다.
(a) 주최하다 (b) 번영하다 (c) 시작하다 (d) 창조하다

07 저희는 매출이 증가했다는 것을 보고하게 되어 기쁩니다.
(a) 받다 (b) 수락하다 (c) 알리다 (d) 배우다

08 현대 사회에서 소셜 미디어를 이용한 마케팅은 필수적이다.
(a) 필수의 (b) 회의적인 (c) 선택적인 (d) 믿을 수 있는

09 그 식당은 그들의 피자가 최고라고 사람들을 설득할 수 있기를 바란다.
(a) 믿다 (b) 요구하다 (c) 대답하다 (d) 설득하다

10 그들은 곧 있을 개업식에 대해 홍보하느라 바쁘다.
(a) 훌륭한 (b) 다가오는 (c) 사전의 (d) 최고의

DAY 18 DAILY TEST

p.300

01 (d)	**02** (c)	**03** (g)	**04** (b)	**05** (e)
06 (c)	**07** (a)	**08** (b)	**09** (d)	**10** (d)

01 replace (d) 교체하다, 대신하다

02 necessary (c) 필요한, 필수적인

03 prompt (g) 신속한, 즉각적인

04 accept (b) 수락하다, 받아들이다

05 advantage (e) 이점, 장점

오답 (a) 설립하다, 수립하다 establish (f) 장래의, 유망한 prospective

06 교육 중에 배운 것과 같은 방법을 적용해봅시다.

(a) 복습하다 (b) 만들다 (c) 사용하다 (d) 인정하다

07 그 호텔은 안내 데스크 자리에 믿을 만한 사람을 구하고 있다.

(a) 믿을 수 있는 (b) 소중한 (c) 필수의 (d) 친절한

08 그녀는 면접 후에 급여에 대해 논의할 수 있을 것이다.

(a) 자리 (b) 급여 (c) 피드백 (d) 단계

09 그 부서는 예외적으로 많은 지원서를 받았다.

(a) 보통의 (b) 불충분한 (c) 예상되는 (d) 전례 없는

10 저희가 곧 워크숍에 대한 세부 사항들을 알려드릴 거예요.

(a) 보급품들 (b) 주제들 (c) 동료들 (d) 세부 사항들

DAY 19 DAILY TEST

p.316

01	(d)	**02**	(f)	**03**	(g)	**04**	(a)	**05**	(e)
06	(b)	**07**	(d)	**08**	(c)	**09**	(a)	**10**	(c)

01 associate (d) 관련시키다, 연상하다

02 examine (f) 조사하다

03 acknowledge (g) 인정하다

04 existing (a) 기존의, 현행의

05 rectify (e) 바로잡다, 고치다

오답 (b) 완료하다, 완성하다 complete (c) 책임이 있는, 책임져야 할 responsible

06 그 회사가 잠재력을 실현하려면 훨씬 더 성장해야 한다.
(a) 준비하다 (b) 이행하다 (c) 끝내다 (d) 무시하다

07 Gary는 여전히 은퇴 계획을 밝히지 않았다.
(a) 부정했다 (b) 허락했다 (c) 투자했다 (d) 알렸다

08 근로자들은 유급 병가 문제로 경영진과 갈등이 있었다.
(a) 이익 (b) 선택권 (c) 불일치 (d) 확신

09 저희 발송부 직원들이 들어오는 모든 배송을 처리합니다.
(a) 처리하다 (b) 처벌하다 (c) 논의하다 (d) 분실하다

10 이사회 결과는 매우 긍정적이었다.
(a) 사건 (b) 혜택 (c) 결과 (d) 기간

DAY 20 DAILY TEST

p.332

01	(b)	**02**	(f)	**03**	(c)	**04**	(g)	**05**	(d)
06	(c)	**07**	(b)	**08**	(c)	**09**	(a)	**10**	(d)

01 discharge (b) 방출하다

02 pending (f) 미결인, 보류 중인

03 announce (c) 발표하다, 알리다

04 purpose (g) 목적, 의도, 취지

05 designated (d) 지정된

오답 (a) 조건 term (e) 명백한, 분명한 apparent

06 모든 관광지에서 사진 촬영은 금지되어있다.

(a) 인정받은 (b) 요구된 (c) 허락되지 않은 (d) 시작된

07 안전상의 문제로 인해, 새로운 다리의 완공이 늦어졌다.

(a) 받아들여지다 (b) 늦어지다 (c) 예방되다 (d) 해방되다

08 팀장은 자원 봉사자들에게 모든 일을 위임할 것이다.

(a) 거절하다 (b) 돕다 (c) 배정하다 (d) 따르다

09 그 도시는 더 이상 사람들이 인도에서 스쿠터를 타는 것을 허가하지 않는다.

(a) 허가하다 (b) 부과하다 (c) 관찰하다 (d) 바꾸다

10 모든 가방은 비행기 탑승 전에 검사받을 것이다.

(a) 막히다 (b) 개선되다 (c) 늦어지다 (d) 확인받다

지텔프·공무원·세무사·취업 시험정보 및 학습자료
Hackers.co.kr

해커스 **지텔프 기출 보카**

INDEX

A

B

C

D

E

F

G

H

I

J

K

L

S

T

U